T0299102

سيكولوجية المراهقة

سيكولوجية المراهقة

النظريات – جوانب النمو – المشكلات وسبل علاجها

الدكتور

أحمد محمد الزعبي

الطبعة الأولى
1431هـ-2010م

المملكة الأردنية الهاشمية
رقم الإيداع لدى دائرة المكتبة الوطنية
(2009/11/4889)

155.5
الزعبي، أحمد
سيكولوجية المراهقة/أحمد محمد الزعبي.- عمان: دار زهران، 2009.
(   ) ص.
ر.أ : (2009/11/4889)
الواصفات: / سيكولوجية المراهقين// المراهقين /

- أعدت دائرة المكتبة الوطنية بيانات الفهرسة والتصنيف الأولية
- يتحمل المؤلف كامل المسؤولية القانونية عن محتوى مصنفه ولا يعبر هذا المصنف رأي دائرة المكتبة الوطنية أو أي جهة حكومية أخرى.

Copyright ©
All Rights Reserved

لا يجوز نشر أي جزء من هذا الكتاب، أو تخزين مادته بطريقة الاسترجاع أو نقله على أي وجه أو بأي طريقة إلكترونية كانت أو ميكانيكية أو بالتصوير أو بالتسجيل وبخلاف ذلك إلا بموافقة الناشر على هذا الكتاب مقدماً .

المتخصصون في الكتاب الجامعي الأكاديمي العربي والأجنبي

دار زهران للنشر والتوزيع

تلفاكس : 5331289 - 6 - 962+، ص.ب 1170 عمان 11941 الأردن
E-mail : Zahran.publishers@gmail.com
www.darzahran.net

الفهرس

بسم الـلـه الرحمن الرحيم

(يُؤْتِي الْحِكْمَةَ مَنْ يَشَاءُ وَمَنْ يُؤْتَ الْحِكْمَةَ
فَقَدْ أُوتِيَ خَيْرًا كَثِيرًا وَمَا يَذَّكَّرُ إِلَّا أُولُو الْأَلْبَابِ)

(الآية 269. سورة البقرة).

شكر وتقدير

أتوجه بالشكر والتقدير لزملائي الأساتذة الذين ساهموا في تقديم ملاحظاتهم وتوجيهاتهم القيمة، ولطلابي الذين تعلمت منهم بقدر ما علمتهم، ولزوجتـي وأولادي الـذين أعـانوني وتحملـوا الكثـير مـن أجلي، ولوالدي اللذين ضحيا بأثمن ما يملكون لأشق طريقي في الحياة.

مقدمة:

تعتبر فترة المراهقة التي تمتد بين الطفولة والشباب فترة هامة جداً من حياة الإنسان، بل هي أهم فترات الحياة إطلاقاً. فالتغيرات النمائية، والمشكلات المختلفة التي يتعرض لها المراهق، تؤرق الأهل والعاملين في المجال التربوي، وكل من له اهتمام خاص بالمراهقين وتهز المراهق من أعماقه.

ولهذا يرى علماء النفس والتربية، أن الصحة الجسدية والنفسية للإنسان تتوقفان على اجتياز فترة المراهقة بأمان واطمئنان، فالنمو بأشكاله الجسمية. والعقلية، والاجتماعية والانفعالية، يتسارع في مرحلة المراهقة، حيث يكون على شكل قفزات حيناً، وبشكل متطامن حيناً آخر.

ويرى علماء النفس في المراهقة أزمة طويلة يجتازها الفرد خلال فترة تمتد ما بين الحادية عشرة والتاسعة عشرة، ويعتقدون أنه ما لم يتفهم الآباء والمربون هذه الأزمة. ويعملون على مساعدة المراهق، ويهيئانه لمواجهتها، فإن الأخطار على المراهق والمحيطين به تكون جسيمة.

ولقد اهتم علم النفس بالمراهقة اهتماماً بالغاً وكتب علماء النفس حول ذلك كتباً كثيرة، ويأتي هذا الكتاب ليكمل ما كتب حول المراهقة ومشكلاتها، وليسد نقصاً في المكتبة العربية، وليكون عوناً كبيراً في الإجابة عن الكثير من التساؤلات التي تدور في أذهان المعنيين بأمر المراهقين.

ويهدف هذا الكتاب الموجه إلى الآباء والمربين، والمتخصصين، والباحثين. والاختصاصيين النفسيين والاجتماعيين، والأطباء النفسيين، وطلبة الجامعة بمراحلها المختلفة إلى تزويدهم بمعلومات كافية بأسلوب بعيد عن الإسهاب والتعقيد، حيث كتب بلغة علمية دقيقة وواضحة لتتيح للقارئ الاستفادة المباشرة من موضوعات هذا الكتاب.

ولهذا ومن أجل تحقيق هذا الهدف، حاولت تضمين هذا الكتاب نتائج أهم الدراسـات والأبحـاث التي أجريت في بلدان عربية وأجنبية بالإضافة إلى الخبرة الميدانية الطويلة في هذا المجال.

تضمن هذا الكتاب بين طياته ثلاثة أبواب وعشرة فصول أساسية، تضمن البـاب الأول فصلين عـن مرحلـة المراهقـة ونظريـات المراهقة، كـما تضـمن البـاب الثاني سبعة فصول حـول النمو الجسـمي والفسيولوجي، والنمو العقلي، والنمو الانفعـالي، والنمـو الاجتماعـي، والنمـو الخلقـي، والنمـو الجنسي- والتربية الجنسية، ونمو الشعور الديني. أما البـاب الثالث فتضمن فصلاً عـن مشـكلات المراهقـة وسبل معالجتها.

ولهذا فإن أملي كبير في أن أكون قد وفقت في إعطاء موضوعات هذا الكتاب حقهـا مـن المناقشـة والمعالجة، ليتمكن القارئ الكريم من الاستفادة المباشرة منها.

والله أرجو أن يجعل في هذا الكتاب
فائدة ومتعة

د. أحمد محمد الزعبي

صنعاء

الباب الأول

- **الفصل الأول: المراهقة**
- **الفصل الثاني: نظريات المراهقة**

الفصل الأول

المراهقة

معنى المراهقة :

اشتق مصطلح المراهقة في اللغة الإنجليزية **Adolesence** من فعل **Adolecers** في اللغة اللاتينية، وتعني الاقتراب التدريجي من النضح الجسمي والجنسي والعقلي والانفعالي. ولهذا يختلف معنى المراهقة عن البلوغ **Puberty** الذي يعني نضج الغدد الجنسية التي تمكن الفرد من التكاثر والمحافظة على النوع. أما (هاريمان) فيرى البلوغ بأنه مرحلة من مراحل النمو الفسيولوجي - العضوي التي تسبق المراهقة، وتحدد نشأتها، بحيث يتحول الفرد خلالها من كائن لا جنسي إلى كائن جنسي.

أما معنى المراهقة في اللغة العربية فتعني الاقتراب من الحلم في حين أن المراهقة من الناحية البيولوجية تعني تلك الفترة من حياة الفرد التي تبدأ بالبلوغ وتستمر حتى سن النضج، فهي مرحلة تمتد من نهاية مرحلة الطفولة، وتستمر حتى بداية سن الرشد، وبهذا المعنى يكون المراهق ليس طفلاً وليس راشداً، وتتميز المراهقة من الناحية البيولوجية بمجموعة من التغيرات الجسمية في الطول والوزن، والتغيرات في مظاهر الجسم الخارجية، كبر حجم الأنف، واتساع الكتفين، (والحوض عند الفتاة) بالإضافة إلى التغيرات الفسيولوجية الداخلية وخاصة الغدد الجنسية.

كما تعبر المراهقة من الناحية النفسية والاجتماعية مرحلة انتقال من طفل يعتمد على الآخرين إلى شخص يحاول الاستقلال بذاته ويعتمد على نفسه مكوناً شخصيته المستقلة وصولاً به إلى سن الرشد وسن الكمال، وهذا الانتقال يتطلب من المراهق تحقيق توافقات جديدة مع الآخرين وما يتطلبه الآخرون وذلك وفقاً للثقافة السائدة في المجتمع الذي يعيش فيه.

ولهذا فإن المراهقة فترة من حياة الإنسان تبدأ أول إشاراتها بالظهور وعند غالبية المراهقين قيماً بين الحادية عشر والثانية عشر من العمر، وتتسارع العملية حتى تبلغ

ذروتها عند الخامسة عشر أو السادسة عشرة تقريباً، ثم تتباطء بعض الشيء، وفي الثامنة عشرة تكون مراحل النمو التي تكون المراهقة قد تكاملت إلى حد بعيد أو قريب، ولكن ليس معنى هذا أن كل فرد يسير وفق هذا النمط الزماني، ولكنه نمط صحيح إذا تكلمنا عنه بصورة عامة.

وفي فترة المراهقة تتذبذب انفعالات المراهقين، حيث تسير من النقيض إلى النقيض إذا لم توجد البيئة الاجتماعية المناسبة التي تهتم بشخصياتهم، وتقدم لهم الرعاية الكافية (السهل وآخرون، 1994). كما تحدث في فترة المراهقة تغيرات سريعة في كافة جوانب النمو، حيث يصبح المراهق نتيجة لهذه التغيرات السريعة حساساً بشكل كبير، فهناك مواقف جديدة تحدث في حياته دون أن تكون لديه الخبرة الكافية لمواجهتها. كما أن التغيرات الجسمية (خشونة الصوت، زيادة الطول، زيادة في حجم الجسم) تسبب له أحياناً الحرج، وفي هذه المرحلة تزداد أحلام اليقظة لدرجة قد تعيق توافقه النفسي-والاجتماعي، ويعاني أحياناً من القلق، ومن الانحرافات المزاجية، وتنوع اهتماماته، ويزداد تفكيره بمستقبله المهني والدراسي، ويتطلع بشغف إلى المستقبل المنشود يدفعه في ذلك آماله وطموحاته لما يريد أن يكون عليه كما هو بالنسبة للكبار المحيطين به. وفي هذه المرحلة يثور المراهق على عالم الكبار محاولاً الاستقلال من أوامرهم ونواهيهم ليستقل بآرائه، وليكون شخصية مستقلة بعيدة عن تسلط الآخرين، كما تكثر في هذه المرحلة عند المراهق نوبات الغضب، وسرعة القابلية للتعب دون جهد كبير، وضعف القدرة على التركيز لمدة طويلة، ولهذا فهناك الكثير من الآراء والنظريات التي وصفت المراهقة على أنها مرحلة عصيبة حرجة في النمو، يشوبها القلق والتوتر والأزمات النفسية فقد وصفها ستانلي هول **Hall** (1916) بأنها فترة عواصف وتوتر وشدة، ويرى "هول" أن حوالي 35% من المراهقين تكون المراهقة بالنسبة لهم فترة نمو مفاجئ وشديد، ويتضمن صراعاً في الإقدام والإحجام، كما أن 53% من أفراد العينة التي درسها أوضحت بأن المراهقة فترة مستقرة، فالمراهق كما أوضح "هول" يتأرجح بين النقيض والنقيض في حياته النفسية، فهو يكون سعيداً متفائلا في يوم من الأيام، ثم

يكون تعيساً متشائماً كئيباً في يوم آخر، حتى أن البعض ذهب في وصفه لسلوك المراهق "بنوبات الفصام" أو "الشيزوفرينيا". ويفسر آيسلر Eissler (1958) ذلك بأن التكوين النفسي للطفل يتحلل في أثناء فترة المراهقة، مما يؤدي إلى وجود خلط أو اضطراب نفسي لديه.

كما حذر كل من أفلاطون وأرسطو منذ أكثر من ثلاثة قرون قبل الميلاد من مشاكل التعامل مع المراهقين الذين هم حسب رأي أرسطو يغلبهم الهوى على أمرهم Irascible وأقرب إلى أن تجرفهم أهواؤهم ونزعاتهم (Aristotle 1941)

كما ذكر أفلاطون أن المراهقين كثيراً ما يكونون عرضة للجدل والخلاف مع الآخرين لمجرد المجادلة والمناظرة (Plato, 1953). ولكن هذا ليس هو دائماً حال المراهق، فالدراسات والبحوث الحديثة أظهرت أن مشكلات المراهق تعود في الواقع إلى الظروف والعلاقات الاجتماعية، والاتجاهات الثقافية التي يعيش في إطارها، وركزوا على ترويضهم وضبط نزعاتهم الهوجاء، ففي دراسة قام بها هاثوي Hathaway (1963) على عينة من أحد عشر ألفا من المراهقين، طبق عليهم اختبار منسوتا المتعدد الأوجه (Mmpi) فكانت النتيجة أن نسبة المراهقين الذين يعانون من اضرابات نفسية شديدة 10-20% وهي نسبة لم تزد عن تلك التي توجد عند عينات الراشدين الآخرين. كما أوضح أوفر Offer (1969) أيضاً من خلال دراسته الطولية على مدى ست سنوات على عينة مؤلفة من (73) طفلاً عادياً، وبعد انتهائهم من دراستهم الثانوية أجرى عليهم مجموعة من الاختبارات النفسية، كما أجرى مقابلات معهم ومع والديهم، فأسفرت النتائج عن عدم وجود ما يسمى بأزمة المراهقة بالشكل الذي وصفه "هول". وعلق "أوفر" على ذلك قائلاً: "إن مفهوم أزمة المراهقة يجب ألا ينظر إليها إلا على أساس أنه طريق واحد من الطرق التي قد يتبعها المراهق عند المرور في تلك المرحلة، طريق لا يستخدم من قبل معظم المراهقين".

أما حلمي (1965) فقد بينت في دراستها على عينه مؤلفة من (917) مراهقة مصرية أن هناك فروقاً كبيرة في ترتيب أهمية المشكلات عند المراهقات المصريات

والمراهقات الأمريكيات، معللة ذلك بأن الثقافة تلعب دوراً هاماً في إيجاد هـذه المشـكلات، إذ أن مـا هو مشكلة مهمة عند المراهقة الأمريكية تجده لا يحتل إلا مرتبـة ثانويـة عنـد المراهقـات المصريـات، والعكس صحيح.

ولهذا فقد برهنت الأبحاث الحديثة أن الناس قد بالغوا كثيراً في مدى الاضطرابات التي تطرأ عـلى المراهقين وآبائهم، ولكـن مـن جهـة أخـرى فـإن المراهقـة ليسـت مرحلـة مثاليـة خاليـة مـن الأزمـات والاضطرابات النفسية والاجتماعية، وأن ما يوجد لدى المراهق من هـذه الأزمـات والاضطرابات يكمـن أساسها في العلاقة التي تتم بينه وبين أسرته وأصدقائه، وفي إطار مدرسته، ومـن خـلال القيـم والعـادات والمعايير الثقافية السائدة في المجتمع الذي يعيش فيه.

بعض تعريفات المراهقة:-

عرفت المراهقة تعريفات متعـددة، حـاول كـل منهـا التركيـز عـلى جانـب مـن جوانـب النمـو في المراهقـة، فقـد عرفهـا هـوروكس Harrocks (1962) "بأنهـا الفـترة التـي يكسـر فيهـا المراهـق شرنقـة الطفولة ليخرج إلى العالم الخارجي، ويبدو في التفاعـل معـه والانـدماج فيـه". ولهـذا ركـز هـوروكس في تعريفه على أن المراهق ينتقل من حياة الطفولة والاتكالية إلى العالم الخارجي الذي يحدث فيه تفاعـل اجتماعي بشتى صوره وأشكاله، ويكون في ذلك شيء من الاسـتقلال الـذاتي والاعتمـاد عـلى الـنفس. أمـا ستانلي هول Stanley Hall (1956) فقد عرف المراهقة "بأنها مرحلة من العمر تتميـز فيهـا تصرفـات الفرد بالعواصف والانفعالات الحادة والتـوترات العنيفـة". وهنـا يكـون "هـول" قـد ركـز عـلى الجانـب الانفعالي في حياة المراهق، وما يعتريه من توترات وثورات توصـف أحيانـاً بأنهـا أزمـة تحـدث في حيـاة المراهق.

كما عرف أوسبل Ausbel (1955) المراهقة بأنها "الوقت الـذي يحـدث فيـه التحـول في الوضـع البيولوجي للفرد". كما نجد في قاموس المصطلحات النفسية تعريفـاً للمراهقة صـاغها إنجلـش English حيث يعتبر المراهقة "مرحلة تبدأ من البلوغ

الجنسي حتى سن النضج، فهي مرحلة انتقالية يتحول خلالها الشاب إلى رجل بالغ أو امرأة بالغة".

في حين عرف فورد وبيج **Ford & Beach** المراهقة في موسوعة العلوم الاجتماعية بأنها "تلك الفترة التي تمتد ما بين البلوغ والوصول إلى النضوج المؤدي إلى الإخصاب الجنسي، حيث ستصل الأقسام المختلفة للجهاز الجنسي إلى أقصاها في الكفاءة، وفي المراحل المختلفة لدورة الحياة. وفي الحقيقة سوف لا تكتمل مرحلة المراهقة إلا عندما تصبح جميع العمليات الضرورية للإخصاب والعمل والإفراز ناجحة".

ومن خلال مراجعة تعريف كل من أوسبل، وإنجلش، وفورد وبيج نجد أن التركيز قائم على الجانب الجسمي، وما يعتريه من تغيرات وتبدلات في مظاهر نموه الداخلي والخارجي.

كما يعرف أسعد ومخول (1982، ص 225) المراهقة "بأنها فترة نمو شامل ينتقل خلالها الكائن البشري من مرحلة الطفولة إلى مرحلة الرشد". أما جلال (1977، ص 232) فيعرف المراهقة بأنها "فترة زمنية في مجرى حياة الفرد تتميز بالتغيرات الجسمية والفسيولوجية التي تتم تحت ضغوط الاجتماعية معينة تجعل لهذه المرحلة مظاهرها النفسية المتميزة وتساعد الظروف الثقافية في بعض الثقافات على تميز هذه المرحلة". أما المفدي (1992: 32) فقد عرف المراهقة بأنها "المرحلة التي تبدأ بالبلوغ وتنتهي بتحقيق النضج الجسمي والانفعالي والاجتماعي".

ولهذا من خلال عرض عدد من التعريفات يعرف المؤلف المراهقة "بأنها عبارة عن الفترة الزمنية من حياة الإنسان التي تمتد ما بين نهاية الطفولة المتأخرة وبداية سن الرشد، تتميز بوجود مجموعة من التغيرات الجسمية والعقلية والانفعالية والاجتماعية".

المراحل الزمنية للمراهقة:

لا يمكن فصل حياة الإنسان بعضها عن البعض الآخر، فهي ليست إلا وحدة متكاملة، فكل مرحلة من مراحلة ترتبط بسابقتها وبما تلحق بها، وهذا ما أكدته الدراسات السابقة واللاحقة في مجال المراهقة، حيث اعتبرت المراهقة مرحلة نمو شامل ومتكامل للفرد تتداخل فيها المراحل مع بعضها مما يصعب التمييز بين بداية مرحلة ونهاية مرحلة أخرى.

ومع ذلك وتسهيلاً لعملية الدراسة في خصائص ومشكلات النمو لكل مرحلة، فقد تم تقسيم مرحلة المراهقة إلى فترات زمنية مختلفة. وفي هذا الصدد هناك تباين في وجهات النظر في تقسيم مرحلة المراهقة بين التحديد والتوسع، ويطلقون عليها فترة السنوات العشر- (**The Teen Years**). كما حددتها اليزابيث وهارلوك بالفترة الممتدة من 12- 21 سنة، وحددها "لاندر" من 12 – 24 سنة، أما "جير زلد" فحددها في الفترة من 12 – 20 سنة، في حين حددتها هيرلوك بالفترة الممتدة ما بين 10- 21 سنة.

ويرى هرمز إبراهيم (1988) أن هذه التحديدات تأخذ بعين الاعتبار الفروق الفردية سواء بالنسبة لبداية كل مرحلة أو نهايتها وتتحكم فيها عوامل وراثية وبيئية، حيث أن بداية المراهقة تختلف من فرد لآخر، ومن مجتمع إلى مجتمع آخر، كما يختلف طول فترة المراهقة باختلاف الثقافات، ففي المجتمعات البدائية تكون مرحلة المراهقة قصيرة نسبياً، وتبدأ مبكرة بالمقارنة مع المجتمعات المتحضرة، حيث يبدأ المراهق بتحمل مسؤولياته الاجتماعية مبكراً من خلال الزواج المبكر، أو في المجتمعات المتقدمة فيعيش المراهق ولا يبدأ بتحمل مسؤولياته كراشد إلا في سن متأخر نسبياً ليتمكن من إعداد نفسه علمياً وفكرياً واجتماعياً واقتصادياً.

كما يذكر فهمي (1974) أن المراهقة عند أبناء الشعوب التي تسكن الجزء الشمالي الغربي من أوروبا تبدأ عندهم متأخرة بالمقارنة مع أبناء الشعوب التي تسكن

في منطقة حوض البحر الأبيض المتوسط. ويـرى بلـدوين (1921) أن الأولاد الـذين يعيشـون في الريـف يبلغون مبكراً بمقدار ستة شهور عن الأولاد الـذين يعيشـون في المـدن. بالإضـافة إلى ذلك فـإن لعوامـل التغذية، والمناخ، والأمراض أثر في النضج الجنسي عند الفرد.

وأهم التقسيمات لمرحلة المراهقة ما يلي[1]:

أولاً: التقسيمات الثنائية:

أ- المراهقة المبكر Early Adolescence :

وتمتد من سن الثانية عشرة إلى سن الخامسة عشرة أو السادسة عشرة، حيث يصاحبها نمـو سريـع إلى ما بعد سن البلوغ بسنة تقريباً، ويتميز سلوك المراهـق في هـذه المرحلة بالسعي نحـو الاستقلال، والرغبة في التخلص من القيود والسيطرة ويستيقظ عنده الإحساس بذاته وكيانه.

ب- المراهقة المتأخرة Late Adolescence :

وتمتد من سن السابعة عشرة إلى سن الحادية والعشرين، ويتميز سلوك المراهـق في هـذه المرحلـة بالتوافق مع المجتمع الذي يعيش فيه، والابتعاد عن العزلـة، والانخـراط في نشاطات اجتماعيـة، وتقـل عنده النزعات الفردية، كما تتحدد اتجاهاته السياسية والاجتماعية، وتتضح ميوله المهنية.

ثانياً – التقسيمات الثلاثية:

1- ما قبل المراهقة Pre – Adolescence : وتبدأ من سن العاشرة حتى سن الثانيـة عشـرة، حيـث تظهر في هذه المرحلة حالة التهيؤ التي تدفع إليها الطبيعة

---

(1) هرمز، صباح: إبراهيم، علم النفس التكويني (الطفولـة والمراهقـة). جامعـة الموصـل: دار الكتـب للطباعـة والنشـر، 1988، ص 567- 569.

تمهيداً للانتقال إلى المرحلة التالية من النمو، كما تتميـز هـذه المرحلـة بالمقاومـة النفسـية التـي تبـذلها الذات ضد تحفز الميول الجنسية، وتكون مشوبة بالقلق نتيجة بداية ظهور الخصائص الجنسية الثانوية.

2- المرحلة المبكرة: وتمتد من سن الثالثة عشرة إلى سنة السادسة عشرة، وتسـمى بمرحلـة البلـوغ، حيث تبدأ الغدد الجنسية بأداء وظيفتها بالرغم من أن المراهق لم يحقق بعد في هـذه المرحلـة النضج الجنسي الكافي ليمارس العلاقات الجنسية. كما تبدأ في هذه المرحلة بوادر النضج كظهور العادة الشهرية عند الفتيات، وإنتاج الحيوانات المنوية عند الفتيان.

3- المراهقة المتأخرة: وتمتد من سن السابعة عشرة إلى سن الحادية والعشرين، ويطلـق عليهـا مـا بعد البلوغ، حيث يمكن للفرد أداء وظائفه الجنسية بشكل كامل، وتكتمل الوظائف العضوية، وتنضج الأعضاء التناسلية، وقد لا يتمكن المراهق من إشباع ميوله الجنسية بطرق طبيعيـة مبـاشرة عـن طريق الزواج فيلجأ إلى العادة السرية، وقـد يفـرط في ممارسـتها فتـنعكس عليـه عـلى شـكل مشـاعر الـذنب، وتنتهي هذه المرحلة بابتداء سن الرشد.

ثالثاً – التقسيمات الرباعية:

أ- مشارف المراهقة: تكون عند البنات من عمر إحدى عشرة إلى اثنتي عشرة سنة، وعند البنين مـن عمر ثلاث عشرة إلى أربع عشرة سنة.

ب- المراهقة المبكرة: وتمتد عند البنات من اثنتا عشرة إلى أربع عشرة سنة، وعند البنين من خمـس عشرة إلى ست عشرة سنة.

جـ- المراهقة الوسطى: ويكون عند البنات ما بين أربع عشرة إلى ستة عشرة سـنة، عنـد البنـين مـن سبع عشرة إلى ثماني عشرة سنة.

د- المراهقة المتأخرة: وهي عند البنات من سبع عشرة إلى عشرين سنة وعند البنين من تسع عشرة إلى عشرين سنة.

أهمية دراسة المراهقة:

تعتبر المراهقة قنطرة عبور بين الطفولة والرشد، كما أنها مفترق طرق يتحدد خلالها الطريق الذي سيتبعه المراهق في المستقبل والذي قد يجتازه بأمان. أو قد تعترضه بعض المشاكل. بالإضافة إلى ذلك فإن مرحلة المراهقة هي المرحلة التي يبدأ فيها الفرد بالتفكير في عمل معين أو تبني فكر سياسي أو ديني معينين بشكل واضح. وهذا ما يجعل المراهق، في هذه المرحلة بالذات أحوج ما يكون إلى التوجيه الصحيح، والسير به نحو المستقبل الذي يحقق له السعادة، ويعود على المجتمع بالخير الوفير.

فمرحلة المراهقة هي مرحلة حساسة من الناحية الاجتماعية، حيث تشوب العلاقات التفاعلية بين المراهق ووالديه أو مع الكبار بعض الصعوبات، بالإضافة إلى تحمل المراهق في هذه المرحلة العديد من المسؤوليات الاجتماعية كعضو في المجتمع، كما يبدأ المراهق التفكير في الزواج وتكوين الأسرة وما يمكن أن ينجم عن ذلك من ولادة أطفال ومسؤوليات تجاه الأسرة، كل ذلك يجعل لدراسة المراهقة أهمية كبيرة ليس فقط للمراهقين، وإنما أيضاً لذويهم (والدين – مدرسين- ووكل من يتعامل معهم).

ولهذا نسعى من خلال دراسة المراهقة إلى فهم المراهق بشكل صحيح ليسهل علينا توجيهه والتعامل معه، كما نحاول مساعدته في أن يفهم ذاته بشكل أكثر واقعية وموضوعية ليتعامل مع الواقع الذي يحيط به بشكل صحيح، وهذا من شأنه أن يوفر للمراهق صحة نفسية سليمة تنعكس بدورها إيجابياً على صحة المجتمع.

الفصل الثاني

نظرية المراهقة

تمهيد:

حاول بعض العلماء والمفكرين والفلاسفة منذ القديم معالجة مشكلات المراهقة، غير أن هذه المشكلات لم تخضع للدراسة الجدية الموضوعية إلا منذ عهد قريب، حيث نجد ذلك من خلال الدراسات والبحوث التي قام بها العديد من علماء النفس، وعلماء الاجتماع، وعلماء التربية، ومما تجدر الإشارة إليه فإن الحديث عن نظريات المراهقة يدعونا إلى القول بأنه لا توجد نظرية تتصل بمرحلة المراهقة لوحدها وبصورة مجردة، لأن أي مفهوم نظري لمرحلة المراهقة ليس إلا جزءاً من فكرة واسعة تتصل بمراحل النمو والتكوين لدى الفرد بصورة عامة سواء أكانت بيولوجية أو نفسية أو اجتماعية.

بالإضافة إلى ذلك فإن بعض هذه النظريات التكوينية والسلوكية هي جزء متمم للنظريات المتصلة بموضوع الشخصية بصورة عامة، كما أن بعض هذه النظريات أيضاً قد اشتق من نظرية عامة ترتبط بتفسير سلوك الإنسان، بالإضافة إلى أن أكثر هذه النظريات ووجهات النظر المختلفة هي أقرب إلى الوصف أو أنها خطط موضوعة بدلاً من أن تضم نظريات عامة وثابتة للفحص العلمي الدقيق.

ولهذا سوف نستعرض بعض النظريات التي عالجت موضوع المراهقة.

نظرية ستانلي هول S. Hall Theory :

تعني المراهقة من وجهة نظر "هول" مرحلة تغير وشدة، وصعوبات في التوافق، وأنها مرحلة من حياة الإنسان لا يمكن تجنبها، حيث تحدث فيها تغيرات تستند إلى أسس بيولوجية تتمثل في نضج بعض الغرائز وظهورها بصورة مفاجئة مما يؤدي إلى ظهور بعض الدوافع القوية لديه تؤثر في سلوكه. ويرى هول بأن هناك علاقة بين

أنماط الحب المتسم بالدافع الجنسي، وبين نمو وتطوير القابليات في التفكير المنطقي والتجريدي، وانعكاس الرغبات في الاتصال بالجنس الآخر.

ولهذا فقد عالج "هول" بعمق وسعة النواحي البيولوجية لهذه الفترة وما يصاحبها من قضايا نفسية تتصل بنمو المراهق كقضايا اعتناق الدين، وقضايا الحب وغيرها في كتابه المعروف (المراهقة، سيكولجيتها وعلاقتها بالفسيولوجيا) وكان قد نشره في عام 1904.

وقد توسع "هول" في دراسته للغرائز الاجتماعية، والفتيات والمراهقات وتربيتهن، وعلم النفس العرقي، والطقوس والمراسيم العامة، وأخطاء الأحداث مما جعل لهذه الدراسات أثر كبير في دراسات من جاء بعده.

كما أخذ عن "هول" مصطلح (العواطف والتوتر) **Storm And Stress** حيث استعمله لما تتميز به فترة المراهقة من تعارض وتصارح لدى المراهق بين الأنانية والمثالية، والقسوة والرقة، والعصيان والحب. وبشكل عام يمكن القول أن نظرية (ستانلي هول) تقف موقفاً وسطاً بين الكتاب أصحاب القصص الخيالية والتأملات الفلسفية في القرون الماضية، وبين أصحاب الدراسات العلمية المحكمة الذين برزوا في مطلع القرن الماضي. فقد كان لكتاباته أثر كبير في الفكر التربوي في المائة سنة الأخيرة، حيث لوحظ ذلك من خلال ما نشره من كتب تتصل بحياة الشباب ومشكلاتهم والعلاجات التربوية اللازمة لها. ولكن نظرية (هول) لم تسلم من النقد ولم تكن كاملة، وكان يعتريها بعض جوانب الضعف، فقد حددها الباحثون المحدثون في أن هذه النظرية أخفقت في إبراز أثر العلاقات الاجتماعية بين الأفراد، ولم يوضح دور المؤثرات الثقافية في النمو وعدم وعيه الواضح للفروق الفردية، وابتعاده عن التفسير السليم للحالات الضرورية والتي كثيراً ما يبتعد عن المعدل العام عند خضوعها للدراسة بصورة جماعية.

وبالرغم من هذه الانتقادات فإنه ما زالت أغلب المفاهيم الشائعة حالياً تتشبث بهذه النظرية، حيث يتم النظر إلى المراهقة كفترة انتقالية مضطربة على الرغم من

سقوط نظرية (هول) حيث تم رفض التسليم بصحة الاعتقاد الخاص بوراثة الخصائص والصفات المكتسبة.

والحقيقة فإنه بمقارنة آراء (هول) بالآراء المعاصرة حول طبيعة الإنسان نجد أن الكثير من آرائه ونتائج دراساته تفتقر إلى الأدلة المحسوسة، والبراهين الكافية لتأكيدها، ولكن بالرغم من كل هذه العيوب والانتقادات لآراء هول ونظريته فإن ذلك لم يقلل من قدر هذه النظرية، فقد بدأ هول بالمبادرة الأولى في دراسة المراهقة والتي أصبحت أساساً يبني عليها الكثير من الباحثين المحدثين. وظل تفكير (هول) له تأثير كبير في هذا المجال لسنوات عديدة. وقد قال بعض النقاد محاولين إنصافه: "إن ستانلي هول على علم ودراية بأهمية مرحلة المراهقة في حياة الفرد".

نظرية جيزل:A. jezal Theory

تأثر "أرنولد جيزل" بآراء "ستانلي هول" واهتماماته منذ عام 1965، حيث تركزت الفكرة الرئيسية لدى جيزل فيما يتعلق بالنضوج، والتي يعرفها بأنها "العمليات الفطرية الشاملة لنمو الفرد وتكوينه، والتي تتعدل وتتكيف عن طريق العمليات الوراثية"، وقد تميز "جيزل" عن باقي الباحثين بوصفه لأصناف السلوك عاماً بعد آخر، حيث حاول تحليل مراحل السلوك إلى نتيجتها النهائية، فهو يشير إلى تذبذبات سنوية بين الصفات الإيجابية والسلبية.

ويحدد جيزل المراهقة بالمفهوم الجسمي أولاً وفي العمليات الفطرية التي تسبب النمو والتطور المتزامن، وفي القابلية للاستنتاج، وفي اختبارات المراهق، وفي علاقاته الشخصية مع الآخرين ثانياً. أما من الناحية السيكولوجية فإنه لابد أن يأخذ المراهق بعين الاعتبار نواحي قوته، ونواحي ضعفه في آن واحد (الحافظ، 1981).

نظرية التحليل النفسي:

يعتبر سيجموند فرويد **S. Freud** أحد العلماء القدامى الذين أيدوا آراء ستانلي هول واقتفوا أثره، فقد حاول تدعيم الآراء القديمة التي قبلت حول المراهق من

حيث تأكيدها على وجود اختلاف حاد بين صفات الذكور والإناث، والـدور الطليعـي البـارز للـذكور في المجتمع بالمقارنة مع دور الإناث. كما يؤكد فرويد تركيب المجتمع الـذي يـؤمن بسـلطة الأب في الحيـاة الاجتماعية في مدينة فينا في نهاية القرن التاسع عشر، وأصبح اتجاهاً عاماً لابد مـن إقـراره والالتـزام بـه، كما كان هذا الاتجاه مقبولاً من قبل أكثر الناس هناك. ولكـن "فرويـد" يخالف "هـول" الـذي يـرى أن الغريزة الجنسية تظهر لأول مرة عندما يصل الطفل إلى سن البلوغ، حيث يـرى "فرويـد" أن ذلك غـير ديناميات نظرية التحليل النفسي للنمو و المراهقة، حيث تعتبر المراهقة فترة من الاضطرابات في الاتـزان النفسي تظهر نتيجة النضج الجنسي، وما يتبع ذلك من يقظة القوى الليبيدية، وعودة نشاطها. وتـرى أن "الأنا الأعلى" في هذه الفترة قد يتعرض للضعف بصورة غير مستمرة، مما يجعلها غـير قـادرة في بعـض الأوقات على مقاومة هجمات "الهي" الضارة مما يوقع الفرد في صور الإشباع الجنسي- غـير الصحيحة، وانخراطه في العديد من صور السلوك العدواني.

وتتميـز فـترة المراهقـة مـن وجهـة نظـر "أنـا فرويـد" بآليتين دفـاعيتين هـما الزهد والتقشـف Ascenticism والعقلانية والتعقل Intellectualization ، فالزهـد والتقشـف كحيلـة دفاعيـة تعكـس ارتياباً متطرفاً من جانب الفرد في جدوى الحياة الغريزية، وتتضمن تقييداً لنشاط الأنا في مجالات تتصل بالغذاء والملبس بالإضافة إلى النشاط الجنسي. أما العقلانيـة فتعتـبر حيلـة لا شهوانية، Antilibidinal حيث تعبر عن نفسها في صورة ميل للابتعاد عن الاهتمامـات الماديـة والانصـراف عنهـا إلى الاهتمامـات المجردة الأكثر أمناً.

ولهـذا يمكـن القـول بـأن علـماء التحليـل النفسي- اهتمـوا بـالنمو الفـردي للشـخص في طفولتـه، ومراهقتـه، وأوضحـوا أن فـترة المراهقـة فـترة يكـون فيهـا العـالم الـداخلي للفـرد حساسـاً لمـؤثرات العـالم الخارجي بشكل كبير، وبهذا استطاع علماء التحليل النفسي أن يلفتـوا الأنظـار إلى ديناميـة المراهـق مـع التأكيد على عالم التنظيم السيكولوجي للفرد في هذه الدينامية (قناوي. 1992، ص 21- 23).

نظرية أريكسون Erikson,S Theory :

حاول أريكسون[1] مثل أوزيل أن يجمع بين الأدلة التي تـدور حـول التـأثيرات الثقافيـة عـلى نمـو الشخصية، فهو يعتقد أن أزمة المراهقة الأولى هي أزمة التعرف على الذات وإحساس الشخص بمن هو؟ وتقييمه لذاته. غير أن نظرية أريكسون تعطي أفضلية للمحـددات الثقافيـة أكـثر مـما تعطيـه نظريـة فرويد.

صحيح من الناحية البايلوجيه. ويشير "فرويد" في هـذا الصـدد بأنـه في مرحلـة الطفولـة سـتكون الحياة الجنسية مقتصرة على المتعة العضوية، حيث يشعر الطفل باللذة الجنسية مـن خـلال ملامسـة الأعضاء الجنسية، وقد يأتي هذا التمتع واللذة من جسم الطفل حيناً أو من خارج جسمه حيناً آخر.

أما في مرحلة المراهقة فتزداد قوة الأنا (Ego) . وتتوسـط بـين الهـي (Id) والأنـا الأعـلى (Super Ego) ويصبح للمبادئ والقيم الخلقية السائدة في المجتمع أهمية عند المراهـق، ويصبح نمـو الـذات في هذه المرحلة من القوة ما يجعله قادراً على فرض بعض القيود على انـدفاعات الهـي. ويقول فرويد في هذا الصدد: "أن من إحدى الوظائف الأساسية للتربية الاجتماعية القويمة هي السيطرة على سلوك الفرد عن طريق إخضاع الغريزة الجنسية وحصرها في نطاق ضـيق محـدود لـكي ينسجم مـع واقـع المجتمـع ومطالبه، والحيلولة دون انطلاقها من غير حدود أو قيود في الفعالية التناسلية".

كما يرى "فرويد" أيضاً أنه من الخير للمجتمع أن يسعى جاهداً إلى إرجاء التنفيس عـن الغريـزة، حيث أن الاندفاع الشديد لهذه الغريزة سيحطم كل القيـود والـذي مـن شـأنه تحطيم صرح الحضـارة والمدنية والتي قد عانى البشر كثيراً لبنائها وتثبيت قواعدها. ويؤكد بناءً على ذلـك عـلى ضرورة التـدخل المبكر في الحياة الجنسية للأطفال قبل

---

(1) يعتبر علماء مدرسة التحليل النفسي، حيث التزم بالجوهر العام للإطار الفرويدي، ولكنه تخلى عن الاتجاه البيولوجي الصرف الذي يتميز به أصحاب مدرسة التحليل النفسي.

وصولها إلى سن البلوغ بدلاً من الانتظار حتى تنتهي العاصفة المدمرة (الحافظ، 1981).

ويرى فرويد أيضاً أنه في مرحلة المراهقة يتطور النمو الجنسيـ حيث ينتقل المراهـق مـن حالـة الإثارة الجنسية الذاتيـة، ومـن الاهتمامـات الطفليـة بـالأب والأم كموضوع حـب إلى السـلوك الجنسيـ للراشدين، واختيار موضوعات الحب الجنسي الغيري. ويرى أن التقدم الحضاري يعـود إلى السـمو بهـذا الدافع الجنسي، أما كبت هذا الدافع فيؤدي إلى استياء المراهق وسخطه وتمرده في كثير من الأحيان.

أما مصدر صراعات المراهق وثورته فيرى فرويد بأنها تكمن في الحاجة إلى الاسـتقلال عـن سـيطرة الوالدين انفعالياً واجتماعياً واقتصادياً وما يمكن أن يؤدي إليه ذلك من قلق وكآبة وعدوان عنـد عـدم توفر الظروف المناسبة لتحقيق حاجاته ومطالبه.

ويذكر قشقوش (1980) أن أريكسون ينظر إلى المراهقة على أنها الفترة التي تفقد فيها صور قلـق الطفولة بعضاً من قوتها وسلطاتها، وتصبح صورة الذات أثناءها موضـع تحديـد جديـد. كـما ينظـر إلى هذه العملية على أساس أنها العملية التي تكافح فيها الـذات السـامية في سـبيل الهويـة أو الكينونـة. . على الرغم من أن هذه الخطوة لا تهدف آنذاك إلى أن يحرز الفرد استقلالاً ذاتياً كاملاً في طور المراهقة.

ويرى أريكسون أن سلوك الفرد يمر بأزمات نمائية متعاقبة ومتواليـة كـل منهـا ذات علاقـة وثيقـة بأحد العناصر الأساسية في المجتمع، ولـذلك نجـد أن كـلاً مـن دورة حيـاة الإنسـان ونظمـه ومؤسسـاته يتطوران معاً، أي أنه كلما تفتحت حياة الفرد الداخليـة مضىـ في المجتمـع ليتكيـف عـلى نحـو يتضمن التتابع المناسب لمراحل النمو (قناوي، 1992).

وجهة نظر الأنثروبيولوجيين:

يختلف سلوك المراهق من مجتمع إلى مجتمع آخر، وذلك بحسب الثقافة السائدة في تلك المجتمعات، ففي عام 1920 حاول كل من مارجريت ميد وروث بندكت **M. Mead & R. Bendict** وآخرين، إبراز أثر الأساليب الثقافية في فترة المراهقة، وعبروا عن ذلك بقولهم: أن المراهقة ليست فترة أزمة في كل المجتمعات. ففي المجتمعات التي تكون فيها مبادئ وقواعد الكبار محددة بدقة ولا توجد فيها مجالاً كبيراً للاختيار من قبل المراهق، فإن الآباء والمراهقين يتقاسمون نفس القيم والقرارات فيما بينهم، ففي دراسة قام بها بروتفن برونر **B. Bronner** (1967) وجد أن الأطفال والمراهقين الروس يتقاسمون مع آبائهم قيماً مشتركة. أثناء هاتين الفترتين بصورة أكبر مما وجد عند الأطفال والمراهقين الأمريكيين والسبب في هذا الاختلاف يعود إلى أن سلوك المراهقين الذين يشبون في مجتمعات تكون فيها أدوارهم المستقبلية محددة مسبقاً، ويختلفون بشكل جوهري في سلوكهم عن أولئك الذين يكون لديهم مجموعة كبيرة من الخيارات، وتعدد الأدوار التي يؤدونها. ولهذا يكون محتملاً أنه كلما ازداد تعقد المجتمع وسعي نحو التصنيع، وتوفرت فيه فرص أكثر للاختبارات المهنية والأدوار التي يقوم بها المراهق في المجتمع فإن التوترات بين المراهقين والآباء تزداد (الأشول، 1988).

أما في جزر "سموا " **Samwa** التي تقع في جنوب المحيط الهادي، وفي الشمال الشرقي من نيوزلندا، فينتظر الراشدون من المراهقين المبادرة إلى العمل بصورة مباشرة، والإخلاص والولاء للأسرة بدلاً من التمرد على الأعراف والتقاليد السائدة في مجتمعهم، كما ينتظر الآباء من أطفالهم في جزر "هوايي" أن يتوقفوا عن القيام بالمشكلات التي تسبب لذويهم المتاعب مع التقدم في العمر، وقد فسرت (روث بندكت **R. Bendict** (1938) عدم استمرارية تطور سلوك الفرد وتكوينه بعدم الاستمرارية في الظروف والأحوال الاجتماعية وتوقعاتها. وأشارت إلى حدوث تغيرات في دور الفرد مع اقترابه من المراهقة ملخصة إياها في التغيرات الثلاثة الآتية:

1- الشعور بالمسؤولية مقابل عدم الشعور بالمسؤولية:

فالمراهق يتغير دوره من مرحلة الطفولة إلى مرحلة المراهقة، فبدلاً من عـدم الشـعور بالمسـؤولية في الطفولة فإن المراهق يترتب عليه أن يتحمل مسؤولية اجتماعية نحو أسرته، وأن ينخرط في الفعاليات الإنتاجية في المجتمع.

2- التسلط والهيمنة مقابل الخنوع والاستكانة:

ترى ميد (1928) أن الأطفال في عمر ست سنوات يهتمـون بـإخوتهم الصـغار ويسـيطرون علـيهم بالإضافة إلى الخضوع إلى سلطة الأكبر منهم، أما إذا حصل الصراع بين الوالدين والطفل حول السـلطة، فإن المجتمع يتيح للطفل الانتقال إلى بيت أحـد أقاربـه مـن الأعـمام أو الأخـوال . . الـخ، وذلـك تجنبـاً للمشاكل التي يمكن أن تحصل، وفي مرحلـة المراهقـة يتطلـب مـن المـراهقين الخضوع لسـلطة الكبـار والامتثال للمعايير والقيم السائدة في المجتمع.

3- الأدوار الجنسية المتغيرة بين الذكور والإناث:

أشارت "ميد" في بداية الثلاثينات من القرن الماضي إلى أن مجتمع جزر (سمواً) يسـمح للمراهقين ملاحظة جميع عناصر حياة الراشدين، كـما يسـمح لهـم بـالتعبير الجنسيـ بمختلـف أشـكاله، وتجريـب الجنس في أي عمر، مما يهيئهم للقيام بدورهم الجنسي كاملاً عندما يصلون إلى سن البلوغ.

كما ذكرت ميد (1954) عندما قارنـت سـلوك المراهقة في جـزر (سموا) مـع سـلوك المراهقة في الولايات المتحدة الأمريكية، أن المراهقة في جزر (سموا) لا تعتبر أزمة عند الفتاة، في حين أنها أزمـة عنـد الفتاة الأمريكية. وقد عللت (ميد) ذلك بناءً على ما يسود المجتمع في جزر (سموا) والمجتمع الأمريكي، فهناك تساهل وعدم تعدد للمعتقدات في جزر (سموا)، والخلافات داخل الأسرة أو داخل القبيلـة قليلـة جداً، وتحل بأساليب بسيطة، أما في المجتمع الأمريكي هناك تعدد للأديان، وعلى المراهق أن

يختار إحداها، وهناك اختلافات في نظرة المجتمع الأمريكي لحرية العلاقات الجنسية بين الرجل والمرأة مما يجعل الفرد يعيش في حالة صراع، وكثرة الأمراض العصبية.

بالإضافة إلى ذلك فإن ازدواجية المشاعر لدى الآباء تجاه أبنائهم المراهقين يعد سبباً من أسباب الصراع والتوترات التي يعانيها المراهق. فالآباء لا يميزوا في كثير من الأحيان بين المركز الاجتماعي الذي يجب أن يحتله المراهقون، وبين ما يجب أن يقوموا به فعلاً. فقد يشير الأب لابنه المراهق بأنه قد كبر بصورة كافية ليتحمل بعض المسؤولية تجاه الأسرة، وفي نفس الوقت يرفضون معاملتهم ككبار، وأنهم قادرون على تحمل مثل هذه المسؤولية.. فقد وجد كاندل Kandel (1969) أنه على الرغم من إعطاء المراهقين الحرية في التفاعل مع الجماعة، إلا أنهم يعاملون من جهة أخرى كأطفال داخل المنزل.

ويرى كونجر Conger وآخرون (1971) أننا بحاجة إلى النظر إلى العلاقات الأسرية المتغيرة، والأدوار الوالدية الحديثة، والتغير الاجتماعي السريع بصورة أكثر دقة وموضوعية، لأن ذلك يساعد في فهم أكثر للمراهق وسلوكه في علاقته مع الآخرين، مما يؤدي إلى حل كثير من الغموض والألغاز التي تكتنف فترة المراهقة (قشقوش، 1980).

نظرية التعلم الاجتماعي:

تؤكد هذه النظرية على التعلم بالاقتداء أو بالنموذج (Modeilling) ، فقد ظهرت هذه النظرية في أعمال بندورا وزملائه Bandura. Etal. منذ عام 1962، حيث ترى أن الطفل يلاحظ سلوك الأبوين، ويتوحد معهما، ويدمج معتقداتهما واتجاهاتهما ضمن إطار القيم التي يتبناها، مقلداً في ذلك سلوك النموذج.

وقد ناقش جويرتز Gewirtz (1969)، وبندورا Bandura (1969)، ووالترز Walterst (1963) تأثير هذه النظرية على النمو في المراهقة، حيث

لخصت قناوي (1962) ذلك بقولها: "إن الفرد يستطيع اكتساب سلوك جديد تحت شروط معينة من خلال التعلم المباشر، وبملاحظة الآخرين".

كما يفسر أصحاب نظرية التعلم الاجتماعي سلوك المراهقين على أساس الثقافة السائدة، والتوقعات الاجتماعية، ويفترضون أن سلوك المراهقين هو نتيجة تربية الطفل الذي تعلم أدواراً معينة، وبالتالي فإن عملية التنشئة الاجتماعية هي المسؤولة عن نمو الفرد سواء أكان سوياً أو كان منحرفاً، إذ ينبثق النمو من التنشئة الاجتماعية في فترة الطفولة المبكرة، ويظل مستمراً، ويمثل حاصل التنشئة الاجتماعية، وليس حاصلاً للنضج.

كما تتصف المراهقة حسب هذه النظرية بالانسحاب من معايير الثقافة السائدة لدى الراشدين عن طريق تعلم سلوك لا اجتماعي غير مرغوب فيه، أو من خلال تقبل المراهق لثقافة جماعة النظائر (الرفاق) والتي تتأثر بخبرته الذاتية.

ولهذا فإن جنوح المراهقين والاغتراب النفسي الذي يعانون منه أثناء فترة المراهقة يكون ناجماً عن اتجاهات الوالدين القاسية نحوهم، بالإضافة إلى ما تلعبه وسائل الإعلام المختلفة في التأثير على سلوكهم. فالأم أو الأب الذين يمارسون العقاب المستمر مع أبنائهم يساهمون بشكل مباشر في إعاقة النمو السليم لسلوك هؤلاء الأبناء. كما أن مشاهدة الأبناء لبرامج تلفزيونية عنيفة وعدوانية يؤدي بهم إلى تقليد النماذج التي تعرض من خلال التلفزيون عندما يشعروا بالإحباط أثناء تفاعلهم مع الآخرين في الحياة الاجتماعية، ولهذا فإن العديد من علماء النفس يؤكدون أن الفرد عندما يتعلم السلوك العدواني بهذه الطريقة يستمر في ممارسته للعدوان في المستقبل. وقد بينت دراسة أيرون وآخرون .Eroon, Et. Al (1974) أن الطفل العدواني يصبح مراهقاً عدوانياً، كما أن الطفل الذي يعاني من الخجل والغير سعيد في طفولته، يصبح أيضاً مراهقاً غير سعيد ومنسجماً في علاقاته الاجتماعية (الأشول، 1982).

ولهذا يرى العلماء الذين أفكار هذه النظرية أن هناك استمرارية في نمو سلوك الإنسان، مما ينجم عن ذلك استمرارية التنشئة الاجتماعية لدى الفرد ما لم تتعرض للتغيير الاجتماعي. ولهذا تؤكد الدراسات في إطار نظرية التعلم على أهمية التعلم المبكر في حياة الفرد، وتحليل ما يتعلمه في مراحل النمو المختلفة.

وفي هذه النظرية يتم التأكيد على أهمية التفسيرات النظرية الخاصة لمرحلة المراهقة، فالمراهق من وجهة نظر بندورا **Bandura** (1964) معرض للاضطراب والقلق والتوترات الجنسية، ويكون مجبراً على التوافق مع مواقف اجتماعية غير مهيأ لها (هرمز وإبراهيم، 1988).

نظرية أوزيل للدافعية Ausubel,S Drive Theory :

تنتمي هذه النظرية إلى النظريات البيوثقافية **Biocultural** في المراهقة والتي تفسر النمو في مرحلة المراهقة على أنه ناتج عن التفاعل بين التأثيرات البيولوجية والثقافية والاجتماعية. ولهذا ذكرت أوزبل (1954) وجود تغيرين في فترة المراهقة هما:

الأول: أنه يوجد تغير بيولوجي، وخاصة الدافع الجنسي الذي يتميز في هذه المرحلة بالنمو المفاجئ، وترى أن الدافع الجنسي والاتجاهات المتصلة به، والسلوك الجنسي أيضاً كلها تظهر في هذه المرحلة من النمو. وذكرت أوزبل أيضاً أن هذا الدافع الجنسي يحتاج إلى تنشئة اجتماعية منذ الطفولة.

الثاني: تغير اجتماعي: فالمراهق يسعى إلى تحقيق الاستقلال عن الراشدين فالمراهقون عليهم أن يتعلموا التصرف من تلقاء أنفسهم مستقلين عمن يرعاهم ليحققوا ذواتهم.

وقد حاولت (أوزبل) أن تقدم صورة متكاملة للتأثيرات البيولوجية والثقافية في نمو المراهق، من خلال فكرة المراهق عن ذاته التي تتكون من خلال التنشئة الاجتماعية، والمحاولات التي يبذلها المراهق للاستقلال، والتوصل إلى رؤية صحيحة لنفسة، فالتنشئة

الاجتماعية كعملية تسهم في اكتساب الشخصية مجموعة من القيم والمعايير وأنماط السلوك والاتجاهات، وذلك بهدف خلق شخصية سوية تتسم بعدد من السمات المقبولة الاجتماعية.

نظرية المجال:

يعتبر عالم النفس كيرت ليفين K. Lewin رائد هذه النظرية، حيث تشير هذه النظرية إلى طريقة في تحليل وتفسير العلاقات السببية، وفي تشييد الهيكل العلمي للنظرية. ويركز ليفين في تفسيره النفسي- للسلوك على الغايات التي تحدد هذا السلوك، فهي تؤكد على ضرورة تعامل الفرد مع ما هو كائن من الناحية النفسية.

بالإضافة إلى ذلك يؤكد ليفين على "المجال النفسي" الذي يشكل الهيكل الأساسي الأكثر أهمية في هذه النظرية، ويرى أنه لا مغزى من تفسير سلوك الإنسان دون الإشارة إلى كل من الشخص وبيئته، حيث تتحدد حياة الإنسان وتتميز بأبعاد الواقع، وبقدرة الشخص على رؤية الأشياء بعلاقاتها الصحيحة، ويعدد المناطق التي يحيا فيها، وبطريقة تنظيمها، حيث توجد هناك فروق فردية، وتكوينية، وتنموية، وثقافية في هذه المناطق المختلفة التي يقع الفرد تحت تأثيرها.

ويرى "ليفين" أن الحوادث النفسية يجب أن تعلل استناداً إلى صفات المجال المتوافر في الوقت الذي يقع فيه الحادث، ويؤكد بأن الحوادث الماضية سيكون لها دورها من الناحية التاريخية فقط، وتفسر على أساس تاريخي، وأنه عن طريق تداخلها وتشابكها تحدث الحالة في الوقت الحاضر. ولهذا يشير ليفين في تفسيره للمراهقة إلى ثلاثة جوانب هي:

أ‌- إن مرحلة المراهقة هي مرحلة انتقائية، ينتقل خلالها الفرد من الطفولة إلى الرشد، وهذا الانتقال يتبعه تغيير في الانتماء الاجتماعي، فبعد أن كان المراهق من وجهة نظره ووجهة نظر الآخرين طفلاً، أصبح يرفض معاملته كطفل، ويرغب في الانخراط في حياة الراشدين، ويسلك سلوكهم، ولكن

أحياناً ينتقل الفرد خلال هذه المرحلة إلى وضع مجهول غير محدد المعالم، حيث لا يعرف المراهق إلى أي اتجاه يتحرك، وماذ يهدف، مما ينعكس ذلك على سلوكه ويجعله متردداً، ويدخل في عملية صراع مع ذاته، ومع الآخرين من حوله.

ب- في مرحلة المراهقة يجهل المراهق ذاته، ويفقد القدرة على السيطرة على حركاته بسبب التغيرات الجسمية السريعة التي تحدث، فبعد أن كان الجسم يمثل من وجهة نظر "ليفين" أحد المناطق الهامة القريبة والمركزية في المجال الحيوي للمراهق، وبعد أن كان مسيطراً عليه، أصبح الآن منطقة مجهولة مما يضعف ثقته بنفسه وبجسمه، وبالعالم الذي يعيش فيه، وهذا الشك وضعف الثقة يؤدي بسلوك المراهق إلى التردد والصراع النفسي وقد يجنح بسلوكه إلى العدوان.

ج- يتعرض البعد الزمني للمجال الحيوي للشخص إلى التغيير في مرحلة المراهقة، حيث تتغير الطريقة التي ينظر بها المراهق إلى المستقبل، ويتسع البعد الزماني للمجال الحيوي، فبعد أن يحسب أهدافه بالأيام والأسابيع والشهور، أصبح يحسب هذه الأهداف بحساب السنين الطويلة المقبلة، وفي هذه المرحلة أيضاً أصبح يميز بشكل واضح بين مستويات الأهداف الواقعية والأهداف المثالية أو الخيالية.

ونتيجة لهذه التغيرات التي تحصل للمراهق في هذه المرحلة تجعل حياته مليئة بالمصاعب، إذ تجعل منه شخصاً هامشياً يعيش على أطراف مرحلتي الطفولة والرشد، وترى نظرية المجال أن هناك فروقاً ثقافية بين مجتمع وآخر، مما يحتم ظهور بعض الأزمات لدى المراهقين في مجتمع دون ظهورها في مجتمع آخر.

الباب الثاني

جوانب النمو في مرحلة المراهقة

- **الفصل الثالث: النمو الجسمي والفسيولوجي**

- **الفصل الرابع: النمو العقلي**

- **الفصل الخامس: النمو الانفعالي**

- **الفصل السادس: النمو الاجتماعي**

- **الفصل السابع: النمو الخلقي**

- **الفصل الثامن: النمو الجنسي والتربية الجنسية**

- **الفصل التاسع: نمو الشعور الديني.**

الفصل الثالث

النمو الجسمي والفسيولوجي

طبيعة النمو الجسمي والفسيولوجي:

تظهـر في بدايـة فـترة المراهقـة تغـيرات نمائيـة سريعـة ومفاجئـة في حجـم الجسـم، بالإضافة إلى التغـيرات في نسـب الجسـم، وتغـيرات في إفـرازات الغـدد التناسـلية. وقد بينـت الدراسـات أن التغـيرات الجسمية في فترة المراهقة تعـود إلى حركة الهرمونات (وهي مواد كيميائية تفرزهـا الغـدد) إذ أن بعـض هذه الهرمونات تفرز لأول مرة في فترة المراهقة، في حين نجد هرمونـات أخـرى يتزايـد إفرازهـا في هـذه المرحلة. ولهذا تعتبر التغيرات الجسمية مؤشراً بأن الطفل بدأ ينتقل إلى مرحلة جديدة من حياته مفارقاً عالم الطفولة إلى عالم الرجولة أو الأنوثة. فالنمو الجسمي يظهر من خلال نمو الأبعاد الخارجية للمراهق كالطول والوزن والعرض والتغيرات في ملامح الوجـه وغـير ذلـك مـن مظـاهر خارجيـة تصاحب عمليـة النمو. أما النمو الفسيولوجي فهو ذلك الذي يطرأ على الأجهزة الداخلية وخاصـة نمـو الغـدد الجنسـية. ولهذا ونتيجة للتغيرات الجسمية والفسيولوجية، يواجه المراهـق مطالـب جديـدة، ويستجيب للنتائج والآثار التي تتركها تلك التغيرات، والملاحظ أن هناك فروقـاً فرديـة في اسـتجابة المـراهقين لهـذا التغـيرات، فالبعض يتقبلها ويتكيف معها بسهولة، في حين أن البعض الآخر توقعه في الإرباك والحـيرة والقلق مـما يعرضـه للكثـير مـن مشـكلات سـوء التوافـق. ولهـذا يمكـن اعتبـار أن انعكـاس التغـيرات الجسـمية والفسيولوجية على أفكار المراهق ومشاعره وسلوكه العام لا تقل أهمية عن تلك التغيرات.

وفيما يـلي مـن سـنناقش طبيعـة التغـيرات التـي تحصل في كـل مـن النمـو الجسـمي والنمـو الفسيولوجي.

أولاً - التغيرات في النمو الجسمي:

يتصف النمو الجسمي في هذه المرحلة بالزيادة السريعة المفاجئة، وقد يحدث على شكل قفزات مفاجئة تتبعها مرحلة من الهدوء النسبي أو أنه يتقدم بشكل مستقيم ومنتظم. ففي بداية المراهقة يزيد معدل السرعة في النمو عنه في نهايتها، وتكون الزيادة أولاً في الطول، ثم يلي ذلك زيادة في الوزن، بالإضافة إلى التغيرات في نسب الجسم، ويسمى ذلك بطفرة النمو في المراهقة، وهناك فروق في التغيرات الجسمية بين الجنسين، فهي عند الإناث تكون ما بين الحادية عشرة والثانية عشرة وذلك عند قرابة 30% من الفتيات حسب تقدير بعض المراقبين، وتتصف بداية التغيرات الجسدية عند الفتيات بنمو المبيضين. أما عند الفتى المتوسط فتكون ما بين الثالثة عشرة والخامسة عشرة من العمر (أودلم، 1994).

وتسمى هذه الفترة مرحلة المراهقة المبكرة، إذ نجد أن الإناث أطول وأكثر وزناً من الذكور، إلا أن هذا التفاوت لا يستمر طويلاً، حيث يتفوق الذكور بعد ذلك على الإناث في الطول والوزن، فبعد أن تتفوق الإناث على الذكور في الطول في سن الثالثة عشرة بحوالي (2 سم)، فإن الذكور يحرزون تفوقاً على الإناث بعد سن الخامسة عشرة ويصل الفرق بين الذكور والإناث في الطول حوالي (6- 8 سم) لصالح الذكور. وقد أوضح شينفياد (1943) في دراسته في الولايات المتحدة الأمريكية هذه الفروق بين الذكور والإناث في الطول منذ الميلاد وحتى سن الثامنة عشرة وذلك كما في الجدول رقم (1):

العمر بالسنوات	الطول بالقدم[1]	فرق الزيادة بين البنت والولد بالبوصة[2]
من الميلاد	1،5 تقريباً	الولد أطول 5، بوصة من البنت الولد
5	3،5 تقريباً	أطول 5، بوصة من البنت
11	4،5 تقريباً	يتساوى الولد والبنت
13	5 تقريباً	البنت أطول ¾ البوصة من الولد
15	5،5 تقريباً	يتساوى الولد والبنت
18	6 تقريباً	الولد أطول بحوالي 5، 2- 3 بوصة من البنت

(هرمز، 1988: 588)

جدول رقم (1): الفروق بين الذكور والإناث في الطول منذ الميلاد وحتى سن الثامنة عشرة.

كما بين تانر **Tanner** (1962) إلى أن ما يقرب من 30% من طول الراشد يحدث أثناء فترة المراهقة، ويمكن ملاحظة ذلك من خلال الشكل رقم (1):

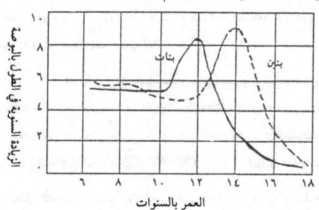

العمر بالسنوات

الشكل رقم (19 يشير لمعدل النمو الطولي لدى المراهقين والمراهقات
(الأشول 1982. ص 428)

كما ذكر هرمز (1988، ص 59) أن 98% من الطول الكلي للإناث يصلن إليه في حوالي السادسة عشرة من العمر، أما الذكور فلا يصلون إلى هذه النسبة إلا في السابعة عشرة والربع من العمر.

(1) القدم = 30.48 سم.
(2) البوصة = 2.54 سم.

أما بهادر (1988، ص 957) فترى أن أكبر قدر ممكن من النمو عند البنات يحدث في حوالي 12- 6 عاماص في المتوسط، وعند البنين في حوالي 14- 8 عاماً، حيث يصل الازدياد في طول الطفل إلى ما بـين 6- 8 بوصات. أما فيما يتعلق بـالحجم فـإن الإناث أكـثر سـمنة مـن الرجـال وخاصـة في منطقـة الـذراعين والساقين مما يؤدي إلى عدم وضوح الأوردة الدموية لدى الإناث. أمـا الـذكور فتنمـو عضـلاتهم وتـزداد قوتهم البدنية أكثر من الإناث، ولكن زيادة المواد الدهنية تحت الجلد لدى الإناث تعوض فقدان النمو النسبي للعضلات عند الذكور. ولهذا نادراً ما نجد قوة في العضـلات لـدى الإنـاث كتلـك الموجـودة عنـد الذكور عدا بعض الحالات (الفتيات الرياضيات).

ويذكر مسن وآخرون (1986) أن زيادة القوة البدنية عند الذكور تعود إلى عدد من عوامل النمـو الأخرى ذات الصلة بكبر حجم القلب، والرئتين، وارتفاع ضغط الدم (Systolic)، وازديـاد قدرة الدم علـى حمل الأكسجين. وانخفاض معدل نبض القلب أثناء الراحة.

أما زيادة الوزن خلال فترة البلوغ فلا تأتي فقط مـن زيـادة المـواد الدنيـة، وإنمـا أيضـاً مـن زيـادة الأنسجة العضلية وأنسجة العظام، وتعود هذه الزيادة وذلك النمـو إلى زيـادة إفـراز هرمونـات الغـدة النخامية التي تعمل على إحـداث النمـو وتتحكم في بـاقي الغـدد وتنشـيطها (الأدرينالية، والجنسـية، والدرقية) حيث تبلغ الزيادة في الوزن حوالي 40- 50 رطلاً في عام واحد (بهادر، 1988، ص56- 57).

أما فيما يتعلق بالتغيرات في نسب أجزاء الجسم فهي تختلـف في سرعـة نموهـا، حيـث أن النمـو يكون سريعاً في مناطق انتهاء الأعصاب ويتحرك إلى الجـذع، فأبـدي المراهـق ورجليـه عـادة مـا تكـون متساوية لما لدى الراشد، وبعد أن تصبح أيدي المراهق ورجليه في حجمها الكامـل يتشـعب النمـو بعـد ذلك إلى الفخذين، ثم إلى الأيدي والسواعد. والملاحظ فإن ملامح الوجه مثلاً تتغير لأن نمـو الجزء السفلى من الوجه يتأخر عن نمو الأجزاء العليا، كما يصبح الأنف والفك أكبر من ذي قبل وذلك لارتبـاط النمـو فيها بمنطقة الرأس العليا. بالإضافة إلى ذلك فإن السيقان تنمو بسرعة

أكبر نسبياً من نمو الجذع. والجدول رقم (2) يوضح الفروق بين الإناث والذكور في جوانب النمو الجسمي المختلفة.

السن	إناث	السن	ذكور
10- 12 سنة	مرحلة حاسمة في الأعضاء الداخلية والنمو التكويني الخارجي.	12- 13 سنة	مرحلة حاسمة في النمو التكويني للنمو الداخلي وتغير في الشكل الخارجي.
11- 12 سنة	نمو ابتدائي في الثدي والحوض .	13- 14 سنة	نمو أولي لشعر العانة بشكل خفيف
12- 13 سنة	نمو أولي لشعر العانة بشكل خفيف.	14- 15 سنة	زيادة نمو الحنجرة، وغلظة الصوت.
13- 14 سنة	تزايد مبدئي لنمو الشعر.	14- 15سنة	بدء ظهور شعر الإبط.
13- 14 سنة	بداية الحيض.	16- 18 سنة	ابتداء نمو شعر العانة.
15- 18 سنة	إتمام الشكل الأنثوي النهائي والصفات النفسية المرتبطة به.	19- 22 سنة	إتمام الشكل المذكر والصفات النفسية المرتبطة به.

جدول رقم (2) توضيح الفروق بين الجنسين في جوانب النمو الجسمي :

(أنظر قناوي، 1992، ص 55)

أما فيما يتعلق بالقدرة الحركية فهي تنمو عند الذكور والإناث بصورة عامة في مرحلة المراهقة، إلا أن الذكور يكونوا أسرع في قابليتهم الحركية، وفي التآزر الحركي من الإناث، حيث يصلون إلى ذروة فعاليتهم ما بين 11- 18 سنة، خاصة عند أولئك الذين يمارسون الأنشطة الرياضية، حيث يبدأ الذكور بالتفوق على الإناث اعتباراً من عمر 13 سنة. ويتفوق الذكر على الإناث أيضاً في الإنجازات الحركية التي تتطلب قوة عضلية وذلك بسبب اختلاف التدريب وشدته عند الجنسين، وكذلك اختلاف النسب الجسمية، بينما تتفوق الإناث على الذكور في الفعاليات التي تتطلب قوة عضلية وذلك بسبب اختلاف التدريب وشدته عند الجنسين، وكذلك اختلاف النسب الجسمية، بينما

تتفوق الإناث على الذكور في الفعاليات التي تتطلب مهارة في التآزر الحركي والدقة (كأعمال التطريز بالإبرة . .)

أما فيما يتعلق بالقوة العضلية خلال فترة المراهقة، فإن الذكور يكونوا أقوى في البنية الجسمية من الإناث، حيث تنمو عضلاتهم بصورة أسرع مما هو عند الإناث، أما النمو العظمي فنجد أن اختلافاً واضحاً بين الذكور والإناث في سن المراهقة، فالتعظم عند البنات يكون في حوالي 17 سن، ولكن لا يكتمل عند البنين إلا بعد ذلك بعامين تقريباً.

وتشير نتائج الدراسات إلى وجود معامل ارتباط عمال بين العمر العظمي وبدء النضج الجنسي، حيث وجد أن النضج الجنسي عند البنات قد اقترن بعمرهن العظمي فيما بين 13.5 – 14 سنة، وهذه النتيجة تؤكد أن الاعتماد في تقدير موعد النضج الجنسي على العمر العظمي أكثر "دقة من الاعتماد على العمر الزمني.

ثانياً- التغيرات في النمو الفسيولوجي:

من المظاهر الأساسية للتغيرات في النمو الفسيولوجي في حياة الطفل النضج الجنسي، سواء عند الذكور أو عند الإناث، بالإضافة إلى ما يصاحب ذلك من تغيرات متعددة، فالبلوغ يعتبر مؤشراً على بداية النضج الجنسي، والقدرة على التناسل، والذي يظهر على شكل ظهور الطمث عند الفتاة، وتكوين الحيوانات المنوية أو إفراز النطاف عند الفتى. والنمو السريع في البلوغ يؤدي إلى حدوث تغيرات أساسية عضوية (في الطول والوزن)، ونفسية عند المراهق تستمر حوالي سنتين مما يشعره بالارتباك. ويختلف توقيت البلوغ عند كلا الجنسي، على الرغم من أن النمو يأخذ شكل طفرة، حيث يشير إلى تسارع معدل الزيادة في الطول والوزن عند مطلع فترة المراهقة.

وقد أكدت الدراسات أن معدل عمر الفتاة لا يتجاوز ثلاثة عشر عاماً ونصف قبل بدئ الحيض لأول مرة، وهناك تمايز بين الفتيات في هذا الخصوص. أما فيما يتعلق

بالذكور فإن معدل وصولهم إلى بدء النضج الجنسي يكون في سن الرابعة عشرة والنصف، كما توجد اختلافات واضحة بين الذكور في هذا الجانب.

ومن المؤكد أن ظهور الحيض لا يكون قاعدة عامة للنضج الجنسي- عند الفتاة بل يعتبر مؤشراً للنضج. ومع بداية البلوغ عند كلا الجنسين فإن هناك بعض التغيرات التي يمكن أن نلحظها في حياة كل من الذكور والإناث. وأهم هذه التغيرات ما يلي:

أ- التغيرات في الغدد الجنسية:

وكما توجد هناك فروق فردية لدى الناس في طفرة النمو في الطول والوزن في مرحلة المراهقة، فإننا نجد فروقاً مماثلة في السن الذي بدأ عندها البلوغ الجنسي. فالأولاد الذكور الذين تبدأ عندهم طفرة النمو في وقت مبكر يبدأ عندهم النضج الجنسي- في وقت مبكر أيضاً، حيث يبدأ القضيب بالتضخم، ويظهر شعر العانة وتزداد خشونة الصوت، وغير ذلك من مظاهر تدل على النضج الجنسي- في وقت مبكر، وكذلك الحال فإن الفتاة التي تكون عندها طفرة النمو مبكرة يظهر عندها النضج الجنسي بشكل مبكر، حيث نجد نمو الصدر وبداية الحيض لديها في وقت مبكر أيضا في حوالي الحادية عشرة أو قبل ذلك بقليل (Tanner 1970).

وعلى هذا الأساس يشكل وزن الغدد الجنسية الأنثوية في السنة الثانية عشرة من العمر عند الفتاة 40%، ثم يزداد نموها بسرعة ما بين 13- 17 سنة لتصل إلى 50% من وزنها الكامل، ثم يستمر نموها لتصل إلى وزنها الكامل في سن الرشد.

يشتمل مبيض الأنثى على عدد من البويضات غير الناضجة، وعند الوصول إلى مرحلة النضج الجنسي تبدأ عملية نضج البويضات غير الناضجة، وعند الوصول إلى مرحلة النضج الجنسي تبدأ عملية نضج البويضات في المبيض بطريقة منظمة حيث يقوم كل مبيض بإنضاج بويضة واحدة كل 56 يوماً بالتناوب مع المبيض الآخر، وتستمر العملية حتى سن اليأس. ويوجد في المبيض الواحد حوالي (750) بويضة، ولكن هذه البويضات لا تنضج جميعها في حياة الأنثى بل بعضها فقط.

كما وجد أيضاً أن كل التغيرات الجسمية والفسيولوجية المرتبطة بالبلوغ الجنسي إنما تبدأ بفضل ازدياد عدد معين من الهرمونات المنشطة التي تصدر عن الغدة النخامية التي تقع أسفل قاع المخ مباشرة، وهذه الهرمونات تستثير إنتاج الهرمونات المتصلة بالنمو والمتصلة بالجنس.

بالإضافة إلى ذلك وجد أن أنسجة المبيض تقوم بإفراز الهرمونات والتي تسمى (الأسترينات) وهذه كلها توجد في بول الأنثى، كما لوحظ أيضاً وجود هرمون الأستروجين (هرمون الأنوثة) في بول الذكور بنفس النسبة حتى سن العاشرة من العمر. كما وجد أيضاً هرمون الأندروجين (هرمون الذكورة) موجود في بول الأنثى بنفس نسبة وجوده عند الذكور حتى سن العاشرة، لكن بعد هذا العمر يحدث تمايز كبير في نسبة وجود هذه الهرمونات عند الذكور والإناث، حيث تصل نسبة هرمون الأستروجين في بول الأنثى حوالي/ 300/ وحدة، أما في بول الذكور فلا تزيد عن/ 20/ وحدة، وهذا الهرمون مسؤول عن تطوير الصفات الجنسية الثانوية عند الإناث.

أما الغدد الجنسية الذكرية فيصل وزنها إلى 10% من وزنها الكامل في عمر 14 سنة، ثم تنمو بسرعة ما بين عمر 14- 15 سنة ثم تتباطأ سرعة نموها لتصل الاكتمال في سن الرشد، ثم تبدأ الخصيتان في إفراز النطاف عند البلوغ، ويتأثر تكوين الحيوانات المنوية بطبيعة الغذاء كما هو في فيتامين (E) الضروري لتكوين الحيوانات المنوية، وكذلك درجة الخصية والتي يجب أن تقل درجة حرارتها عن درجة حراة الجسم العادي بحوالي (4) درجات مئوية، حيث تقوم الخصيتان بإفراز هرمون التستسترون الذي يتحكم في الصفات الجنسية الثانوية عند الذكور (هرمز، وإبراهيم، 1988). ولهذا يمكن اعتبار الغدد الجنسية مسؤولة عند الذكور والإناث عن التغيرات الجنسية الأولية والثانوية التي تميز بين الذكور والإناث.

ب- التغيرات في الغدد الصماء:

تصب الغدد الصماء إفرازاتها التي تسمى بالهرمونات في الدم مباشرة، وهي عبارة عن مركبات كيميائية عضوية تدخل في كثير من الوظائف الحيوية للكائنات الحية، كتنظيم النمو، والتمثيل الغذائي العضوي. ولها تأثير على النمو بشكل عام، والنضج الجنسي بشكل خاص.

فالغدة النخامية تفرز العديد من الهرمونات، ومن ضمنها هرمون النمو المسؤول عن تنظيم الشكل الخارجي لجسم الإنسان، فإذا ازداد إفرازه قبل البلوغ أدى إلى العملقة، أما إذا قل إفرازه بعد البلوغ أدى إلى ضعف القوى التناسلية وإلى الضعف العقلي.

بالإضافة إلى ذلك تفرز الغدة النخامية هرمونات أخرى تنبه الغدد الجنسية عند الذكور والإناث وتؤدي إلى قيامها بوظائفها.

أما الغدة التيموسية (وتقع في التجويف الصدري) فتتعرض للضمور قبل البلوغ لتتيح الفرصة لنشاط الغدد التناسلية، بعد أن كانت في مرحلة الطفولة تساهم في كبح الغدد التناسلية ومنعها من القيام يوظيفتها قبل البلوغ.

أما الغدد الكظرية فتتألف من جزئين القشرة والنخاع (اللب)، وتؤثر إفرازاتها على الحياة الجنسية والنمو، حيث أن زيادة إفرازات الكظرية يؤثر على الصفات الجنسية الذكرية أما زيادة إفرازات القشرة الكظرية عند الإناث فيؤدي إلى فقدانها الكثير من خصائصها الجنسية الأنثوية، حيث تؤدي إلى ضمور الثديين وظهور الشعر على الوجه، وخشونه الصوت أما قلة إفرازاتها عند الذكور فتؤدي إلى العنة.

في حين تفرز الغدة الدرقية الموجودة أسفل الرقبة أمام القصبة الهوائية هرمون التيروكسين الذي يؤدي زيادة إفرازه قبل البلوغ في الدم إلى سرعة نمو الطفل بشكل لا يتناسب مع النمو الطبيعي. أما زيادة نسبه هرمون الثيروكسين في الدم بعد البلوغ

فيؤدي إلى ارتفاع درجة الحرارة وسرعة التنفس وجحوظ العينين، ويصبح الفرد سريع الانفعال سهل الاستثارة كما يتحكم إفراز هذه الغدة في تنظيم الطمث عند النساء.

جـ- التغيرات الجنسية الأولية والثانوية:

من أبرز التغيرات الجنسية الأولية التي تظهر في بداية سن البلوغ نلاحظ نمواً في الأعظاء التناسلية عند الذكور والإناث، مع ما يرافق ذلك من تغيرات في الأعضاء المتصلة بالوظائف الجنسية، حيث تساعد الهرمونات التي تفرزها الغدد وخاصة الغدة النخامية على نضج هذه الأعضاء، ونضج الغدد المتصلة بها، ولهذا نلاحظ عند الذكور ازدياداً في معدل نمو الخصيتين، وكيس الصفن، ويكون ذلك بداية لنمو شعر العانة أو يترافق معها، أو بعد ذلك بقليل، كما يتم بعد ذلك بسنة تقريباً كبر حجم القضيب، ويصاحب ذلك بداية طفرة النمو في الطول. أما شعر الجسم وشعر الوجه فيظهر لأول مرة في العادة بعد ابتداء نمو شعر العانة بحوالي سنتين، ولو أن شعر الجسم عند البعض يظهر قبل شعر العانة. بالإضافة إلى ذلك تنمو الحويصلات المنوية والبروستات، وتكتمل وظيفياً تركيبها، حيث أن الذكر لا يستطيع الاستمناء قبل اكتمال نمو الحويصلات المنوية والبروستات ولو أنه يستطيع الوصول إلى ذروة الجماع في سن مبكر نسبياً، أما عند الإناث فنلاحظ الصفات الجنسية الأولية من خلال التدرج في النمو ليأخذ الرحم صورته الكاملة وكذلك المهبل وقناتي فالوب.

أما التغيرات الجنسية الثانوية فيمكن ملاحظتها عند كلا الجنسين ، فالحنجرة تصبح أكبر حجماً عند الذكور، ويحدث نمواً للحبال الصوتية لتصل ضعف طولها تقريباً، وهذا الازدياد في طول الحبال الصوتية يؤدي إلى انخفاض تدريجي في طبقة الصوت، ويصبح أكثر خشونة، ولكن الأفراد يتفاوتون في حدوث هذه التغيرات في الصوت، حيث أن البعض يحدث لديهم هذا التغير في وقت مبكر، في حين أن البعض الآخر يتأخر لديه حتى فترة طويلة بعد البلوغ.

ومن المؤكد أنه لا توجد علاقة بين خشونة الصوت ودرجة الرجولة عند الفرد، كما تظهر عند الذكور شعر الوجه (الذقن والشوارب)، وكذلك ظهور الشعر على الصدر والأرجل والذي قد يستمر نموه حتى نهاية فترة المراهقة، وفي هذا الجانب فإن فروقاً فردية واضحة عند الذكور في ظهور الشعر على مناطق الجسم والذي يعود أصلاً إلى العوامل الوراثية.

ومن التغيرات الجنسية الثانوية التي نلاحظها عند الفتاة بصورة خاصة بروز الثديين، ونضج الصدر، بالإضافة إلى اتساع الأرداف، واستدارة المنطقة التي تعلو الفخذين، ويعد ذلك من الإمارات الأولى الخارجية للنضج الجنسي، ويرى رينولد Re- Ynolds (1948) أنه قد يسبق ظهور شعر العانة لأول مرة تطور نمو الصدر بالنسبة لثلث الفتيات تقريباً، كما أن نمو الرحم والمهبل يحدث في وقت واحد مع نمو الصدر، كما يزداد حجم الأعضاء التناسلية الخارجية عند الأنثى (مسن وآخرون، 1986).

ومن المعروف علمياً أن التغيرات الجنسية الثانوية تعود أصلاً إلى نشاط الغدد الجنسية، ونضجها، وعلاقتها بغيرها من الغدد وخاصة الغدد النخامية، والغدة الدرقية، والغدد الكظرية وغير ذلك من الغدد. وتشير الدراسات إلى أن كلاً من الذكور والإناث في العصر ـ الحديث وخاصة في الدول المتقدمة كالولايات المتحدة الأمريكية وأوروبا واليابان والصين يصلون إلى مرحلة البلوغ بشكل مبكر عن أقرانهم في دول أخرى بحوالي سنتين. وهناك عوامل عديدة تفسر هذه الظاهرة، وأكثر هذه العوامل ثباتاً هي عامل التغذية والعناية الصحية. كما نجد اختلافات واسعة من حيث السن التي يبدأ عندها الذكور والإناث في النضج الجنسي. ولهذا لابد للآباء والمربين أن يدركوا أننا لو استخدمنا أي مقياس من مقاييس النضج لوجدنا أن حوالي 50% من البنات والأولاد ينضجون قبل السن الذي يعد بمثابة المتوسط وأن حوالي 50% منهم ينضجون بعده.

الآثار النفسية والاجتماعية للتغيرات الجسمية والفسيولوجية:

إن الاختلافات في سرعة النمو الجسمي له تأثير نفسي واجتماعي متباين عند كلا الجنسين، وقد يؤدي إلى تناقضات نفسية واجتماعية للمراهق، فقد يؤدي النضج الجنسي المبكر عند بعض الفتيات إلى شعورهن بالقلق والانزعاج، وشعورهن بالغرابة عن صديقاتهن، في حين يعتبر مصدر سرور عند البعض الآخر. بالإضافة إلى ذلك قد يسبب النضج الجنسي المبكر صراعاً مع الوالدين، حيث يعامل المراهق أو المراهق على أنه رجل ناضج أو فتاة ناضجة، حيث يعاملانه أو يعاملانها معاملة تقوم على الاحترام، أو معاملة الأطفال مما يؤدي إلى ثورة المراهق وغضبه لاعتقاده أنه قد وصل إلى مرحلة لابد أن يعامل فيها معاملة الكبار.

كما أن النمو الجنسي للمراهق يؤثر نفسياً في اتجاهه من ذاته، واتجاه الآخرين منه. فالاختلاف في سرعة النمو بالنسبة لأعضاء جسم المراهق تؤدي إلى عدم التوازن أو التآزر الجسمي نتيجة عدم تزامن تكاملها مما يؤدي إلى الارتباك في المشي وسقوط بعض الأشياء من اليد مما يؤدي إلى اضطربه النفسي، واضطراب علاقاته بالآخرين، كما أن التغيرات في النمو الجسمي والفسيولوجي المفاجئة تؤدي إلى بعض المشاكل النفسية، فقد يظن المراهق الذكر أن جسمه يشبه جسم الأنثى نتيجة تجمع كمية من الشحم في الصدر أو الفخذين أو الأرداف. وقد يحدث العكس لدى الإناث فتظن الفتاة أنها أقرب إلى الرجل. وقد أكدت الدراسات أن أكثر الفئات تعرضاً لسوء التوافق الاجتماعي بسبب النمو الجنسيء فئة المراهقات المبكرات في النضج، وفئة المتأخرين من الجنسين. فالنضج الجسمي المبكر عنه المراهقة يؤدي إلى زيادة حساسيتها وقد تدفعها هذه الحساسية الشديدة إلى الانطواء والوحدة وكراهية الذات. كما تكون مضطربة وأقل تمايزاً عاطفياً واجتماعياً، وتكون موضع رفض من قبل معظم زميلاتها لأن نموها يتعدى مراحله (**Frisk .Et. Al. 1966**). أما فئة المتأخرين من الجنسين عن أقرانهم في النمو الجسمي فيؤدي بهم إلى القماءة، وضعف العضلات والشعور بالنقص، وسوء التوافق الاجتماعي وخاصة مع الوالدين والأقران، كما

يكون الذكور أكثر توتراً وأشد قلقاً، وأقل قدرة على ضبط الذات، وأقل ثقة بأنفسهم وأقل شعبية، وأقل جاذبية من الناحية الجسمية، وأقل قدرة عضلية، وأكثر صبيانية، وأكثر اهتماماً يجذب الأنظار إليهم، وأقل سعادة من أقرانهم ذوي النضج المبكر.

ويذكر موسن وجونز Mussen & Jones (1957) أن مشكلات الفتيان المتأخرين في النضج تدوم أطول، حيث استمروا حتى سن الثالثة والثلاثين أقل قدرة على ضبط الذات، وأقل شعوراً بالمسؤوليات وميلاً إلى السيطرة، وأكثر ميلاً إلى التماس العون والتأييد من الآخرين.، ويرى مابر وآخرون. .Mayer Et Al. 1979 (في قناوي، 1992) أن كثيراً من المشكلات المحتملة عند الفتيان المتأخرين في النضج يمكن أن تخفض كثيراً عن طريق التوجيه المناسب والإرشاد السليم.

أما الفتاة المتأخرة في النضج فتكون أقل إعاقة من زميلاتها اللواتي تم نضجهن مبكراً، لأنها تتمتع بفترة طفولة تتعامل مع الصبية الذين هم في نفس عمرها أكثر من زميلاتها.

أما الذكور الذين يبكرون في النضج الجسمي فهم أسعد الفئات حظاً في هذه المرحلة، حيث يحقق لهم تفوقهم الجسمي تفوقاً في المنزلة الاجتماعية بين أقرانهم. أما الإفراط في النمو الجسمي من حيث الطول والوزن، وكذلك التغيرات الناتجة عن اختلاف أعضاء الجسم في سرعة النمو تؤدي بالبعض إلى سوء التوافق، فقد يحدث طول في الساقين لا يتناسب مع طول الجذع أو عدم تناسب في حجم الأنف، وحجم الفم وبقية الوجه، أو يظهر صوت المراهق كصوت الأنثى أو صوت المراهقة كصوت الرجل مما يؤدي كله إلى سوء التوافق النفسيـ والإجتماعي، مما يدفع المراهق أو المراهقة إلى عدم الاستقرار والعداء الاجتماعي ومقاومة السلطة والعداد الجنسي، ونقص الثقة بالنفس، والزيادة في أحلام اليقظة، ومن التغيرات الجسمية والفسيولوجية الأخرى التي يكون لها أثر على الناحية النفسية والاجتماعية، التغيرات في الجهاز الهضمي الذي يؤدي إلى فقدان الشهية للطعام، والاضطرابات المعوية بسبب سوء الهضم، كما تحدث أيضاً بعض الاضطرابات الغددية. ومما يساهم في وجود الاضطرابات عند المراهق ثم

التغيرات الجسمية والفسيولوجية السريعة في مرحلة المراهقة لا يصاحبها نضوج عقلي واجتماعي بنفس القدر، مما يوقع المراهق في سوء التوافق. ولهذا يمكن القول أن التغيرات الجسمية والفسيولوجية لا تخلو من آثار نفسية مزعجة كالقلق ومشاعر عدم الاتساق مع الذات. فالاختلاف عن القاعدة في المظهر الجسمي وفي معدل النمو يظل خبرة مؤلمة للكثير من المراهقين والمراهقات، مما يؤدي إلى سوء توافقهم مع أنفسهم ومع الآخرين.

ولهذا يحتاج المراهقون في هذه الفترة إلى زيادة التوجيه وتبصيرهم بطبيعة التغيرات الجسمية والفسيولوجية التي تحصل في هذه المرحلة من الحياة ليتم قبولها بشكل معقول دون أن يفاجأوا بها ويعتبرونها مربكة لهم أمام الآخرين. بالإضافة إلى ضرورة توجيه المراهقين إلى ممارسة ألوان النشاطات الرياضية والاجتماعية والعقلية المناسبة بدلاً من تركهم بدون توجيه تتقاذفهم الأمواج فترمي بهم في هذه الجهة تارة وفي الجهة الأخرى تارة أخرى.

الفصل الرابع

النمو العقلي

طبيعة النمو العقلي وأهميته:

تقترن التغيرات في النمو الجسمي والفسيولوجي في مرحلة المراهقة بالتغيرات في النمو العقلي، فالقدرات العقلية لا تستمر طول الحياة ولكنها تصل إلى ذروتها كما يرى تيرمان Terman (1916) في سن السادسة عشرة تقريباً ثم تأخذ في الانخفاض التدريجي. ولكن هناك دراسات أخرى مخالفة لدراسة تيرمان، فقد بين كل من بالتز وآخرون Baltes & Others (1973) وكذلك شي Schie (1974) أن الذكاء لا ينخفض مع التقدم في العمر الزمني ولكنه قد يتحسن أيضاً ويستمر في الازدياد خلال سن النضج. وقد استخدمت مثل هذه الدراسات الطريقة الطولية التي تقوم على تتبع اختبار "نفس الأفراد بصورة متكررة، فقد ذكر مخول (1980، 81-82) أن القابلية الذهنية التي تقيسها روائز الذكاء تستمر في النمو حتى سن العشرين أو بعدها بقليل. كما ذكر أيضاً أن دراسة فريمان وفلوري (Freemean & Flory, 1937 قد أظهرت استمرار زيادة القدرة العقلية لدى الصبيان والبنات (عينة الدراسة) خلال الدراسة الجامعية.

ويمكن تفسير ذلك بأن دراسة "تيرمان" اعتمدت على طريقة المقطع العرضي في الدراسة، حيث اختبرت عينة من الأفراد من مستويات عمرية مختلفة في نفس الوقت، وقد أشارت إلى أن الراشدين قد يكونوا في مستوى منخفض في معدلات أدائهم على الاختبارات العقلية من المراهقين، ولكن يمكن رد ذلك إلى أن إخفاق الكبار لا يعود إلى النمو العقلي، وإنما إلى عدم توفر فرص التعليم لهم، كما توفرت للمراهقين في الوقت الحاضر.

إضافة إلى ذلك فقد بينت دراسة هورن **Horn** (1967) أن القدرات الخاصة التي يمكن للفرد الوصول إليها خلال النضج تعتمد على مستوى قدراته العقلية، ومدى قدرته على الابتكار، وعلى مهنته، وحالته الصحية العامة، فالأشخاص الأذكياء كما يرى (هورن) يحتفظون بمعدل عقلي وظيفي بصورة أطول من الأشخاص الذين لا يتسمون بالذكاء، كما أن الذين كانت مهنهم أكاديمية، وتصطبغ بصبغة عقلية، يحتفظون عادة بمهاراتهم العقلية واللفظية بصورة أطول من الذين يعملون في ميادين أخرى، ويرى مسن وآخرون (1986) أن السنوات التي تقع بين البلوغ الجنسي والرشد لها أهميتها الشديدة بالنسبة للنمو العقلي المعرفي عند المراهق، حيث تصل قدرته على اكتساب واستخدام المعرفة ذروة الكفاءة، ولو أنه لم يحدث تقدم ملحوظ في القدرة العقلية خلال سنوات التكوين هذه، ومن المستبعد أن يتم ذلك في زمن لاحق. ولكن هذا لا يعني أبداً أن كثيراً من الناس لا يواصلون تنمية قدراتهم العقلية في مرحلة الرشد، فالأفراد الذين يتمتعون بصحة جيدة، ويعيشون حياة عقلية ميسرة نشطة غالباً ما يختلفون ويشذون عن القاعدة. كما أظهرت دراسات جونز وكونراد **Jones & Con- Rad** (1944) أن المراهق يصل إلى حوالي 95% من ذكائه العام في سن السابعة عشرة تقريباً، حيث تنمو في هذه الفترة قدرة المراهق على التعليل والتحليل، وإدراك العلاقات بين الأشياء. واستناداً إلى ذلك يتمكن من حل العديد من المشكلات التي تتسم بالصعوبة والتعقيد نوعاً ما، كما تزداد قدرته على التعامل مع الأفكار المجردة، وتزداد عنده سرعة زمن الرجع**Reaction – Time**, كما تزداد عنده دقة التآزر البدني – البصري، وتآزر حركات اليد والأصابع، وتتضح عنده القدرات الطائفية التي تميز بين المراهقين وتظهر الفروق الفردية بشكل واضح بينهم.

من هذا المنطلق تكون دراسة النمو العقلي للمراهقين ذات أهمية خاصة لأنه يشكل أحد مظاهر النمو الأساسية والذي من خلاله يمكن تقييم قدرات الفرد واستعداداته، وذلك لتزويد المهتمين من الشباب بمعلومات قيمة عن طبيعة النمو في هذا الجانب من الشخصية بغية توجيههم التوجيه الصحيح، خاصة وأنه في هذه

المرحلة يبدأ الاختيار المهني للمراهقين. ولهذا فإن معرفة المهتمين بشكل دقيق بإمكانات وقدرات المراهقين يمكنهم من التخطيط السليم لهذه الإمكانات وتوجيهها التوجيه المناسب.

العمليات العقلية في مرحلة المراهقة Mental Processes:

تتصف العمليات العقلية عند المراهق بعدة مظاهر التي تطرأ على التفكير والذاكرة والتخيل والإدراك والتي سنتحدث عنها فيما يلي:

أولاً: التفكير Thinking .

يتميز تفكير المراهق بحريته، كما أن العمليات العقلية تتزايد في مرونتها والتحكم فيها، وهذا ما يمكن المراهق من التفكير دون استخدام أشياء حقيقية أو أحداث واقعية، حيث يستطيع التحليق بفكره بعيداً في الزمان والمكان مستخدماً مفاهيم لا يمكن ربطها بخبرات حسية.

ففي مرحلة المراهقة يبدأ عند المراهق بناء أنظمة ومخططات عقلية، حيث يهتم بماذا، بالإضافة إلى ما هو محتمل. ولهذا نجد أن العلاقة بين الحقيقة والممكن جديدة في تفكير المراهق بالمقارنة مع تفكير الطفل (بهادر، 1980). ويتميز تفكير المراهق في هذه المرحلة من العمر بالخصائص التالية: -

1- التفكير الصوري أو الشكلي Formal Thinking

عند بلوغ الطفل سن الثانية عشرة يدخل مرحلة بياجيه الأساسية الرابعة وهي. مرحلة العمليات الصورية أو الشكلية Stage Of Formal Operations حيث يكتسب المراهق عدداً من القدرات الهامة في هذه المرحلة، والتي لا تكون موجودة لديه خلال سنوات الطفولة المتوسطة. وهذه القدرات تمكنه من الانتقال من التركيز في التفكير الواقعي الحقيقي إلى الممكن، ومن الشيء الذي هو قائم بالفعل إلى الشيء الذي يمكن أن يكون.

كما يتمكن المراهق خلال هذه المرحلة من أن يفكر في عدة احتمالات ممكنة لحل مسألة ما، فهو يمحص في الحلول الممكنة في ضوء الأدلة المتاحة، ليتبين ما هو صحيح وما هو خاطئ.

فقد بين كل من بياجيه وانهلدر Piager & Inhelder أن المراهق فيما بين الرابعة عشرة والخامسة عشر يستطيع استخدام نظاماً مركباً، آخذين باعتبارهم عاملاً واحداً في نفس الوقت الذي يجعل ما عداه ثابتاً وذلك ليتمكن من تحديد أثر هذا العامل الواحد.

ولهذا يمكن التمييز بين مرحلتين في التفكير الشكلي عند المراهق، الأولى تقع فيما بين 11-12 سنة، وتمتد حتى سن 14 أو 15 سنة، حيث يستطيع المراهق القيام باكتشافات حقيقية، غير أن مواجهته للأمور تكون مترددة، دون أن يقدم دليلاً واضحاً على ذلك، وتعتبر هذه المرحلة تمهيداً للمرحلة الثانية التي تمتد ما بين 14-15 سنة فما فوق ويكون خلالها المراهق قادراً على صياغة تعميمات. والتوصل إلى القوانين التي تتضمنها، مع تقديم الدليل المنظم على ذلك، بالإضافة إلى أنه يصبح قادراً على تقديم البرهان النظامي ما دام أصبح قادراً على استخدام طرق الضبط، فهو يضبط الأحداث ذهنياً من خلال الاستدلال المنطقي للاحتمالات، وما ينجم عنها، كما تتغير كذلك اتجاهات عملية تفكيره (هرمز، وإبراهيم، 1988).

وتذكر بهادر (1980) أن التفكير الشكلي عند المراهق يتطلب التحكم في الفكر، ولهذا فإن تحصيل المراهق يتضمن المحافظة على ذاته من التشويش بالأفكار غير المناسبة، وأخذ جميع المقدمات أو المعلومات المناسبة في الاعتبار، وهو ينظر المعلومات، ويربطها، ويفكر مليا في جميع جوانب الموقف قبل الوصول إلى الاستنتاج.

فالمراهق يستخدم نسقاً يكتشف عن طريقه كل التركيبات والعلاقات المحتملة، ثم يتأكد من أنه قد وجد هذه التركيبات والعلاقات جميعها، فهو يستخدم نسقاً ما ليصل إلى قاعدة معينة يقوم بالتنبؤات المختلفة بناءً عليها. ويرى بياجيه وإنهلدر (1958) أن المراهق يستخدم في سن الرابعة عشرة أو الخامسة عشرة تقريباً النسق التركيبي أو

الترابطي Combinational System إذ يقوم بتغيير عامل معين في كل مرة، ويحتفظ بالعوامل الأخرى كما هي، مما يتيح له إمكانية تحديد أثره في تلك العوامل الأخرى، بالإضافة إلى أنه يفكر مستخدماً الفروض، وهو بذلك يستطيع أن يقوم بضبط عملياته العقلية، كما يستطيع أن يرجئ قراراته أو استنتاجاته حتى يتفكر أو يتدبر كل الاحتمالات الممكنة (محمد، 1990).

ويرى كونجر Conger (1977) أن عمليات التفكر الصوري أو الشكلي ترتبط بالسن وكذلك بالذكاء العام، إذ تنشأ عند المراهقين الأذكياء بصورة أبكر من المراهقين الأقل ذكاء، وقد لا يصل بعض المراهقين والراشدين إلى مرحلة عمليات التفكير الصوري وذلك إما بسبب القدرة العقلية المحدودة أو بسبب القيود الثقافية والحضارية. كما أن المراهق الموهوب يستطيع إظهار قدرة أكبر على التخيل، وقدرة أكبر من المرونة، ودقة كبيرة في مرونة التفكير.

2- مرونة التفكير:

يتمكن المراهق في هذه المرحلة من التفكير في القضايا المختلفة مستخدماً الرموز المجردة، ويتحرر في تفكيره من معوقات الزمان والمكان، ويحلق بتفكير في القضاء يجوب أنحاء العالم، ويجد متعة في المفاهيم التي لا توجد لديه خبرة مسبقة واقعية بها مثل مفهوم اللانهائي Infinity ، فهو حر في التنقل بين أفكاره بمرونة (قناوي، 1992).

ويرى دونالسون Donaldson (1983) أن الفرد فيما بين سن 12- 14 سنة تزداد قدرته على قبول ظروف معينة والتفكير فيها. كما يرى يودن وكيتس Yodin & Kates (1983)، أن مرونة العمليات العقلية، وإمكانية ضبطها والتحكم فيها تزداد بين سن 12- 14 سنة، إذ تشير نتائج الدراسة إلى أن الأطفال الأصغر سناً أقل قدرة على الاحتفاظ بتخميناتهم السابقة كي يراجعونها مع المعطيات الحالية، وكانوا أقل قدرة

على الاحتفاظ بتخميناتهم عندما كانت المعطيات الحالية، وكانوا أقل قدرة على الاحتفاظ بتخميناتهم عندما كانت المعطيات الجارية تصدقها أو تؤيدها بينما كان المراهقون الأكبر من سن أربعة عشر ـ عاماً يحتفظون بتخميناتهم أو يعتبرونها بسهولة أكبر ممن يصغرونهم سناً وذلك في ضوء الخبرات السابقة (قناوي، 1992، عن(Smart & Smart,1977).

3- تناقص ظاهرة التمركز حول الذات :

إن عمليات التفكير الصوري لا تجعل المراهق قادراً على تكوين مفاهيم خاصة بتفكيره فحسب، بل تسمح له أيضاً تكوين مفاهيم عن تفكير الآخرين، وهذه القدرة تجعل المراهق محاط بصورة أخرى من التمركز حول الذات، فالمراهق بالرغم من كونه قادراً على التعرف على أفكار الآخرين، إلا أنه يفشل في التمييز بين الأشياء التي يوجه الآخرون تفكيرهم نحوها، وتلك التي تعتبر بؤرة اهتمامه الخاص. فالمراهق في بداية المراهقة يكون مهتماً بذاته الجسمية بسبب التغيرات الفسيولوجية التي يمر بها، ولهذا فإنه يفشل تبعاً لذلك في التمييز بين ما يفكر به الآخرون وبين ما يشغل عقله. فهو يفترض أن الآخرين يفكرون في سلوكه ومظهره، كما يحدث له تماماً، وهذا ما يكون التمركز حول الذات في المراهقة.

ومن نتائج تمركز المراهق حول ذاته في المواقف الاجتماعية الحقيقية أو المتوقع حدوثها كما ترى بهادر (1980) أنه يتوقع ردود فعل الآخرين نحوه، وهذه التوقعات يكونها على فرض أن الآخرين يقدرونه أو ينتقدونه كما يفعل هو مع نفسه.

فظاهرة التمركز حول الذات تميل إلى الاضمحلال تدريجياً في حوالي الخامسة عشرة أو السادسة عشرة من العمر، إذ تصبح العمليات الشكلية ذات أسس راسخة، فعمليات التفكير الشكلي لا تنشئ أنظمة عقلية جديدة، مما يجعل المراهق يستخدم التركيبات العقلية التي تكونت لديه حتى نهاية حياته.

4- التفكير المجرد Abstruck Thinking:

يمثل الانتقال من التفكير الحسي وشبه الحسي إلى التفكير المجرد تحولاً نوعياً في تفكير المراهق، فالعلاقات الكمية المجردة يمكن أن يفهمها المراهق بشكل واضح، فإذا قلنا له مثلاً: إذا كانت قيمه س = 4، وقيمة ص = 6 فما هو مجموع س + ص؟ فإنه يستطيع أن يفهم هذه القضية بسهولة، فالمراهق يتمكن من فهم العلاقات الجبرية في عمر الثالثة عشرة تقريباً، إلا أن البعض يتأخر عن هذا السن حتى عمر السادسة عشرة أو السابعة عشرة. فالقدرة على فهم العلاقات الكمية المجردة تظهر عند المراهق مع القدرة على فهم العلاقات الكيفية التي تتجلى في فهمه للمعاني والقيم التي تسهم في تكوين فلسفته الخاصة، وهذا ما يشكل في الحقيقة الجانب الهام والضروري للنضج العقلي والعاطفي والخلقي. كما أن فهم الرموز يعد أحد أهم جوانب التفكير المجرد، فالفرد الذي يصل إلى مرحلة التفكير المجرد يستطيع أن يستخدم نظاماً رمزياً من الدرجة الثانية، أي أنه يعبر بالرموز عن رموز أخرى، ففي تعليم الجبر يتم استخدام رموز مثل (س، ص) لتعبر عن أعداد أو رموز (1. 2)، وهذا ما يجعل التفكير أكثر مرونة، وهذه المرونة في التفكير تمكنه من إدماج وجهتي نظر مع بعضهما البعض لأنه قد وصل إلى مستوى جديد من التفكير، كما يختفي الخلط بين الأفكار تدريجياً مع تقدم المراهق ليأخذ دوره في مجتمع الراشدين. كما يتكون التفكير المنطقي عند المراهق والذي يمكنه من التفكير في حالاته النفسية، ليصبح أكثر وعياً بنفسه وبحالته وينتقد نفسه أحياناً بالرغم من أنه يكون معجباً بذاته أيضاً.

كما يظهر التفكير المجرد عند المراهق على شكل قدرة على الربط بين عدة متغيرات، وأن يعبر عنها بعلاقات كمية. وتؤكد دراسات ميلر **Miller** (1949) وتانر **Tanner** (1955) وغيرهم من الباحثين أن المراهق يميل في تفكيره إلى فرض الفروض أثناء حل مشاكله العملية والعقلية - المعرفية. كما أنه يحلل الموقف تحليلاً منطقياً، ويصطبغ استدلاله بالصبغة الاستنتاجية، ثم يتطور لتغلب على تفكيره الناحية الاستقرائية، ثم يواجه الموقف بما يقتضيه سواء تطلب ذلك استنتاجاً أو استقراءً.

5- **تفسير الظواهر وتعليلها:**

يصف الطفل في سن المدرسة الابتدائية الظواهر ويستمتع بعد هذا الوصف بما وصف، غير أن المراهق لا يكتفي بذلك بل يقوم بتفسير هذه الطواهر، حيث يربط الظاهرة وأجزاءها بالظواهر الأخرى، وإيجاد العلاقة بين هذه الظواهر (**Smart,1977**) .

ويرى قشقوش (1980) أن المراهق يستطيع تفسير الظواهر وتعليلها بعد أن كان يصف ما يراه فقط، ويتضمن الوصف محاولة ربط وتجميع أجزاء الظاهرة بعضها بالبعض الآخر، ثم يتبين العلاقة بين هذه الظاهرة والظواهر الأخرى.

ثانياً: التذكر Memory .

تزداد قدرة الفرد على التذكر والحفظ خلال سنوات المراهقة. فالمراهق خلال فترة المراهقة يندفع إلى تعلم وتذكر أنواع مختلفة من الحقائق والقوانين والمبادئ. كما أنه يتمكن من الاستذكار الغيبي الصم دون فهم لعدد من المواد باعتبارها جزءاً متمماً لتعلمه، كما يتسع المدى الزمني بين التعلم والتذكر، وتزداد قدرة الذاكرة كما ونوعاً (الحافظ، 1981، هرمز، 1988).

وقد أكدت الدراسات أن التذكر يستمر في النمو من الطفولة وحتى سن المراهقة، حيث يبلغ ذروته في سن الخامسة عشرة، ويستمر التذكر المعنوي إطراداً طول فترة المراهقة وسن الرشد، مما يدحض الرأي الذي ساد قديماً بأن التذكر يكون أشد مما يمكن في مرحلة الطفولة، فالتذكر كعملية عقلية يرتبط بموضوعات معينة، ويكون له علاقة بخبرات الفرد السابقة.

وتشير دراسة ماندلر وشتيفرز **Mandler & Stephers** (1967) أن اتساع مدى الذاكرة يزداد بصورة واضحة أثناء فترة المراهقة، فالذاكرة الأحسن والأقوى سواء أكانت عند المراهقين أو عند الراشدين تعود إلى القدرة الأفضل على التصنيف وتنظيم المعلومات (الأشول، 1982، 441).

وهناك عوامل عديدة تؤثر في التذكر قوة أو ضعفاً عند المراهق، حيث وجد أن ميل المراهق إلى موضوعات معينة أو عزوفه عنها، بالإضافة إلى انفعالاته وخبراته المختلفة، هي عوامل أساسية في عملية التذكر. كما أن الانتباه يرتبط ارتباطاً وثيقا بعملية التذكر، حيث أن الانتباه القوي عند المراهق يساعد في تذكر الأشياء التي لابد من الاحتفاظ بها. كما وجد أيضاً أن النشاط العقلي الذي يسبق أو يتلو عملية الحفظ مباشرة، يعين أو يساعد في عملية التذكر عند الفرد.

كما وجد ليهي (1937) أن الانتقال المفاجئ من عملية تعليمية إلى أخرى يعوق حفظ العملية الأولى، وتقل شدة هذه الإعاقة في المراهقة نتيجة تزايد قدرة المراهق على الفهم العميق والانتباه المركز لما يتعلم. مما يجعله قادراً على الانتقال عقلياً من موضوع إلى موضوع آخر بعد إجادته للموضوع الأول، وهذا ما يسمى بالكف الرجعي (أي إعاقة النشاط العقلي الثاني للنشاط العقلي الأول).

ثالثاً: التخيل Imagination .

يتسم التخيل عند المراهق بالغنى والتنوع والغموض، فالمراهق يقفز بتخيلاته فوق حواجز الزمان والمكان، ويمد قبضته ليتناول ما يعجز عن بلوغه في واقع الأشياء، كما يمكن للمراهق أن يحقق عن طريق تخيلاته مطامحه فيتذوق طعم الوفرة، ويستضئ بنور الأمل، ويطلق ساقيه بحرية بعيداً عن ظلم الناس وجبروتهم، كما أن التخيل يبني لمن قعد على هاوية الانتحار ملجأ يستطيع الانطلاق منه ليستأنف حياته من جديد، فالمراهق هنا يحاول عن طريق تخيلاته مجابهة المشكلات المرتبطة بحياته، حيث يبني سلسلة من التوقعات والآمال والمطامح التي يحتضنها المراهق لمستقبل حياته. ولهذا يتمكن من رؤية اللحظة الحاضرة في إطار المستقبل الواسع الذي تمتد جذوره إلى الماضي، كما يساعد التخيل المراهق أن يجرب ويتحقق من إمكاناته الشخصية في إطار الدور الذي يلعبه، وهذا ما يساعده في التأكد من درجة ملاءمته للدور الذي سيقوم به مستقبلاً، فهو طموح لأنه يلاحظ نتائج فعله في مجاله الحيوي، ويكتشف الخطأ ويصححه بنفسه.

ولا تقتصر تخيلات المراهق على توقع المستقبل، بل تمتد لتساعده على مواجهة مشكلات اللحظة الراهنة، فبالرغم من المخاوف التي تساور المراهق أثناء مواجهته لمشكلة ما، إلا أن تخيلاته تمكنه من رؤية حلول تمكنه من حل مشكلته بأقل قدر من الخوف، وبأكبر قدرة من المتعة والسرور.

وقد بينت الدراسات أن التخيل يرتبط بالتفكير ارتباطاً وثيقاً خلال مراحل العمر المختلفة، ويزداد هذا الارتباط مع تقدم الفرد من سن الرشد. فخيال المراهق يختلف عن خيال الطفل، لأن التفكير عند كليهما مختلف، فخيال المراهق يتصف بأنه أكثر تجريداً من خيال الطفل، ويميل المراهق إلى الأساليب الفنية والجمالية، في التعبير، ويمارس نشاطاته الأدبية والفنية بشكل واضح، فهو يهتم في هذه المرحلة بكتابة القصة، أو تأليف الشعر ليشبع خياله الخصب المتدفق، فخياله يتميز بطابع جمالي فني لم يكن موجوداً لديه خلال فترة الطفولة. ويذكر المليجي (1971) وصف المراهق للجنة إذ يقول: "أتخيل الجنة حديقة غناء وقف على أبوابها ملائكة، أما أراضيها فقد فرشت بالحصباء، وانسابت في وسطها الأنهار، وعلى شواطئها نمت أشجار الفاكهة . . الخ" وهذا ما يعبر عن الخيال الخصب والروح الرومانتيكية للمراهق.

ويرى جونز **Jones** (1966) أن التخيل عند الفرد يكون أكثر فعالية ونشاطاً وتأثيراً فيما بين سن التاسعة عشرة والخامسة والثلاثون، ونحن غالباً ما نحتفظ بالسير به قدماً بعد ذلك بغض النظر عما نخبره فيما بعد من إخفاق. والتاريخ الإنساني حافل بالأعمال الابتكارية الأصيلة لرجال مثل جان بياجيه، وسيجموند فرويد، وبرتراند راسل، حيث أن لهم الكثير من الأعمال المعرفية العقلية بعد أن تخطو سن الخامسة والثلاثين من عمرهم.

رابعاً : الإدراك Perception .

تزداد قوة الإدراك عند الفرد مع التقدم في العمر، وتتأثر بنموه العضوي والفسيولوجي والانفعالي والاجتماعي والعقلي، فالمراهق يتطور إدراكه من المستوى

الحسي المباشر إلى شبه الحسي ثم إلى المدركات المجردة والمعنوية، فإدراك الطفل ينحصر ـ في حاضره الراهن، في حين أن إدراك المراهق يمتد إلى الماضي والمستقبل البعيدين، فإدراك الطفل للحروب مثلاً ينحصر في آثارها المباشرة وما ينجم عنها من تخريب وتدمير، في حين أن إدراك المراهق لهذه الحروب يمتد إلى ما بعد هذه الآثار المباشرة ليرى ما يمكن أن ينجم عنها من تهديد اقتصادي واجتماعي لحياة الشعوب. كما أن قدرة المراهق على الفهم والإدراك تزداد، إذ يتمكن من التوصل إلى الحقائق بنفسه، ويقارن بينها ليستنتج ما يكمن وراء هذه الحقائق. فالحساسية الإدراكية بمستوياتها العليا والدنيا عند الفرد تتأثر بالمجال الذي يهيمن عليه، وبالموقف المحيط به، وما ينجم عن ذلك من تفاعل. فإدراك الفرد للعالم المحيط به يعتبر مظهر من مظاهر نموه، كما يرتبط الإدراك بالانتباه، فالمراهق يتميز بقوة انتباهه لما يدرك، وهذا يتعلق بقدرته على التركيز والانتباه لفترة طويلة نسبياً، فإدراك المراهق ليس إلا تطور لإدراك الطفل، وما هو إلا أساساً يبنى عليه إدراك الراشد، حيث يستمر بعد ذلك في قوته ومداه ليستقر بعد فترة من التذبذب.

النمو العقلي والعمر:

أكدت الدراسات الحديثة أن النمو العقلي الذي يقاس من خلال اختبارات الذكاء المعروفة يستمر إلى ما بعد سن العشرين، وهذا النمو يكون أسرع في بداية العقد الثاني من نهايته، والشكل رقم (2) يوضح العلاقة بين العمر ونمو القدرة العملية العامة (الذكاء) والذي ينتج من تكرار اختبار نفس الأفراد خلال عدد من السنوات.

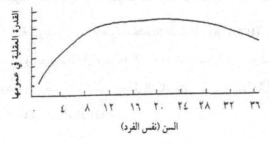

شكل رقم (2) منحنى نمو الذكاء على أساس من تكرار اختبار نفس الأفراد خلال عدد من السنوات.

(Bayley, N. , 1970)

إن قراءة الشكل رقم (2) تبين لنا أن القدرة العقلية عند الفرد ترتفع بسرعة حتى تصل ذروتها بين سن العشرين والثلاثين، ثم تبدأ بعد ذلك بالهبوط التدريجي، بحيث يصبح هذا الهبوط أكثر وضوحاً بعد سن الأربعين، وعند بلوغ الفرد سن الخمسين والستين يقل أداؤه العقلي بمعدل 25% عن الأشخاص من سن ما بين 20- 30 سنة.

فالقدرات العقلية لا تتطور كلها أو تنحدر وتدهور بنفس المعدل، إذ أن القدرات التي يبدو أنها تعكس بصورة مباشرة القدرات البيولوجية مثل سرعة الإدراك الحسي ـ والمرونة العقلية، نجدها تنمو وتتطور بسرعة أكبر خلال الطفولة والمراهقة، وتتدهور في وقت أسبق وبسرعة أكبر خلال سنوات الرشد، وذلك بالنسبة لتلك القدرات التي تتأثر بالخبرة والتعلم مثل الطلاقة اللفظية (مسن، 9186، عن Jarvik, 1973).

ولهذا يكون للسنوات الممتدة بين البلوغ الجنسي وسن الرشد أهمية كبيرة بالنسبة للنمو العقلي المعرفي عند الفرد، إذ تصل قدرة الفرد في هذه الفترة على اكتساب واستخدام المعرفة ذروتها، ولكن هذا لا يعني أن تنمية القدرات العقلية في مرحلة الرشد غير ممكن. والشكل السابق رقم (2) يوضح كيفية تقدم القدرة العقلية العامة (الذكاء). أما دراسة أونز Owens (1933) الطولية والتي تم فيها إعادة تطبيق نفس الاختبارات أكثر من مرة على نفس الأشخاص في أعمال متتابعة، وتم فيها المقارنة بين أداء مجموعة من الأشخاص في سن النضج بأدائهم منذ ثلاثين سنة عندما كانوا في أول عام جامعي (حوالي سن 18 سنة) فقد أظهرت تحسناً قليلاً في أدائهم ما عدا مادة الرياضيات.

كما أوضحت دراسة كر انجاز وبرادواي Krangas & Bradway (1971) على أفراد من عمر سنتين وحتى عمر اثنتان وأربعين سنة، أن متوسط الذكاء قد تغير، وأن أعلى تغير للذكاء حصل فيما بين عمر 14- 30 سنة، وهذا يدل على أن متوسط حاصل الذكاء، يزداد في سن المراهقة أكثر من أي عمر آخر، حيث أن متوسط حاصل الذكاء قد تغير

من 111 في عمر 4 سنوات

إلى 113 في عمر 14 سنة

وإلى 124 في عمر 30 سنة

وإلى 130 في عمر 42 سنة

كما تتفق نتائج هذه الدراسة مع ما توصل إليه كل من بايلي وأودن Bayley & Oden (1955) في دراستهما لألف من الراشدين الذين كان ذكاؤهم فوق المتوسط، حيث تم قياس ذكاؤهم في عمر 30 سنة، ثم أعيد هذا القياس بعد عدد من السنوات، فكان الـترابط بـين القياسـين عـال ومؤشراً علـى أن الإمكانات العقلية للفرد لا تتوقف عن الزيادة بعد فترة المراهقة.

ويؤكد ذلك ما سجله التاريخ عن إنجازات العديد من الأشخاص في أعمار متقدمة، فقد ألف "سوفوكليس" مسرحية "أوديب ملكاً" بعد أن بلـغ سـن 75 عامـاً، كـما اخـترع "فـراكلين" النظارة ذات العدسة الثنائية بعد أن بلغ السبعين عاماً. أما فيما يتعلق بتدهور القدرة العقلية في سن متقدم فيرى "جلبرت" أن ذلك يعود إلى عجز الفرد عن تكوين ترابطات جديدة في هذه الأعمار المتقدمة.

العوامل المؤثرة في النمو العقلي:

اشتد الخلاف بين أنصار الوراثة وبين أنصار البيئة في الإجابـة عـن السـؤال عـما إذا كانت القـدرة العقلية العامة تعود إلى الوراثة والنمو أم إلى التربيـة والتـدريب، والحقيقـة أنه لا يمكن وضع حـدود فاصلة وقاطعة بين العوامل الوراثية، وعوامل الخبرة والتدريب المؤثرة في النمو العقلي. وفيما يلي سنبين أثر هذه العوامل في النمو العقلي.

أ- العوامل الوراثية والمكتسبة:

يرى كرونباخ **Cronbach** أن الوراثة تقوم بدور أساسي جنباً إلى جنب مع الخبرة والتعلم في أداء المهارات الحركية والعقلية والاجتماعية، فالنمو ليس عملية سلبية تتم وفقاً للإمكانات الوراثية، وإنما هو عملية تراكمية نشطة تستخدم فيها خبرات البيئة، ولا يمكن تفسير التنوع الشديد في مستوى الأداء العقلي والاجتماعي بين أفراد المجتمع على أساس العوامل الوراثية وحدها، بل تسهم في ذلك أيضاً عوامل التعلم والخبرة والتدريب. وقد أكدت الدراسات أن حرمان الفرد من التدريب والتعلم المناسب رغم توفر الأساس الوراثي الجيد له يؤدي إلى فقر القدرات الموجودة لديه، كما أوضحت تجارب هب **Hebb** (1949) على الطلاب والفئران أن التشابه المبكر في بيئة محرومة يرتبط بانخفاض القدرة على التعلم في المراحل التالية من العمر، بعكس التشابه الذي يحصل في بيئة غنية بالمثيرات.

بالإضافة إلى ذلك فإن الحرمان الشديد للفرد في طفولته وبداية مراهقته إذا لم تزوده البيئة بالاتصال الاجتماعي، وبمهارات الاتصال بالأشخاص والأشياء، ستؤدي إلى نوع من التأخر الحسي- والعقلي الشديدين. ففي إحدى الدراسات التي قام بها لورج **Lorge** (1945) على (130) من المراهقين الذكور في سن الرابعة عشرة من العمر، حيث طبق عليهم اختبارات في الذكاء، ثم أعاد اختبارهم بعد عشرين سنة، فكانت نتائج الأفراد الذين أنهوا دراستهم الجامعية أفضل ممن توقف عن الدراسة في الصف الثامن أو التاسع، مما يؤكد أهمية التعليم المدرسي في تحسين أداء الفرد، وإتاحته الفرصة لاستخدام ما لديه من خبرات في النمو العقلي، ولكن من المؤكد أن هذه الزيادة الناتجة عن الدراسة والخبرة لا تكون كبيرة جداً لدرجة قد ترفع من مستوى الفرد المتدني في الذكاء إلى مستوى فوق المتوسط، إذ كلما كان حاصل الذكاء منخفضاً جداً كانت الزيادة في الذكاء قليلة جداً.

ب- العوامل الانفعالية:

لا يتأثر حاصل الذكاء عن المراهق بالمؤثرات الثقافية فحسب، بل إن للعوامل الانفعالية أثرها الواضح في حاصل الذكاء، فعلماء القياس النفسي- يدركون تماماً أثر الناحية الانفعالية للمفحوص على أدائه في اختبارات الذكاء فالبعض يؤدي بهم الخوف الشديد والانفعال الذي يساورهم أثناء الاختبار، إلى التردد، وينعكس ذلك على أدائهم وخاصة في اختبارات السرعة، ويحرمهم من الإجابة على كل بنود الاختبار، أما إذا تخلص هؤلاء (المفحوصين) من شدة الإثارة الانفعالية أثناء الاختبار، فإنه من المحتمل أن تتحسن نتائجهم في اختبارات الذكاء. ولهذا لابد من أخذ اتجاهات المفحوص من عملية الروز وسمات شخصيته بعين الاعتبار، وعلى الفاحص أن ينتبه للعوامل الانفعالية ويسعى لتحييدها أو لتفسير نتائج روزه في ضوئها (مخول، 1980: 83).

الذكاء والعبقرية:

يطلق البعض على الأفراد الذين يحصلون على معاملات ذكاء عالية بالعباقرة، إلا أن معامل الذكاء المرتفع بذاته يعجز عن جعل صاحبه عبقرياً، وذلك باعتبار أن العبقرية تتضمن القدرة على الإبداع، وعلى إقامة علاقات جديدة تعجز روازنا الراهنة عن قياسها.

فالعبقري في مجال العمل العقلي ليس من يستطيع أن يتذكر ويستوعب المعلومات بسرعة، بل هو من يستطيع تحطيم أطر فكريه قديمة أو رؤية القديم المألوف في ضوء جديد، فمساهمة العبقري لا تكون في إيجاد أجوبة جديدة، بل في توفير طرائق جديدة للكشف، أو في طرح وجهة نظر أكثر وضوحاً ودقة من سواها عند معالجة مشكلات معينة (مخول، 1980، 87 - 88).

واستناداً إلى ذلك فإنه من الضروري إفساح المجال أمام جميع الناشئة لكي يطوروا إمكاناتهم العقلية، ويفجروا طاقاتهم الفكرية الكامنة، وذلك من خلال إتاحة الفرصة لكل منهم لممارسة دوره وتحقيق إمكاناته، وهذا من شأنه أن يخرج العباقرة من بين الناس.

الفصل الخامس

النمو الانفعالي

طبيعة النمو الانفعالي ومظاهره:

يشكل النمو الانفعالي عند المراهق جانباً أساسياً من جوانب النمو التي تطرأ على الشخصية، وهذا النمو له علاقة وثيقة بطبيعة التغيرات الفسيولوجية الداخلية التي تتم في هذه المرحلة من العمر وما يصاحبها من تغيرات في المشاعر والإحساس، كما أن له علاقة بالبيئة الخارجية الاجتماعية خاصة التي تحيط بالمراهق وتكون بمثابة مثيرات أساسية لانفعالته.

ولهذا يهتم المراهقون بهذا الجانب من النمو ويعيرونه أهمية خاصة في حياتهم فشعور المراهق نحو نفسه وشعوره نحو الآخرين يشكلان أبرز ملامح حياته الانفعالية.

فحياة المراهق مليئة بالانفعالات التي توصف بأنها عنيفة وحادة فكثيراً ما تنتابه ثورات من القلق والضيق والحزن، كما نجده احياناً ثائراً ناقداً لكل ما يحيط به دون ان يستطيع التحكم في نفسه وانفعالاته، بالإضافة إلى ذلك نجد أن المراهق كثيراً ما يعيش حالة من التناقض الوجداني حيث يتذبذب بين الحب والكره الشجاعة والخوف، والسرور والحزن، والتدين والإلحاد والاجتماعية والانعزالية الخ.

كما نلاحظ أيضاً عند المراهق السعي نحو الاستقلال الانفعالي عن الوالدين وغيرهم من الكبار وذلك من اجل تكوين شخصية مستقلة قادرة على العيش ضمن حياة انفعالية لا يسيطر عليها الاخرون ولا يتحكمون بها، وهذا ما يوقعه في كثير من الأحيان في الإحباط الشديد نتيجة عدم تمكنه بعد من هذا الاستقلال التام عن الاخرين، ولهذا يكون رد فعله قوياً وانفعالاته شديدة وغير متناسبة مع شدة الإحباط الذي تعرض له. بالإضافة إلى ذلك يلاحظ عند المراهق الخجل والميل إلى الانطواء

والعزلة والتمركز حول الذات نتيجة للتغيرات الجسمية والجنسية السريعة التي تحصل عنده، وتثير عنده الشك والحيرة.

ولكن الحياة الانفعالية عند المراهق ليست دائماً مليئة بالجوانب السلبية فالانفعالات عند المراهق ذات اهمية خاصة لأنها تدفعه نحو مزيد من مصادر استمتاعه بالحياة، ولهذا نجد المراهق يبحث دائماً عن خبرات انفعالية جديدة وذلك من خلال قراءاته للقصص والمسرحيات، ومشاهدته للأفلام السينمائية السارة حيناً والمحزنة حيناً آخر.

خصائص النمو الانفعالي:

يتصف سلوك المراهق في مرحلة المراهقة بعدم الثبات، كما أن حالته الانفعالية تكون غير مستقرة، فهو يتنقل بسرعة من حالة الفرح والبهجة إلى حالة اليأس والقنوط، ومن حالة الثقة بالنفس إلى ضعف الثقة بالنفس، ومن التدين الشديد إلى الشك والإلحاد. كما يتصف المراهق أيضاً بالانفعال الشديد العنيف، ويميل إلى التطرف وكثرة الاندفاع، ويثور لأتفه الأسباب شأنه شأن الأطفال الصغار، حيث أنه لا يستطيع التحكم في انفعالاته مما يجعله يصرخ ويمزق ويسب ويشتم أحياناً، في حين أنه قد يوجه مثل هذه الانفعالات إلى الداخل وبكبتها أحياناً أخرى مما يؤذي نفسه.

والمراهق في هذه المرحلة يبالغ في الاهتمام بمظهره الجسمي، ويظل ذلك محور تفكيره، فهو يميل إلى المبالغة في التأنق، واختبار الألوان الزاهية، والمظاهر التي تثير الانتباه، وقد يسلك بعض السلوكيات التي تثير الضحك أو يقوم ببعض الأعمال البطولية التي تثير الاهتمام والإعجاب، والإناث في هذه المرحلة أكثر اهتماماً بمظهرهن من الذكور.

كما يلاحظ عند المراهق الخجل والميول الانطوائية نتيجة للتغيرات الجسمية المفاجئة، بالإضافة إلى المبالغة في الشعور بالذنب نتيجة المشاعر المتعلقة بالجنس والممارسات المتصلة به.

كما يكثر عند المراهق أيضاً التردد نتيجة عدم الثقة بالنفس وخاصة في بداية المراهقة لقلة الخبرة. ويكثر المراهق من أحلام اليقظة، حيث ينتقل خلال هذه الأحلام إلى عالم الخيال، أو يمزج بين الواقع والخيال، فأحلام اليقظة تشعر المراهق بأهميته وتحقق له الأمن، وتشبع الرغبات والحاجات التي لم يستطع من إشباعها في الواقع بسبب ضغط الحياة الاجتماعية.

كما يجد المراهق في أحلام اليقظة أيضاً درعاً لحماية نفسه من التهديدات التي تساوره في العالم من حوله، وهذه الأحلام إذا لم تكن في شكل مبالغ فيه فإنها تؤدي دوراً تنفيسياً، أما إذا ازدادت عن الحد اللازم فإن المراهق يتعود الهرب من مواجهة مطالب الحياة الواقعية، وإذا استمرت في ذلك فإن ذلك ينبئ بوجود الاضطراب النفسي عند المراهق.

كما تتسم انفعالات المراهق أيضاً بتكوين بعض العواطف الشخصية نحو الذات، حيث يفاخر بنفسه، ويعتد برأيه، ويشعر بأنه لم يعد طفلاً، وأن له الحق في إبداء آرائه نحو الموضوعات المختلفة. كما يرغب المراهق في الاستقلال وتحمل المسؤولية لأن ذلك ضروري لإعداده وتعميق فهمه للأدوار التي سوف تسند إليه في المستقبل.

كما تظهر عند المراهق العواطف نحو الأشياء الجميلة. فهو يحب الطبيعة ويعشقها، ويكون بعض العواطف التي تدور حول موضوعات معنوية كالتضحية والحرية، والسلام، والمحبة، والدفاع عن الضعيف. . . الخ.

بالإضافة إلى ذلك يعاني المراهق من حالات القلق والخوف من فقدان الأمان وذلك بسبب حاجاته المتعارضة، وصراعاته المحتدمة، فهو يحب الآخرين ويريد أن يكون مقبولاً منهم، ولكنه يخاف الاقتراب منهم لأنه يشعر بالنقص وقلة الخبرة كما أنه يحب المثل العليا ويتألم لفراغ الحياة من القيم والمبادئ الثابتة.

ويرى هرمز (1988) أن من أكثر الأسباب المؤدية إلى هذا القلق هو الخوف من انطلاق الدوافع الجنسية والتي كثيراً ما تكون مقترنة بمشاعر الذنب والمرض، ولهذا

يحتاج المراهق إلى الفهم العميق لحاجاته وميوله وقدراته وطبيعة نموه، ومطالب المرحلة التي يمر بها، كما يحتاج إلى أن يتعلم كيفية التعامل مع الجنس الآخر من خلال التوجيه والإرشاد دون توبيخ أو تأنيب أو تهديد.

ويعتبر الحب من أهم ما تتسم به الحياة الانفعالية، في مرحلة المراهقة، فالمراهق يحب الآخرين، ويحتاج إلى محبة الآخرين له. فإشباع الحاجة إلى الحب والمحبة أساس لتحقيق الصحة النفسية عند المراهق. ويرى زهران (1977) أن الحب المتبادل يزيد الألفة ويزيل الكلفة ويقضي على العدوان، ويجعل الاتجاهات النفسية أكثر إيجابية.

كما أن الحب يعتبر قوة علاجية كبيرة لكثير من المشكلات حيث يتيح المجال للنمو النفسي السير في الطريق الصحيح. كما أن الحب يدعو الفرد إلى التفاؤل ويشعره بقيمته، وبقبوله وتقبله.

العوامل المؤثرة في انفعالات المراهقين:

تختلف انفعالات المراهقين عن انفعالات الأطفال سواء من حيث مثيراتها أو استجاباتها وتتأثر بالعديد من العوامل أهمها ما يلي:

1- التغيرات الجسمية الداخلية والخارجية:

للتغيرات الجسمية الداخلية (الفسيولوجية) وخاصة التغيرات في نشاط الغدد الصماء المتمثل في ضمور الغدة التيموسية والغدة الصنوبرية بعد نشاطهما في مرحلة الطفولة، وكذلك نشاط الغدة النخامية وما رافق ذلك من نشاط للغدد الجنسية بعد فترة من السكون طول فترة الطفولة أثر واضح في الحياة النفسية والانفعالية للمراهق. وهذا ما أوضحته دراسة دافيدسن وجوتليب **Davidson & Gottlieb** (1955) التي أجرياها على فئتين من الفتيات تتساويان من حيث العمر الزمني، وتختلفان من حيث بداية البلوغ، فالفئة الأولى من الفتيات كن من البالغات، في حين أن الفئة الثانية كن من غير البالغات، وأثبتت هذه الدراسة أن المجموعة الأولى أكثر استثارة من الناحية الانفعالية مما يشير إلى أهمية العوامل الفسيولوجية في هذا التأثر.

كما تتأثر انفعالات المراهق بالتغيرات الجسمية الخارجية، حيث أن زيادة الطول وخشونة الصوت ونمو الشوارب عند المراهق، وبروز الصدر ونمو الأثداء عند المراهقات يعكس شعوراً عندهم بأن أجسامهم لا تختلف عن أجسام البالغين مما يشعرهم بالزهو حيناً، والخجل والحياء حيناً آخر.

2- العمليات والقدرات العقلية :

تزداد سرعة نمو العمليات العقلية كالتذكير والتذكر والتخيل والإدراك في المراهقة، وهذه التغيرات في النمو العقلي تؤدي إلى تغير إدراك المراهق للعالم المحيط به، حيث أنه لم يعد يخضع تماماً للبيئة وتعاليمها وقيمها الخلقية والاجتماعية، بل أصبح يمعن النظر في الأمور ويناقشها بشكل عقلي ومنطقي، وهذه التغيرات تؤثر في انفعالات المراهق وفي استجابته تجاه الأشياء والأشخاص المحيطين به، فهو تارة يخفي مشاعره، وتارة يبديها على حقيقتها، وتارة يتجاهل ما يدور حوله من أحداث . . الخ.

3- العلاقات بين الجنسين:

يتباعد الجنسان في الطفولة المتأخرة، ولكنهما يتقاربان في مرحلة المراهقة ويكون هذا التقارب عملية صعبة في بداية المراهقة لأنه تحول مضاد مما يشعر المراهق بالخجل والحرج في علاقته بالجنس الآخر مما يؤثر ذلك على تفكيره وإدراكه، حيث نجد أن المراهق يقف أحياناً مشدوهاً أمام المواقف الجديدة التي يتواجد فيها الجنس الآخر، ولكن ذلك لا يستمر كثيراً، حيث أن المراهق يستطيع في المراحل المتقدمة من المراهقة أن يجعل سلوكه متوافقاً مع متطلبات الموقف.

بالإضافة إلى ذلك فإن شعور المراهق بقدرته الجنسية ويفشله في إشباع المطالب الجنسية بسبب الضغوط الاجتماعية يؤدي به إلى الحرج والانفعال فالدافع الجنسي عميق الجذور في الطبيعة الإنسانية باعتبار أهميته في تخليد النوع واستمراره وما لم نفهم هذا الدافع وتواجهه لا تستطيع أن نأمل في التأثير فيه وضبطه وتوجيهه نحو خير الفرد والمجتمع.

4- العلاقات الاجتماعية:

يتأثر النمو الانفعالي للمراهق إلى حد كبير بعلاقاته الأسرية وبالجو الاجتماعي السائد في الأسرة، فالخلافات المتكررة بين الوالدين وما ينجم عنها من توتر للعلاقات داخل الأسرة يؤخر في انفعالات المراهق ويجعله يعيش في حالة من عدم الاتزان الانفعالي، ويؤخر النمو ويحرفه عن الاتجاه الصحيح.

فالإسراف من قبل الأب أو الأم في السيطرة على المراهق ومعاملته كما لو كان طفلاً، وإشعاره بأنه ما زال تحت الوصاية فيما يتعلق بعلاقاته وميوله وهواياته، وحرمانه، ومن المصروف اليومي، والتقليل من شأنه، يؤدي بالمراهق إلى الثورة والتمرد والعصيان، وقد يلجأ إلى الهروب من المنزل بحثاً عن الحرية، أو قد يكبت ما يعانيه من هذه التصرفات الأسرية لتنعكس عليه على شكل صراعات نفسية مختلفة. فالعلاقات الأسرية الصحيحة تهيء للمراهق جواً نفسياً آمناً وصالحاً لنموه، وتساعده على اكتمال نضجه الانفعالي، بعكس العلاقات الأسرية الخاطئة التي تؤدي إلى إعاقة النمو الصحيح عند المراهق.

5- معايير الجماعة:

تتأثر الاستجابة الانفعالية عند المراهق بمستوى المعايير والقيم التي تفرضها الجماعة على أفرادها. فالحساسية المرهفة، والاضطراب الانفعالي عند المراهق تعود أصلاً إلى عدم قدرته على التوافق مع البيئة الاجتماعية التي يعيش فيها، فما كان مقبولاً من استجابات في مرحلة الطفولة لا يكون كذلك في مرحلة المراهقة والعكس صحيح. فالمثيرات الانفعالية تختلف باختلاف مراحل النمو، ولهذا يشعر المراهق بالحيرة والخجل أمام الآخرين بسبب اختلاف سلوكه عن المعايير والقيم التي وضعتها الجماعة. فالجماعة تتوقع منه أن يسلك سلوكاً عقلياً واجتماعياً في كثير من الأحيان مما يعرضه لنقد من قبل الكبار، ويجعله يشعر بعدم الأمن والشك في سلوك الآخرين نحوه.

6- ضغط الجماعة:

إن الجماعة وما تمارسه من ضغوط على المراهقين تؤثر تأثيراً كبيراً في حالتهم الانفعالية. فالجماعة تشدد على إخفاء المراهق لانفعالاته أو أضعافها إلى حدودها الدنيا، والتعبير عنها تعده مظهراً من مظاهر الطفولة. فالمراهق يتعرض في حياته أحياناً لانفعالات شديدة وعليه أن يتعلم أسلوب إخفاء هذه المشاعر أو إظهارها بشكل آخر فقد يظهر المراهق انفعالات بشكل آخر، وهذه الانفعالات تكون غطاءً لانفعالات أخرى مستورة. فالمراهق الخائف يظهر شجاعاً حتى لا يتهم بالجبن، كما أن المراهق يضحك بدلاً من أن يبكي، لأن البكاء ينتقص من كرامته ويعرضه للنقد وخاصة الذكور. فالمراهق في هذه الحالة يعيش حالة من الصراع، فهو يكبت انفعالاته يرغب في التنفيس عنها، بالرغم من معرفته أن التنفيس عنها يسبب له الحرج أمام الآخرين.

7- الشعور الديني:

يطرأ على الشعور الديني عند الفرد بعض التبدلات والتغيرات خلال مراحل نموه، فبعد أن كان الطفل يؤمن إيماناً قوياً وراسخاً بالدين فإنه ما أن يصل إلى مرحلة المراهقة حتى يبدأ بالسؤال والشك والمناقشة في أمور الدين وذلك للكشف عن أسبابها بصورة أكثر عقلانية وتقوم على الأدلة المنطقية، وهذا ما يوقعه في الصراع، ويخشى مناقشة أهله في مثل هذه الأمور خاصة إذا كان ينحدر من بيئة متزمتة لا تقبل النقاش في هذه المسائل مما يزيد من صراعه وشكه في المسائل الدينية التي كان لا يساورها الشك في طفولته، فالمراهق يبحث هنا عن الحقيقة ليزداد إيمانه رسوخاً أو ليزداد بعداً وشكاً. ولهذه لابد أن تتاح الفرصة للمراهق للمناقشة وحرية إبداء الرأي ليتجاوز كل الشكوك التي تراوده، ويرى الدين بشكله الصحيح في ضوء العقل والمنطق، بدلاً من عدم المعرفة والتعلق بالأوهام والخرافات التي لا أساس لها من الصحة.

رعاية النمو الانفعالي في المراهقة:

تعتبر الانفعالات ضرورة من ضرورات الحياة، فهي تؤثر بشكل حسن على مستوى نشاط الفرد وذلك من أجل القيام بعمل يزيد من مستوى طاقته العادية، إذ أن الشخص المنفعل لا يحس بالتعب اليومي حتى وإن زاد عن الحد الطبيعي. ولكن بالرغم ما للانفعالات من آثار إيجابية فإن لها آثاراً سلبية على صحة الفرد الجسمية، حيث تظهر على شكل تعب وأرق وصداع وفقدان شهية للطعام، والإمساك والإسهال، كما تؤثر على النشاط العقلي للمراهق، حيث تضعف قدرته في حالة الانفعال على الإدراك والتذكر والتفكير والانتباه. بالإضافة إلى ذلك تؤثر الانفعالات على اتجاهات المراهق النفسية، فالغضب الحاد مثلاً يؤثر على مدى تماسك وتناسق الاتجاهات المختلفة أو تعديلها وفي نشأة التعصب وإقامة الحدود بين الناس. كما أن شدة الانفعال عند المراهق تضعف لديه القدرة على ضبط النفس مما يجعله يثور لأتفه الأسباب. ولهذا يتوجب علينا العمل على مساعدة المراهق على كيفية التعود على ضبط النفس، والتخفيف من انفعالاته في كل موقف يستدعي ذلك. وأهم الأسس اللازمة لرعاية النمو الانفعالي عند المراهق ما يلي:

أ- تعزيز ثقة المراهق بنفسه:

إن فهم المراهق الصحيح للموقف الانفعالي المحيط به يساعده على تعزيز ثقته بنفسه، كما تزداد هذه الثقة مع زيادة تدريبه على المواقف المماثلة، إذ أن التدريب يساعده على النجاح فيما يهدف إليه، بالإضافة إلى ذلك فإن احترام الناس لآرائه، وتقبل مساعدتهم وتدريبه على وضع الخطط، واتخاذ القرارات بنفسه، يعزز لديه ثقته بنفسه. وبشكل عام تزداد ثقة الفرد بنفسه وهو يمضي في أخطائه متخففاً منها شيئاً فشيئاً حتى يصل إلى أهدافه.

ب- مساعدة المراهق في التغلب على مخاوف الطفولة:

يعتبر المراهق متأخراً في نموه الانفعالي عندما تستمر لديه وبقوة مخاوف وانفعالات الطفولة، وعندما يستطيع التحرر من هذه المخاوف وينتقل بها من العالم الخارجي إلى العالم الداخلي الذي يدور حول إنكاره وخيالاته وتأملاته يكون المراهق قد تطور في نموه الانفعالي.

ولهذا فإن من الخير للمراهق أن يتخفف من المخاوف المادية، ويكون ذلك من خلال رعايته بشكل سليم وحكيم والأخذ بيده خطوة خطوة للوصول به إلى أفق الحياة الواسع.

جـ- إدخال الجوانب السارة إلى حياة المراهق:

عندما يدرك المراهق الجوانب السارة في حياته إدراكاً صحيحاً ويستمتع بها في حينها، فإنه ينأى بنفسه بعيداً عن معظم ما يعوق نموه الوجداني، وأن يتغلب على مشاكله وأحزانه، فالفكاهة كحالة انفعالية تهدف إلى تخفيف حدة التوتر النفسي الذي يبدو في الكآبة والملل، وتجعله يشعر بالسمو والرفعة والمكانة ومن الممكن أن تكون هذه الفكاهة في موقف عصيب خير علاج للتوتر الذي يصاحب الأزمات والشدات النفسية.

د- الاستمتاع الفني:

إن توجيه المراهق ليسمو بانفعالاته نحو الجمال في أي صورة من صورة في الطبيعة أو الشعر، أو الرسم، أو الأدب، أو الموسيقى .. الخ، خير سبيل نحو النضج الانفعالي. ولهذا لابد للمؤسسات التربوية المسؤولة عن تربية المراهقين أن ترعى هذه المشاعر والانفعالات لديهم، وتهيء الأجواء المناسبة داخل وخارج المدرسة لتزيد من استمتاعهم بالحياة وإدراكهم العميق لتناسقها وانتظامها الساحر.

هـ- تهيئة البيئة المنزلية والمدرسية المناسبة:

إن البيئة المضطربة لا تصلح لرعاية النمو الانفعالي السليم عند المراهق، فالأب المضطرب المزاج، والذي يثور لأتفه الأسباب يعكس آثار اضطرابه على أبنائه. كما أن المدرس شديد الانفعال لا ينشئ إلا جيلاً مضطرباً ضعيفاً. فخير رعاية للنمو الانفعالي للمراهق تكون في تهيئة البيئة المنزلية والمدرسية المناسبة بعيداً عن الاضطراب والتوتر والعصبية الزائدة.

و- التدريب على المرونة وضبط الانفعالات:

إن تدريب المراهق على المرونة وضبط الانفعالات الهوجاء شيء اساسي للنمو الانفعالي السليم، فالمرونة وسيلة ناجحة للتخفيف من الأزمات الانفعالية الحادة، فالشخص الحكيم هو الذي يعرف متى ينحني للعاصفة الشديدة في مرونة، ويضبط انفعالاته حتى تمر، ولا يثور في وجهها حتى لا يتحطم.

ز- تعليم المراهق إيثار الآخرين:

إن رعاية المراهق ومساعدته على حب الآخرين، وتجاوز الحدود الفردية الضيقة يمكنه من التخفيف من أنانيته، والسمو بها نحو أهداف مثلى، بعكس المغالاة في حب الذات والأنانية التي تؤدي إلى النفور والتباعد النفسي، وتدل على تأخر في النمو الانفعالي لديه.

الفصل السادس

النمو الاجتماعي

طبيعة النمو الاجتماعي ومظاهره:

يعتبر الميل إلى الاجتماع عند الفرد أحد الميول القوية التي وجـدت مـع الإنسـان والتـي تسـتمر في نموها وتطورها مع التقدم في العمر، فالسلوك الاجتماعي عند الفرد عملية مستمرة ومتطورة، وأن مدى نجاح المراهق في التوافق مع المواقف الاجتماعية الجديدة يعتمد إلى حد كبـير عـلى خبراتـه الاجتماعيـة الأولى وما كونه من اتجاهات نتيجة هذه الخبرات، ولهذا فإنه كلما كانت البيئة الاجتماعية للمراهـق أكثر غنى وكانت مناسبة، أدى ذلك إلى تكوين علاقات اجتماعيـة سـوية. أمـا البيئـة الاجتماعيـة غـير المناسبة فإنها تؤدي إلى شعور المراهق بالعزلة، وتسـبب لـه الشـعور بالضيق، والألم النفسيـ، والقلـق، والخوف وغير ذلك من انفعالات، وما يكون لذلك من أثـر عـلى نشـاطه العقلي، حيـث تضـعف قدرتـه الفكرية وتعوق تفتحها وزدهارها.

ولهذا تزداد أهمية العلاقات الاجتماعية عند المراهـق في هـذه المرحلـة وذلك لأنهـا تـؤثر بشـكل متزايد في حياته وسلوكه بشكل عام. وقد أكدت الدراسات أن عملية التنشئة الاجتماعية، والتي يكـون لها أثر كبير في مرحلة الطفولة، يستمر هذا الأثـر في مرحلة المراهقة، حيـث يتم تشرب القـيم والمعـايير الاجتماعية عن طريق الأشخاص والمؤسسـات الاجتماعيـة التـي يتعامـل معهـا المراهـق كأعضـاء الأسرة، والمدرسة والثقافة العامة التي يعيش فيها.

كما تزداد في مرحلة المراهقة العلاقات الاجتماعية، ويتوحد المراهق بقوة مع أقرانه، حيـث يكـون تأثيرهم عليه كبيراً فيما يتعلق بالجانب الاجتماعي الأخلاقي والقيمـي. فقـد وجـد روجـرز Roger (1960) وكوسـا Kosa (1962) أن الأولاد والبنـات المتـوافقين توافقـاً سـيئاً في المدرسـة يكـون عـدد اصدقاؤهم من تلاميذ الصف أقل

من أولئك المتوافقين توافقاً حسناً. كما يرى برقر **Breger** (1966) أن ما يسعد المراهق في حياته هو القبول الاجتماعي، إذ يشعر نتيجة لذلك بالراحة والطمأنينة والمكانة والاحترام عندما يتمتع بهذا القبول. فقبول المراهق أو رفضه من جماعته يؤثر تأثيراً كبيراً في اتجاهاته وسلوكه، كما أن العلاقات الاجتماعية التي يكونها تكون أكثر تعقيداً وتشعباً، وتتأثر بالطبقة الاجتماعية التي ينتمي إليها. وهناك فروقاً بين المراهقين في القدرة على إقامة مثل هذه العلاقات الاجتماعية التي تعتبر حجر الزاوية في بناء شخصيتهم في مختلفة مراحل العمر. فالمراهق يحرص في هذه المرحلة على توسيع دائرة علاقاته الاجتماعية، ويزداد تقبله لعادات الكبار واتجاهاتهم، مما يجعله يقترب تدريجياً من معايير الجماعة.

كما تظهر عند المراهقين أيضاً المحاكاة لسلوك الآخرين من الرفاق والكبار، وهذا دليل على عدم الشعور بالآمن في المواقف الاجتماعية الجديدة، ولكنها تعطي مكانها تدريجياً لتأكيد الذات في مرحلة المراهقة المتأخرة.

كما يسعى المراهق إلى بلوغ الاستقلال العاطفي والاقتصادي عن الأسرة، ويزداد اهتمامه بالتعرف على المهن التي يمكنه الالتحاق بها والتي تتفق مع قدراته وإمكاناته. بالإضافة إلى ذلك تزداد قدرة المراهق على التمييز بين حاجاته وخططه وآماله الذاتية، وبين حاجات الجماعة التي ينتمي إليها وخططها وآمالها نظراً لزيادة معرفته لذاته وإدراكه بأنه مجرد فرد في شبكة العلاقات الاجتماعية المتبادلة (عريفج، 1987).

ويرى قشقوش (1980) أن المراهق في هذه المراحلة يميل إلى التفكير في إمكانية تحسين ظروف المجتمع الذي يعيش فيه، وتكون لديه القدرة على التميز بين ما هو كائن بالفعل وما ينبغي أن يكون.

بالإضافة إلى ذلك يزداد اتصال المراهق بعالم القيم والمعايير والمثل العليا نتيجة تفاعله مع البيئة الاجتماعية.

خصائص النمو الاجتماعي عند المراهق:

من أهم ما يؤدي إليه النضج الجسمي والجنسي ـ عند المراهق في مرحلة المراهقة، الاهتمام بالجنس الآخر، ومحاولة جذب اهتمامه، ومصادقته، والتودد إليه، وهذا ما يؤدي إلى نمو الكثير من المظاهر السلوكية المقبولة، وإلى اختفاء الكثير من المظاهر السلوكية غير المقبولة. فالمراهق يحاول الظهور بالمظهر اللائق، ويهتم بمظهره وبشخصيته، ويتعلم ضبط النفس والمبالغة في التأنق، وارتداء الملابس والأزياء ذات الألوان المثيرة، حيث يستغرق اهتمامه بمظهره معظم وقته، وقد يسبب له ذلك الكثير من المضايقات والتعب (الفقي، 1983، هرمز وإبراهيم، 1988).

أما النضج الجنسي عند المراهق فيدفعه إلى الاهتمام بالأفلام والكتب الجنسية والرغبة في ارتياد الأماكن التي تزدحم بالأفراد أو مجموعات من الجنس الآخر. ومن أهم خصائص السلوك الاجتماعي التي نلاحظها في مرحلة المراهقة ميل المراهق إلى تكوين الجماعات (الشلل) من الأقران (Peers)، حيث يشتد ولاؤه إليهم، ويكون هذا الولاء أكثر عند المراهقين الذكور منه عند المراهقات الإناث. كما يكون سلوك المراهق استعراضياً في محاولته جذب اهتمام الجنس الآخر، أو محاولاته تحقيق احترام الذات والحصول على تقبل الآخرين، كما يبلغ التعاون عند جماعة الأقران ذروته، كما أنه سرعان ما يفقد المراهق رغبته في التعاون عندما يكون بعيداً عنها، نتيجة للصراعات النفسية التي يعيشها والتي تجعله ثائر النفس كثير النقد.

وفي مرحلة المراهقة نلاحظ تمرد المراهق على الراشدين محاولاً التمرد من سلطة الأسرة، وقد يسرف في هذا التحرر فيعصي ويتمرد ويتحدى السلطة، كما يتطور عند المراهق إيمانه بالمثل العليا تطوراً ينحو به أحياناً نحو السخرية من الحياة الواقعية المحيطة به لبعدها عن هذه المثل التي يؤمن بها. كما تتسم مرحلة المراهقة بالمنافسة، حيث يؤكد المراهق مكانته بمنافسته لزملائه في ألعابهم وتحصيلهم ونشاطهم، فهو يحاول أن يلحق بهم ليكون مثلهم أو يتفوق عليهم. كما أن المغالاة في المنافسة تحول بينه وبين الوصول

إلى المعايير الصحيحة للنضج السوي. ولهذا فإنه من الخير للمراهق أن يسـمو بأنمـاط المنافسـة الفرديـة إلى المنافسة الجماعية التي يهيمن عليها روح الفريق.

بالإضافة إلى ذلك تتضح عند المراهق النزعـة إلى الاسـتقلال الاجتماعـي ومحاولـة الاعـتماد عـلى الذات، كما ينمو لديه الوعي الاجتماعي، وتظهر عنده عملية التوحد مع شخصيات أخرى خـارج نطـاق البيئة المباشرة مثل شخصيات الأبطال، كما يبرز عنده حب الزعامة.

العوامل المؤثرة في النمو الاجتماعي:

يتأثر النمو الاجتماعي للمراهـق بعوامـل عديـدة، منهـا مـا يعـود إلى الأسرة ومنهـا مـا يعـود إلى المدرسة، والثالث يعود إلى الأقران. وسوف نوضح أثر كل عامل من هذه العوامل كما يلي:

أولاً: أثر الأسرة في النمو الاجتماعي للمراهق.

للبيئة الأسرية دور أساسي مهم في تكوين شخصية الفرد، إذ أن الجو المشبع بالثقة والوفاء والحب من شأنه تكوين شخصية سوية، بعكس الجو الذي يكثر فيه الخصام والعلاقات المتوترة فإنهـا تـؤدي إلى شخصية غير سوية.

ولهذا فإن السنوات الواقعة بين الثانية عشرة والسادسة عشرة هي في المعتاد أصعب السنوات من حيث العلاقات الشخصية في البيت. ومن أجل المراهق وأعضاء الأسرة الآخرين في آن معاً. والمظهر الأول لتغير المراهق ينحصر في طلبه المتزايد للحرية ويمتد هذا الطلب إلى كل الحقول.

كما أن المساعدة في الأعمال المنزلية مشكلة تسبب الكثير من عدم الانسجام في البيت، ففي الفترة الواقعة بين الحادية عشرة والخامسة عشرة يبدو الفتيات والفتيان عازفين عن تنفيـذ مـا يطلـب مـنهم، ويعتبرون التوجيه والإرشاد نوعاً من النقد الذي

يستقبلونه استقبالاً سيئاً. وخلال المراهقة المبكرة فإن القليل من المراهقين يفكرون فيما عداهم، بل إنهم قلما يفكرون في والديهم بصورة خاصة.

لذا فإن إقامة علاقات سليمة مع الأهل والراشدين يعد من المهمات النمائية الأساسية للمراهق. ولتحقيق ذلك لابد للمراهق من أن يسعى إلى تحقيق الاستقلال عن والديه والراشدين من حوله، وأن يحقق ذاته بالشكل الذي يحقق نضجاً سوياً لشخصيته، ولهذا فإنه بالرغم من رغبة المراهق في تأكيد استقلاليته، فإنه يسعى باستمرار إلى الراشد يطارحه همومه وآماله ومشاكله، وهذه الاستقلالية تتكامل مع قدر من الدعم النفسي من جانب الآخرين، إذ أن نزعة المراهق إلى تأكيد ذاته تبعث السرور لدى الوالد الذي تتصف شخصيته بواقعية لتقبل مجريات الحياة، ولكن الكثير من الأهل يشعرون بالقلق والضيق نتيجة التغيرات التي تطرأ على شخصية المراهق، كما أن الكثير من المراهقين يخشون الاستقلال عن الراشدين. وكثير من الآباء أيضاً لا يمهدون الطريق لأبنائهم المراهقين لدخول الحياة الجديدة، مما يجعل المراهقة تبدو مشكلة خطيرة للوالدين وللأبناء في آن واحد.

كما أن موقف المراهق من أسرته، وخاصة موقفه من والديه يؤثر تأثيراً بالغاً في سلوكه المستقبلي. فقد لاحظ تيرمان (Terman) أن الحياة التي تخلو من الصراع بين المراهق ووالديه ترتبط إيجابياً بشعور الفرد بالسعادة في حياة الزوجية، وأن شدة التعلق بالوالدين أو عدمه يعد سبباً من عدم الشعور بالسعادة في الحياة الزوجية (Hamiltion & Mac Gowrt).

أما أسلوب تعامل الوالدين مع المراهقين وما يسوده من حماية زائدة أو رفض شديد أو تقييم بدرجة مبالغ فيها، فإنه يؤدي إلى عرقلة نموه في الوصول إلى درجة كافية من النضج الاجتماعي. إذ أن الحماية الزائفة لا تسمح للمراهق إقامة علاقات طبيعية مع الأقران، كما تؤدي إلى عدم حصوله على الاستقلال بسهولة. أما المراهق الذي يشعر برفض من قبل أسرته، فإنه يصبح معطل من الناحية الانفعالية ويسهم ذلك في عرقلة نموه الاجتماعي والانفعالي في حين أن المراهق الذي يبالغ الولدان في تقييمه،

ويتم قضاء حاجاته ورغباته بسهولة دون أية معاناة فإنه يصبح غير قادر على مواجهة الحياة بشكل صحيح فضلاً عن ذلك فإن تفضيل الأبناء على البنات في المعاملة يؤدي إلى شعور البنات بأن لهن المحل الثاني وأنهن غير مرغوب فيهن، وذلك لخطيئة لم يرتكبنها، وهذا ما يؤدي إلى التمرد وشعور الفتاة بالحطة وعدم الفائدة، كما أن تفضيل البنات على البنين يكون له أيضاً نتائج سيئة على الطرف الثاني. ومن أشكال القسوة النفسية إخبار الطفل أنه حين ولد كان الأبوان يتمنيان طفلاً من الجنس الآخر (أودلم، 1994). ولهذا فإن التنشئة الاجتماعية الصحيحة للمراهق تحتاج إلى طفولة سوية، تعيش في مناخ أسري لا نبذ فيه ولا قسوة ولا تدليل ولا حماية زائدة، وإنما تستقيم الأمور دون إفراط أو تفريط.

كما أن الخلافات بين الآباء والأبناء يؤثر على النمو الاجتماعي للمراهق وتبلغ هذه الخلاقات ذروتها كما يرى ليكيون Liccion (1955) عندما يصل المراهق إلى سن 14- 15 سنة، ثم تهدأ حدتها تدريجياً، ولهذا تتركز هذه الخلافات في إصرار الآباء على معاملة أبنائهم كأطفال، ومطالبتهم في الوقت نفسه بأن يتحملوا مسؤولية الكبار. ولهذا يرى البهي السيد (1975) أنه يمكن رد أسباب الخلاف بين المراهقين ووالديهم إلى ثلاثة عوامل أساسية هي:

العامل الأول: يتركز حول ما يفرضه الآباء من قيود على المراهقين لتدريبهم على النظام، وهذا ما يؤدي غلى ردود فعل من قبل الأبناء باعتبارهم جاوزوا مثل هذه القيود.

العامل الثاني: يتمثل في مبالغة المراهق في نقده لوالديه وإخوته ولحياة الأسرة ويرى الآباء إن مثل هذه النقد هو من نوع العقوق.

العامل الثالث: ينشأ من نوع الحياة الاجتماعية التي يحياها المراهق وخاصة فيما يتعلق بعلاقته بالجنس الآخر، والملابس التي يلبسها، والطلب المستمر للمال ليساير نزواته وشهواته، وكل ذلك يوقعه في صراع مع والديه نتيجة عدم قبولهم لمثل هذه السلوكيات.

ولكن الخلافات بين الآباء والأبناء المراهقين لا تستمر، فالعلاقات تتحول بين النزاع والخلاف إلى الوفاق في المراهقة المتأخرة والتي تبدأ في حوالي سن 17 سنة، وتستمر حتى سنة 21 سنة، ولهذا يبدأ الآباء بإدراك أبنائهم المراهقين على أنهم اقتربوا من سن الرشد، وأن لهم حقوقاً وعليهم واجبات، مما يجعل المراهقين أيضاً يغيرون من مواقفهم تجاه الآباء، ولهذا يسود الوفاق والهدوء جو الأسرة، ويبدأ المراهق في معاملة أخوته الصغار بروح الأخ الأكبر، ويعاملهم كأب بدلاً من النظر إليهم كإخوة صغار مشاغبين.

ولهذا يكون للجو النفسي ـ السائد في الأسرة، وللعلاقات القائمة داخل الأسرة أثره في النمو الاجتماعي للمراهقين، وفي اكتسابهم للاتجاهات الاجتماعية والنفسية من خلال تقليدهم لوالديهم، ومن خلال اكتساب الخبرات السائدة في إطار الأسرة وتعميمها. فالفرد في مراهقته يتأثر بالجو الديمقراطي السائد في أسرته فينمو ويتطور في إطار مجتمع سوي يعده للمجتمع الخارجي الذي سيتفاعل معه في رشده وشيخوخته.

وقد ذكر دسوقي (1979) أن الآباء يورثون أبناءهم العديد من الخبرات السابقة التي وصلت إليهم من آبائهم والتي تؤثر بدورها على نموهم فالأبناء حين تصلهم هذه الخبرات فإنهم يتمثلونها من خلال ملاحظة وتقليد آبائهم سواء في اتجاهاتهم وعقائدهم وطرق تفكيرهم ومعيشتهم وما إلى ذلك.

كما أن العلاقات بين الأخوة والأخوات وجه هام آخر من وجوه الحياة الأسرية، فقد يشكو الكثيرون من الوالدين من ميل المراهقين إلى الخصام مع أخوتهم وأخواتهم، وأن البيت ينقلب إلى جحيم حين يجتمعون جميعاً، وقد يكون أحد الأسباب لهذا العداء هو التنافس الشديد بين الأخوة والأخوات، فالتنافس في حدوده الطبيعية أمر مرغوب فيه، ولكن حين يزداد عن الحد اللازم ينقلب إلى خصام وعداء بين الأخوة.

وبناءً على ذلك تعكس الأسرة الهادئة المطمئنة هذا الهدوء والاستقرار على حياة المراهق فتهيئ له حياة آمنة مطمئنة ومستقرة وتساعده على النمو السليم. ولهذا فإن للوالدين أثراً كبيراً وفعالاً على سلوك الأبناء، كما أن لسعادتهما في حياتهما الزوجية

صلة وثيقة بسعادة أولادهما، أما الأسرة المضطربة فإنها تعكس اضطرابها على سلوك أبنائهـا، حيـث أن الوالد أو الوالدة الذي يثور لأتفه الأسباب، ويسيطر عليهما أو على أحدهما الكره والغيرة والانتقـام مـن الآخرين، فإنهم ينشئون أبناء مرضى. ويستمر ذلك في حياتهم المستقبلية عندما يصبحوا راشدين ليعشوا تحت وطأة الصراع والاضطراب.

ويرى الطحان (1981) أن التربية الأسريـة الخاطئـة وخاصـة الصـادرة عـن الوالـدين تـترك آثارهـا الضارة على شخصية المراهقين، وتؤثر سلباً في تكيفهم الشخصي والاجتماعي، وهذا مـا يسـبب للمراهـق الكثير من أشكال الإحباط والقلق ويدفع إلى سوء التكيف، وعدم التمتع بالصحة النفسية السليمة.

بالإضافة غلى ذلك فإن للمستوى الاجتماعي، والاقتصادي والثقافي، أثراً على سلوك المراهقين وعـلى نمـوهم الاجتماعـي، حيـث يختلـف سـلوك المراهـق وفقـاً للمسـتوى الاجتماعـي الـذي تعيشـه الأسرة، ولمستوى الوالدين التعليمي، فسلوك أفراد الأسرة الغنية يختلف عن سلوك أفراد الأسرة الفقيرة، وكـذلك فإن سلوك أفراد الأسرة المتعلمة يختلف عن سلوك أفراد الأسرة غير المتعلمة، وهذه الأنماط من السـلـوك ترتبط بالمعايير والقيم السائدة، ومدى تفاعل الفرد مع هذه القـيم والمعـايير وإيمانـه بهـا وخضـوعه أو عزوفه عنها.

ولهذا فمن الحكمة بالنسبة للوالدين أن يضعا أولادهما موضـع ثقـتهما ومصـارحتهما وذلـك مـن سن الحادية عشرة من عمرهم أو حتى قبل ذلك، بحيث يقاسم الأبناء أبويهم اهتماماتهما، واهتمامـات البيت بصورة عامة.

فموقف الوالدين من أبنائهم له أهمية بالغة في توافقهم، كما أنه يحدد سلوكهم في المستقبل.

ثانياً: أثر المدرسة في النمو الاجتماعي للمراهق.

تعتبر البيئة المدرسية أكثر تبايناً واتساعاص من البيئة المنزلية، كما أنها أكثر خضوعاً لتطور المجتمع الخارجي من المنزل، وهي أكثر تأثراً واستجابة لهذه التطورات، مما يجعلها ذات تأثير على اتجاهات وشخصيات المراهقين وعاداتهم وآرائهم. كما أن لها تأثير في تشكيل مفهوم المراهق عن ذاته وعن الآخرين. فنتائج العمل المدرسي مثلاً تؤثر على سلوك المراهق وتجعله يشعر بالاعتزاز بنمو قدراته ومهاراته كما تخلق عنده الخجل من نفسه ومن الآخرين عندما يعجز عن استغلال فرص العمل المتاحة له.

فقد ذكرت أودلم (1994) أن مدى اهتمام المراهق وسروره بما يتعلم يتوقف على عاملين: أولهما قدرة المراهق على التعلم واهتمامه بالمواضيع المدرسية، وهذا العامل يختلف من شخص إلى آخر وذلك حسب ذكاء الشخص ومزاجه، فمن المحتمل ألا يحب الطفل كل المواضيع المدرسية بنفس المقدار، كما قد لا يملك نفس الكفاية لتعلمها، ومثال ذلك أن البنات يجدن صعوبة في الرياضيات، وكذلك نسبة من الصبيان يعانون من نفس هذه الصعوبة، والسبب في ذلك هو فقدان الاستعداد الطبيعي عندهم لدراستها. ولذلك فإنه من الحماقة أن يقسر الطالب على النوع الأكاديمي من التعليم إذا لم يكن عنده الاستعداد العقلي الكافي، والميل الطبيعي له، إذ من المستحيل قسر الفرد على تعلم شيء أو الاحتفاظ بما تعلم إذا لم يكن لديه حافز على ذلك، فمقدار ما يتعلمه الفرد وما يتذكره يتوقف على مقدار اهتمامه بالموضوع المتعلم.

أما العامل الثاني فهو نوع التعليم الذي يتلقاه الفرد، فالشخص السريع الاستجابة يحتاج إلى نوع من التعليم يختلف عما يحتاجه الشخص البطيء الاستجابة، وفي عالم اليوم حيث السرعة أساسية، وحيث المناهج المدرسية مكتظة بالمواد فإن الفرد البطيء معاق إعاقة خطيرة. إنه ليس خلف الآخرين بالنسبة للوقت، ولكنه إذا لم يتقدم وفق سرعته الخاصة فإنه يستحيل عليه أن يتعلم ويضيع ويفقد اتصاله بما يجري حوله.

كما تزداد أهمية المدرسة في مرحلة المراهقة باعتبارها مصدراً للحصول على المنزلة الاجتماعية، حيث تكفل المدرسة للمراهق الكثير من ألوان النشاط الاجتماعي الذي يساعده على سرعة النمو واكتمال النضج ويتدرب على التعاون والنشاط والمناقشات...الخ ويذكر (ماكيني) أن النشاطات والمهارات في المراهقة لا يمكن التقليل من أهميتها. كما أكد (وليامز) على أن أهمية النشاط المدرسي يكمن في كونه يعتبر امتداداً لألوان النشاط الذي يمارسه المراهقون داخل الصف، وأنها تساهم بفاعلية لكونها وسيلة لتثبيت ما يكتسبه الطلاب من معلومات. كما تعودهم على العمل الجماعي، وأن العلاقات بين المراهقين في المدرسة تعتمد على مدى المساهمة في النشاط الاجتماعي اللاصفي، وعلى تفوقهم في العمل الأكاديمي.

ولهذا فإن النشاط الاجتماعي المدرسي يتيح في إشباع الدوافع المختلفة عند المراهقين، ويحقق النمو النفسي المتوازن لهم.

كما يتأثر النمو الاجتماعي للمراهق بعلاقته بمدرسيه، وبمدى تقبله لهم أو نفوره منهم. فقد أكدت العديد من البحوث التربوية أن المدرس هو أحد العوامل الرئيسية المؤثرة على سلوك وشخصية المراهقين.

وبناء على ذلك فإن المدرسين المسيطرين والعدائيين يؤثرون تأثيراً عكسياً على توافق طلبتهم وتحصيلهم الدراسي، ويجعلهم يتبعون نفس النمط السلوكي لمدرسيهم، على عكس المدرس الذي تقوم بينه وبين طلابه علاقات تكاملية ودية، حيث يظهرون نتيجة لذلك الكثير من التلقائية والمبادرة والمشاركة والقدرة على حل المشكلات والثقة بالنفس. فالمدرس بحكم وجوده لفترة طويلة مع تلاميذه، وبحكم تفاعله المستمر معهم فإنه يضطلع بمهمة كبيرة في التربية والتوجيه مما يجعله أكثر تأثيراً على شخصيات التلاميذ وسلوكهم وأساليبهم في التعامل والعمل داخل وخارج الصف.

كما أن المدرس الذي يتمتع بخصائص شخصية مرغوبة من طلابه يكون أكثر قدرة على إحداث تغييرات في سلوكهم، وأكثر قدرة على إثارة اهتمامهم وتوجيههم التوجيه الصحيح، فالتفاعل بين المدرس والتلاميذ يعتبر أحد العوامل المهمة في العملية

التعليمية، كما أن نوعية هذا التفاعل يحدد اتجاهات وميول التلاميذ إلى حد كبير. ويرى باور (1977) أن العلاقات الجيدة بين الطلبة والمدرسين تزيد من تحصيلهم الدراسي. كما أشارت دراسة بوب ردايهونش (1973) أن طلبة المرحلة الثانوية يهتمون كثيراً بالعلاقات مع المدرسين. وأن مشكلة التكيف هي من أكثر مصادر عدم رضا طلبة المرحلة الثانوية في المدرسة. بالإضافة إلى ذلك فقد أظهرت دراسة "هندام وزكي" في جمهورية مصر العربية أن تفضيلات الطلبة في المرحلة الإعدادية للمواد الدراسية يعود إلى طبيعة المادة، ثم إلى المدرس، كما يرى "إنجلش وبير سويد" أن الفشل في العمل المدرسي يعود إلى المواقف العدائية التي يتخذها المدرسون تجاه طلبتهم، وأن خوف الطلبة من سخرية المدرسين كانت من أهم مخاوف المراهقين المدرسية (هرمز وإبراهيم، 1988).

ويذكر رفاعي (1989: 3) أن المدرسة حين تمارس مسؤولياتها نحو الصحة النفسية فإنها تمارسها من ثلاثة جوانب:

الأول جانب وقائي: ويتمثل في تدعيم التصرفات الحسنة والابتعاد عن التصرفات السيئة والتي تدخل ضمن إطار سوء التكيف، ويتمثل ذلك في مساعدة المدرسة على تكوين العادات الحسنة والبعد عن العادات السيئة، وتكوين أشكال تفاعل حسنة مع الآخرين.

والجانب الثاني: يتمثل في توفير الظروف المناسبة للطالب ليمارس مباشرة أعمالاً لا يحتمل أن يرتكب الخطأ فيها، وذلك ليألف الاختيار الحسن للتصرفات حين يترك معتمداً على نفسه.

أما الجانب الثالث: فيكون بتوفير العناية والإرشاد والعلاج النفسي للطالب الذي يصادف مشكلات نفسية أو اضطرابات سلوكية توذيه أو تؤذي الآخرين وتضايقهم.

كما بينت دراسة أوستن **Austin** (1931) ونورتون **Norton** (1953) أن الميول المهنية للمراهق تتعلق بعلاقة المراهق بمدرسيه وزملائه، وبمدى ميله نحو المواد

الدراسية المختلفة، ومدى تأثر هذه الميول بتلك العلاقات. ويفوق تأثر المراهقات بمدرساتهن تأثر المراهقين بمدرسيهم وخاصة في بداية المراهقة، حيث يبلغ مدى هذا التأثر أقصاه عند كلا الجنسين.

ولهذا فإن من واجب الوالدين والمعلمين تقديم كل عون ممكن للمراهق، وكل تشجيع يحول دونه ودون اعتبار نفسه أقل من سواه، فكل لوم أو تقريع للمراهق على فشل سابق (بسبب كسله مثلاً) يجب تجنبه لأن ذلك قد يدفع به إلى كراهية المدرسة، والشعور بالعداء نحو معلمية ووالديه. والأقسى من ذلك أن يلوم الأبوان المعلمين والمدرسة على مسمع من المراهق، لأن ذلك يؤدي به إلى استنتاج أن مظاهر فشله ومصاعبه مردها إلى الأبوين، وبذلك يكونوا قد وقعا في الحفرة التي حفراها.

ثالثاً: أثر جماعة النظائر في النمو الاجتماعي للمراهق:

تتكون جماعة النظائر في مرحلة المراهقة من الرفاق الذين يتقاربون في العمر الزمني ويشتركون في المشاكل والصراعات والميول، إذ يؤلفون مع بعضهم وحدة متماسكة في إطار اجتماعي خاص، وأسلوب معين في الحياة، حيث يتراوح عدد أفرادها ما بين 10- 12 فرداً، ويكون لها تأثير كبير على سلوك كل فرد من أفرادها أكثر من تأثير المنزل والمدرسة، كما يكون لها دور حيوي في النمو النفسي-لمعظم المراهقين. ويذكر مسن وآخرون (1986) عدة مبررات تجعل لجماعة النظائر أهمية خاصة ومن ضمن هذه المبررات ما يلي:

1- إن علاقات المراهقين بعضهم ببعض تكون أكثر قوة وأوثق من تلك العلاقات التي تكون بين الراشدين، إذ أن المراهقين الذين تكون الصلات فيما بينهم طيبة وقوية، فإن الفرص تكون متاحة لاستمرار هذه العلاقات في سن الرشد.

2- تضعف الروابط بين المراهقين وأسرهم، مما يجعل المراهقين أكثر اعتماداً على الأقران، كما يجدون أن جماعة الأقران أكثر تفهماً لمشكلاتهم من الوالدين الذين يختلفون معهم حول بعض القضايا.

3- كما أن المراهقين بحاجة إلى الصحبة والتأييد من غيرهم الذين يشاركونهم مرحلة العمر التي يجتازونها. ولهذا فإنهم يجدون الراحة في الاجتماع إلى آخرين ممن يتعرضون لنفس التغيرات الفسيولوجية والسيكولوجية، وهذا ما يساعدهم في اجتياز فترة التغيرات بنجاح.

واستناداً إلى ذلك فإن المراهق يكون بحاجة إلى إشباع حاجاته بعد أن أصبحت جماعة الأسرة غير مشبعة لهذه الحاجات، ويجد في جماعة النظائر من يوفر له هذا الإشباع والأمن والاستقلال، وتنقذه من التناقض النفسي والاجتماعي المحيط به. ولهذا نجد أن التحول من صحبة أفراد الأسرة إلى صحبة الأقران سمة مميزة للمراهقة إذ من النادر ان يوجد مراهق بدون جماعة أقران. ويرى كوندري وسيمان - **Condry & Si- Man** (1984) أن المراهق الذي لا يجد من أسرته إلا التجاهل قد يزداد تأثره بجماعة الأقران عن تأثره بالوالدين، في حين أن المراهق الذي يهتم به الوالدان ويعملان على تفهمه ويحرصان على مساعدته نجده أقرب إلى التأثر بقيم الوالدين، كما أن مثل هذا المراهق يكون أقل عرضة للشعور بالحاجة إلى التمييز فيما بين تأثير الوالدين وتأثير أصدقائه (مسن آخرون، 1986).

بالإضافة إلى ذلك نجد أنه في سن ما بين 12- 18 سنة تصبح جماعة الأقران أكثر جاذبية من الوالدين الذين تقل أهميتهم تدريجياً من هذه الناحية، إذ أن لجماعة الأقران أهمية بالغة أكبر مما هي عليه في أي مرحلة اخرى من مراحل النمو، حيث يصعب على المراهق التخلي عن أقرانه الذين يضع فيهم ثقته التامة ويفضي إليهم ما يجول بخاطره وهو مطمئن لفهمهم وتقديرهم لما يقول ويفعل. كما أن أي محاولة لمنع استمرار مثل هذه العلاقات مع الأقران، أو حتى مجرد التدخل فيها يقابل بالثورة والتمرد، كما يقابل النقد الذي يوجه للمراهق نتيجة هذه العلاقات بالاستنكار. وقد

تعمل جماعة الأقران على إبعاد المراهق تدريجياً عن الوالدين، وقد تتولد بعض الصراعات بين قيم الوالدين وقيم الأقران.

من جهة أخرى فهناك بعض الفوائد التي تعود على المراهق من جماعة الأقران إذا ما أحسن اختيار هذه الجماعة من خلال تنظيم الزيارات، ودعوتهم إلى المنزل والتحدث معهم.. وغير ذلك من أساليب فجماعة الأقران تعد بمثابة الجسر الذي يصل بين الأسرة والمجتمع، فهي تشجع المراهق على الاعتماد على النفس، وتزوده بالدعم الضروري للتحول من سيطرة الأسرة إلى الاستقلال الشخصي. ويرى قشقوش (1980) أن جماعة الأقران تتيح للمراهق إمكانية الحصول على دور يقوم به، مما يشعره بالاستقلال عن الأسرة إلى حد ما، كما أنها تعلمه أو تكسبه أو الصفات الاجتماعية المطلوبة للمشاركة في حياة الجماعة.

كما يجد المراهق أيضاً في جماعة الأقران مشاركة وجدانية حقيقية تساعده على الشعور بالأمن، والثقة بالنفس وتمكنه من تأكيد ذاته. كما أثبت جواردو Guardo (1968) وجود علاقة إيجابية بين ارتفاع مكانة الفرد بين أقرانه وبين مفهوم الذات العالي لديه. أما روس Rose (1974) فقد وجد أن التلاميذ الذين يفشلون في تكوين روابط جيدة مع الأقران في المدرسة تكون حياتهم تعيسة ويشعرون بالقلق واضطراب في الشخصية ومفهوم الذات المنخفض والإحباط. في حين يرى جيرسلد Jerseld (1958) أن المراهق الذي يكون محبوباً من أقرانه، يكون في الغالب سعيداً في حياته الخاصة، وفي علاقاته الاجتماعية، كما يكون متكيفاً انفعالياً.

كما توفر جماعة الأقران للمراهق الخبرات الضرورية اللازمة لتكوين علاقات أكثر نضجاً مع أقرانه من كلا الجنسين، بالإضافة إلى اكتساب الدور الأنثوي أو الذكري. كما تهيء من جهة أخرى للمراهق الجو المناسب للحوار الاجتماعي، واكتساب المهارات الاجتماعية الضرورية لتأسيس علاقات اجتماعية وثيقة مع الآخرين. كما تنمي أيضاً روح الانتماء للجماعة وتظهر المواهب الاجتماعية، وتعد

المراهق للحياة المستقبلية، وتنمي لديه الوعي الاجتماعي، وتعوده قبول المعايير الاجتماعية السائدة لتحقيق التوافق النفسي والاجتماعي.

كما تساعد جماعة الأقران المراهق على التقدم الأكاديمي، إذ أن الإنجاز العالي للمراهق دليل على شعبيته بين أصدقائه، فقد دلت الدراسات أن تأثير الضغوط الاجتماعية للأقران فيما يتعلق بالتحصيل الدراسي أقوى من تأثير المنزل. فقد وجد هوما **Muma** أن الطلبة المقبولين من قبل أقرانهم أكثر نجاحاً في الدراسة، وأن تحصيلهم أعلى من الطلبة المرفوضين كما يرى "هافكهرست ونيوكارتين" أن أكثر أسباب تسرب المراهقين من المدرسة يعود إلى الفشل في الحصول على القبول الاجتماعي في جماعة الأقران، وقد دلل على ذلك دراسة "شانلي وآخرون" عندما أظهرت وجود ارتباط عال بين القبول الاجتماعي للطلاب وانتظام دوامهم. كما أكد ذلك أولمن **Ui- Mann** (1963) فقد أوضح أن التلاميذ المقبولين اجتماعياً من قبل أقرانهم هم أكثر تكيفاً للجو المدرسي، وأن الضعفاء في القدرة على التحصيل والتعليم تكون علاقتهم الاجتماعية مع أقرانهم ضعيفة (أنظر حسين، 1981).

وقد أكد ذلك آرثر وآخرون (1978) عندما أوضحا أن المراهقين المقبولين اجتماعياً تكون علاقاتهم أفضل مع والديهم ومعلميهم، ويشعرون بالطمأنينة في الحياة المدرسية والرضى عن النفس. فالمراهقين الأكثر ثقة بأنفسهم، والأكثر ميلاً إلى الاستقلال يمكنهم الاتصال بكل من الوالدين من جهة والأقران من جهة أخرى دون الشعور بضرورة الاعتماد الشديد على أي من الجهتين.

بالإضافة إلى ذلك تجعل جماعة الأقران المراهق أكثر واقعية في إدراكه لنفسه ومكانته، وتساعده على فهم ذاته وتقديرها من جميع جوانبها، كما تجعله يشعر بالأمن والطمأنينة، وتساعده على تحديد أهدافه وطموحاته.

من جهة أخرى تؤثر جماعة الأقران في النمو الخلقي للمراهق، وفي درجة قبوله للمعايير والتقاليد الاجتماعية، كما تعده للحياة الانفعالية السوية، وتخلصه من التناقضات النفسية والاجتماعية والانفعالية، من جانب آخر قد تسلك جماعة الأقران

سلوكاً يقوم على العدوان نحو الأفراد أو الجماعات أو السلطة، فتنحرف بنشاطها وتكون على شكل عصابات (عصابات الجانحين) سرية، وعلى درجة عالية من التنظيم، وتقوم بنشاطات مناهضة للمجتمع. وهذه الجماعات تؤثر على سلوك أفرادها بشكل سلبي، كما تؤثر على إنجاز الطلبة الدراسي، وتؤدي إلى رسوبهم وتركهم للمدرسة.

ولكن بالرغم من التأثير القوي لجماعة الأقران على سلوك المراهق فإن هذا التأثير يبقى ثانوياً إذا ما قورن بتأثير الوالدين.

الحاجات الاجتماعية للمراهق:

هناك عدد من الحاجات الاجتماعية عند المراهق، بعضها يشترك فيها مع الأطفال، والبعض الآخر تختص بطبيعة المرحلة التي يمر بها، وأهم هذه الحاجات ما يلي:

1- الحاجة إلى الاستقلال:

يحتاج المراهق في هذه المرحلة إلى الاستقلال العاطفي والمادي والاعتماد على النفس في اتخاذ القرارات التي تتعلق به. فالمراهق نتيجة لاتساع عالمه، وخبراته، وتجاربه، وتعدد أصدقائه، وتنوع الأنشطة التي يمارسها داخل وخارج المنزل، يستطيع تحقيق هذا الاستقلال. ولكن قد يقف الآباء حجر عثرة في طريق تحقيق المراهق لاستقلاله وذلك بدافع الخوف عليه أو القلق على حياته ومستقبله، مما يجعلهم يضعون القيود على سلوكه وتصرفاته، مما يشعره بأنه ليس موضع ثقة الوالدينن وأنه لا يتمتع بحبهم وقبولهم، مما يدفعه إلى الثورة على هذه التصرفات، ويؤدي إلى نشوء الخلاف بينه وبين والديه، بحجة أن جيله يختلف عن جيلهم، وأن مستقبلهم يفرض عليه مثل هذا الاستقلال، مما يجعله يعيش في صراع، ولكن قد ينجح الأبوان في تفهم طبيعة المراهقة، ويعملان على تقريب الهوة، بينهم وبين أبنائهم المراهقين، ويساعدانهم على النمو السليم.

ويرى إلدر Elder (1962، 1963، 1971) من خلال دراسته للعلاقة بين أساليب تربية الوالدين (استبدادي – ديمقراطي- متسامح) ومحاولات المراهقين تحقيق الاستقلال، إن الاستقلال الذاتي للمراهق يكون في أعلى مستوياته عند المراهقين ذوي الوالدين الديمقراطيين والمتسامحين. أما بالنسبة للمراهقين ذوي الآباء المستبدين أو المتسلطين فكان أبناؤهم أقل ثقة بأنفسهم وأقل تقديراً لذواتهم، وأقل استقلالاً ذاتياً، وأقل تصريفاً لشؤونهم بأنفسهم، كما أنهم يشعرون بأنهم غير مرغوب فيهم من قبل آبائهم وأمهاتهم.

كما يكتسب المراهق الاستقلال كلما ساعد المجتمع على أداء هذا الواجب بما يتمشى مع التقاليد الثقافية. فالهنود المكسيكان في مكسيكو يتم تدريب أبنائهم على الاستقلال بصورة تدريجية غير رسمية، فأطفالهم يتعلمون بالتدريج تحمل مسؤوليات متزايدة، ويبدأون بممارسة الأعمال التي سيمارسونها مستقبلاً أما البنات فيبدأن في رعاية الأخوة باقترابهن من سن السادسة أو السابعة من العمر. كما يذهبن إلى السوق، ويساعدن في تقديم الطعام وغسل الأطباق، ويبدأ الأولاد من نفس العمر بجني المحصول من الحقل، ويرعون الحيوانات الكبيرة مثل الماعز والحمير. ولهذا فلا وجود للقلق عند الآباء أو الأبناء، كما أن العدوان لا يمارس من قبل الآباء أو الأبناء، ويمثل العطف والحنان الشكل السائد لديهم.

في مقابل ذلك نجد أن المراهقين من "المندجمهور" في البحار الجنوبية يجتازون فترة أكثر صعوبة من التنشئة الاجتماعية، فكل فرد من أفراد الجنس الواحد يعادي الآخر، بما في ذلك الأمهات والبنات، كما أن العلاقات بين الأزواج تكون عدوانية. ولهذا فإن أبناء المندجمور يكتسبون الاستقلال الصعب في وقت مبكر، وبذلك يكونون معدين إلى حد ما للمطالب التي سيواجهونها في المراهقة (مسن وآخرون، 1986).

2- الحاجة إلى التقبل الاجتماعي:

يعتبر شعور المراهق بتقبل الوالدين له في الأسرة، وبتقبله في المدرسة وفي المجتمع من أهم عوامل نجاحه، أما شعوره بالنبذ والكراهية من هذه المؤسسات الاجتماعية فيعتبر من أهم أسباب فشله. ويذكر هارتوب **Hartup** . (1970) عدة عوامل تحدد شعبية المراهق وتساعد في تقبله الاجتماعي منها: الجاذبية الجسمية والحيوية، وهدوء الطبع.

ويرى كايزلر **Keisler** (1961) أن المراهقين عادة ما يحبون الأقران الذين يشعرونهم بالتقبل والانتماء، والذين يعملون على تنشيط وزيادة التفاعل فيما بين أعضاء الجماعة (مسن وآخرون، 1986).

من جهة أخرى يرى كونجر **Conger** (1977) أن المراهق الذي لا يرتاح في وجوده مع الاخرين، ويفتقر إلى الثقة بالنفس، ولا يكون من المخططين لأنشطة الجماعة، أو أنه يغالي في الاستجابة لفقدان الطمأنينة بتحويل انتباه الآخرين إليه عن طريق العدوان، أو يتمركز حول نفسه بشكل أنه لا يحس ولا يستجيب لحاجات الآخرين، أو أنه يكون ساخراً لا يسهم إلا بالقليل من أجل صالح الجماعة، فإن مثل هذا المراهق لا يحظى بتقبل أقرانه، بل إنه قد يحظى بالكراهية والنبذ فالمراهق المنبوذ والمكروه من قبل الآخرين يجد نفسه في حلقة مفرغة، فهو في أول الأمر يتعرض لعدم التقبل من أقرانه بسبب فقدانه الثقة بالنفس، كما أنه يدرك بعد ذلك أنه غير مقبول من قبل أقرانه مما يقلل ثقته بنفسه أول بأول، مما يزيد من شعوره بعزلته الاجتماعية.

أما التقبل الاجتماعي فإنه يدخل الأمان النفسي إلى المراهق، ويشعره بأنه يتحرك فوق أرض صلبه في المحبة والتأييد مما يشكل له الحافز القوي للعمل والنجاح. أما الفشل الدراسي الذي يحيق بالمراهق في كثير من الحالات فيرجع إلى عدم تمتعه بهذه المحبة والتأييد.

بالإضافة إلى ذلك يحقق التقبل الاجتماعي للمراهق التوازن الانفعالي حيث يعزز الاستحسان الاجتماعي السلوك الصحيح ويثبته، ويساهم في تعديل السلوك الغريب أو المستهجن. فالمراهق يتأثر بشكل عام بالاستحسان وكذلك بالاستهجان ممن حوله. والحاجة إلى التقبل الاجتماعي من أقوى الحاجات لدى المراهق، وهذا ما يفسر رغبته القوية في الانضمام إلى جماعة النظائر، وتعزيز علاقته بهم، حيث أن هذه الجماعة تشيع تلك الحاجة وتساعده على النضج الانفعالي، والاستقلال العاطفي عن الوالدين والأسرة.

ولهذا يرى كافوير ودوكسيكي Cavoir & Dokecki (1973) أن المراهقين يحبون الأقران الذين يشبهونهم، والذين يحافظون على قيم تشبه قيمهم كما أن المراهقين يحبون الأقران الذي ينحدرون من المجموعة الثقافية السائدة في المجتمع(Gilline & Peck,1962 :Hallwarth, Et. Al. 1965) . بالإضافة إلى ذلك فإن الطبقة الاجتماعية لها تأثير كبير في قبول مجموعات الأقران من المراهقين، إذ أن معظم هذه المجموعات تتكون من أفراد من نفس الطبقة الاجتماعية. فمجموعة الأقران من الطبقة المتوسطة لا يحتمل أن تقبل أعضاء من الطبقة الدنيا، بعكس الأفراد من الطبقة العليا والمتوسطة الذين يعدون أكثر قبولاً (قناوي، 1992).

3- الحاجة إلى الانتماء:

يشعر المراهق بعدم الأمن عندما يحدث عنده تعارض بين الحاجات. فرغبته في الاستقلال مثلاً تتعارض مع حاجته إلى الاعتماد على الأبوين والأسرة، وهذا ما يؤدي إلى ظهور دوافع جديدة لديه مثل الحاجة إلى الانتماء التي تعني وجود من ينتمي إليه ويعتز به، ويفتخر بانتسابه إليه، إذ أنه عن طريق هذه الحاجة يمكن له أن يتعلم الولاء للوطن والمجتمع والأسرة ولجماعة الأقران، ويعبر عنها المراهق باستخدام الضمير نحن مشيراً إلى الجماعة التي ينتمي إليها (جماعة النادي، جماعة الأصدقاء . الخ). وهذه الحاجة تكون هامة جداً خلال فترة المراهقة، كما تعتبر ضرورة اجتماعية

للمراهق، إذ تؤثر إيجابياً على سلوكه، وتخلق فيه روح الجماعة، وحب الانتماء إلى قوانينها والخضوع لما تراه وتقرره، فيتخلص من أنانيته ومن العزلة التي يعيشها.

فقد ذكرت أودلم (1994) أنه كلما زادت روح الجماعة في المنزل، فإن العلاقات بين أفراد الأسرة تزداد توثقاً، فقبل كل شيء يرغب الأبناء الانتماء إلى الجماعة الأسرية، وأنه لمن سوء الحظ أن تتسع الهوة في الرأي بين المراهقين وأسرهم لدرجة تجعلهم يشعرون بأنهم منبوذون، وأنهم في الواقع لا ينتمون إلى أية جماعة. أن هذا يبعدهم عن المنزل ويدفعهم للبحث عن جماعة أخرى يرتبطون بها وبالطبع فإنه شيء جميل أن يحاول المراهقون إيجاد روابط لهم مع العالم الخارجي، ولكنهم يحتاجون إلى المنزل ليشعرهم بالثبات والطمأنينة ليساعدهم على مواجهة المشاكل والصراعات التي يجب أن يقفوا إليها في العالم الخارجي.

4- الحاجة إلى التوافق الشخصي والاجتماعي:

تطرأ على شخصية المراهق تغيرات واضحة في مختلف الجوانب، كما أن المراهق يمر ببعض الصراعات والأزمات، مما يجعل التوافق الشخصي والاجتماعي ضرورة لا غنى عنه، وقد بينت الدراسات أن الطفل الذي يتمكن من التوافق في طفولته يتمكن من التوافق في مراهقته بشكل جيد، وكذلك في المراحل التالية، وأن من يفشل في تحقيق التوافق في طفولته يمكنه تعويض ذلك في مراهقته، أما من يفقد القدرة على التوافق في مراهقته فإنه لا يستطيع تعويض ذلك فيما بعد. ولكن ذلك ليس إلا مجرد آراء قابلة للإثبات والنفي، فسلوك الإنسان مرن وقابل للتعديل، وبإمكان الفرد تحقيق التوافق في المراهقة وما يليها من مراحل عندما تتوافر له الظروف المناسبة ومن يأخذ بيده إلى هذا التوافق.

5- الحاجة إلى ضبط الذات:

بسبب النضج الجسمي والجنسي السريع لدى المراهق كثيراً من الاضطرابات والارتباك في المعاملة وخاصة مع الجنس الآخر، وذلك بسبب قلة خبرته مما يدفعه هذا

الميل الجنسي الجامح إلى تصرفات غير مقبولة اجتماعياً مما يجعله يفقد القدرة على ضبط سلوكه، وقد يميل إلى العزلة والانطواء. من جهة أخرى يشعر المراهق بأنه أصبح ناضجاً كالكبار، لـذلك ينبغـي أن يسلك مثلهم حتى يؤكد لنفسه وللآخرين مثل هذا الشعور، ويزيد من شعوره بالأمن، ويقوي الضـوابط والقيود السلوكية التي فرضها المجتمع، وهذا ما يؤدي إلى زيادة قدرته في ضبط سلوكه، وإقامة علاقـات أكثر نضجاً مع الجنس الآخر بشكل خاص، ومع الكبار بشكل عام.

6- الحاجة إلى تعلم القيم الاجتماعية:

تشتد حاجة المراهق إلى تعلم القيم الاجتماعية بسبب التناقض بين المبادئ الدينية والخلقية التـي آمن بها منذ طفولته، وبين ما يراه الآن من ممارسات عند الكبار فالمراهق قـد تعلـم في طفولتـه أنماطـاً من السلوك تتفق مع هذه القيم التـي آمن بهـا وصدقها وتمسك بهـا طالما كانـت تجاربـه وخبراتـه محدودة، أما في مرحلة المراهقة فقد وصل إلى مرحلة من النمو الجسمي والعقلي الاجتماعي والانفعالي ما يمكنه من أن يدرك ويحس ما يدور حوله بشكل أكثر دقة، فلم يعد الوالدان المثل الأعـلى للمراهـق، ولم تعد أراؤهم أصح الآراء، كما أن الكبار يمارسون مـن السـلوكيات مـا يناقض مـا علمـوه لأبنائهم، ويمنحون أنفسهم حق الخروج على المبادئ والقيم الخلقية الاجتماعية التي يعلمونها لهم مما يولد لدى المراهق الشك في هذه القيم، ويعيش في أزمة صراع القيم، مما يجعله يحـاول حـل هـذا الصـراع وهـذا التناقض والذي قد يساوره الحظ في النجاح أو قد يكتب له الفشل.

ولهذا نجد من الضروري أن يعمل الآباء والمربون عـلى تعزيز الصـلة مـع أبنـائهم المراهقين، وأن يوثقوا الرابط بين البيت والمدرسة من أجل تلبية هذه الحاجات العاجلة والآجلـة لـدى أبنـائهم لتعزيـز ثقتهم بأنفسهم وإنشاء جيل سليم قادر على النهوض بمقدرات بلده لكل ما هو خير ونافع.

7- الحاجة إلى تكوين صداقات:

إن من صفات المراهق المميز، هي رغبته في أن يكون له صديق حميم تكون لهم معه علاقات عميقة وشخصية، يستطيعون أن يقاسموه مشاكلهم وأفكارهم، أفراحهم وأتراحهم، آمالهم ومخاوفهم واهتماماتهم الشخصية الصميمة. ففي الفترة التي تتراوح بين الخامسة عشرة والعشرين تتكون الصداقات الأعمق والأبقى. إذ أن الحاجة إلى شخص يكون موضع السر ويتحدث إليه عن نفسه وهو مطمئن إلى إخلاصه حاجة كبيرة جداً. فالرغبة في السرية والذات المكتشفة حديثاً تدفعان المراهقين إلى خجل من الحديث عن الأمور الخاصة أو الشخصية إلى أي إنسان بالرغم من شعورهم بالحاجة الملحة إلى ذلك. ولهذا فإن الكثيرين من المراهقين الذين يحسنون الاختلاط بغيرهم يحبون أن تكون لهم جماعة من الأصدقاء السطحيين، وهم يسرون كثيراً بالانتماء إلى منظمة يشعرون فيها بأهميتهم الخاصة، دون أن يقلل أبداً من شعورهم بالحاجة إلى صديق حميم معين.

أما بشأن الصداقات بين الجنسين، فإن الفتى يبدو متكتماً بخصوص الفتاة التي يحبها حقاً، وحتى الفتاة فإنها تتحدث عن فتاها أقل من حديثها عن باقي زملائها من الفتيان.

ويواجه المراهق في تكوين صداقاته مشكلة عدم إعجاب الوالدين بهذه الصداقات من الجنس الآخر، إذ أن مجرد ميل الفتى أو الفتاة إلى هذا الصبي، أو تلك الصبية كاف لجعلها غير مقبولة في نظر الوالدين. فالمراهقون شديدوا الحساسية بالنسبة لموقف الأسرة من أصدقائهم، إنهم شديدوا القلق بشأن صداقاتهم عندما يعرف عنها الوالدان. ولهذا فإن الكياسة وضبط النفس من قبل الأهل أفعل أثراً في تحقيق غاياتهم. لهذا فإن أكثر المشاكل شيوعاً لدى المراهقين وأكثر الأسئلة التي يطرحها المراهقون في المجلات وفي باب المشاكل الشخصية تدور حول الصداقات في حياتهم العاطفية. ففي بحث أجري مؤخراً في "بريطانيا" تبين أن ثلث الأسئلة المطروحة كانت تتناول مشكلة الصداقات هذه، سواء أكانت هذه الأسئلة تتناول الأصدقاء من نفس الجنس، أو من الجنس الآخر.

الفصل السابع

النمو الخلقي

مفهوم النمو الخلقي ومراحل تطوره:

إن كثيراً من أوجه النمو الخلقي للفرد تحدث أثناء فترة المراهقـة والشـباب، إذ أن الفـرد في هـذه المرحلة من النمو يبلغ أقصى درجة من الانشغال بالقيم الخلقية والتذكير في المعايير والمثـل العليـا، كـما أن القدرات المعرفية تزيد في هذه المرحلة ازديـاداً يـؤدي إلى وعـي أكـبر في التعامـل معهـا. كـما يتزايـد اهتمام المراهق بمعرفة ما هو صواب وخطأ، ويكون حريصاً على المعرفة الأخلاقية والنشاطات الأخلاقية، ولذلك يعيد المراهق النظر باستمرار في قيمه الخلقية ومعتقداته وخاصـة إذا كان المجتمـع مـن النـوع الذي يزخر بالضغوط المتضاربة والقيم المتعارضة. ولهذا يرى أريكسون أن من المستحيل عـلى الفـرد إذا لم تكن لديه فكرة عما ينبغي الإيمان بـه واعتناقـه أن يكتسـب شـعوراً ثابتـاً بالـذات أو الهويـة (مسـن وآخرون، 1986).

ويرى كولبرج وكرامر Kohiberg & Krammer (1969) أن النمو الخلقي يتضمن عمليـة متصلة يعيشها الفرد بهدف إقامة نوع من المواءمة بين نظرة أخلاقية معينة، وخبرة الفرد فيما يتعلق بالحيـاة في عالم اجتماعي يتبنى هذه النظرة، ويتخـذ منهـا معيـاراً لمسـلك الأفـراد في هذا الجانـب أو ذاك مـن جوانب حياتهم (قشقوش، 1980).

ويجمع معظم علماء النفس عـلى أن الخلـق "مركب اجتماعي مكتسب يقـوم في جوهره عـلى فضائل وسجايا تقرها الجماعة وترضاها لنفسها. فهو بذلك إحدى الدعائم الرئيسية للشخصية الإنسانية "البهي السيد، 1975، ص 326).

كـما عـرف هافجهرسـت Havigha (1950، ص 4) الخلـق بأنـه "تكافـل للعـادات والاتجاهـات والعواطف والمثل العليا بصورة تميل إلى الاستقرار والثبات وتصلح للتنبؤ بالسلوك المستقبلي".

أما هارتشون وماي **Hartshorn & May** (1928، 1930) فقد عرفا الأخلاقية بأنها "مجموعة من السمات ذات قيمة تبجلية كالأمانة والصدق والضبط الذاتي" (الأشوال، 1982، ص 445).في حين يرى رايت **Wright** (1971) أن السلوك الخلقي في جوهره نشاط له قواعد كما يتمثل في القيم والمعايير والتقاليد والعادات التي يخضع لها الفرد، والتي يجب عليه أن يفعلها أو لا يفعلها.

أما "دسوقي (1979، ص 308) فيرى أن السلوك الخلقي "هو السلوك الذي يتمشى مع قواعد الأخلاق التي تحددها الجماعة، كما أن المبادئ أو المفاهيم العقلية الأخلاقية هي قواعد السلوك التي يكون قد تعود عليها أعضاء الجماعة بما تتعين معه أنماط السلوك المتوقع من كل فرد من أفرادها. أما السلوك اللا أخلاقي فهو الذي لا يستطيع الوفاء بالتوقعات الاجتماعية أو ينجح في الامتثال للمعايير ومجاراة القيم التي تعارف عليها المجتمع. . . وهناك أيضاً السلوك غير الأخلاقي الذي يرجع للجهل بما تريده الجماعة أو تتوقعه من الفرد أكثر مما يرجع للانتهاك المتعمد لمعايير الجماعة".

فالخلق مركب اجتماعي مكتسب، حيث يتم تعلم قواعد السلوك الخلقي والتدريب عليها وممارستها. ولهذا تعتمد التربية الخلقية على عمليتين رئيسيتين:

الأولى هي عملية إكساب الأفراد المعلومات، وتنمية القدرات اللازمة لإصدار القرارات الخلقية السوية. والثانية هي عملية تحويل هذه القرارات إلى فعل عن طريق إثارة الحافز المناسب (البهي السيد، 1975).

وقد أوضح هارتشورن وماي 1928، 1930) العلاقة بين التفكير الخلقي والسلوك، فوجدا أن ما يحدد سلوك الشخص في أي موقف أخلاقي يتوقف على مدى تفهمه للموقف، وهذا يعتمد على مستوى الفرد النمائي، بالإضافة إلى اعتماده على طبيعة الموقف الذي يمر به الفرد، فعندما يتساءل فرد ما "لماذا يفعل ذلك؟" فإن هذا يعتبر بمثابة تقييم خلقي للفعل. كما أنه عندما نضع مستوى الشخص الخلقي في الاعتبار، فإننا بالتالي يمكن أن نجري تنبؤات عن أفعاله الخلقية.

ويرى مسن وآخرون (1986) أن سلوك المراهقين لا يوافق دائماً ما لديهم من معتقدات وقيم خلقية، فالبعض من المراهقين يكونوا أميل إلى التشدد في الالتزام بمعتقداته الخلقية، في حين أن البعض الآخر قد يستسلم بسرعة للإغراء أو إلى ضغط الجماعة، في حين أن آخرين لا يوجد سلوكهم إلا الخوف من العقاب الخارجي، ولا يتوجه سلوكهم بالمعايير الداخلية الذاتية. فتحول المعايير الخلقية إلى ضوابط داخلية توجه السلوك يتوقف على طبيعة العلاقة بين الطفل والوالدين، فإذا كان الوالدان يتصفان بالدفء والحب، ويقدمان للطفل نماذج طيبة للسلوك الخلقي ويناقشانه بلطف، ويفسران له القواعد والمعايير التي يجب عليه اتباعها بدلاً من فرضها بالقوة، عندها نجد الطفل يصل إلى درجة من النمو الخلقي يستطيع من خلالها استدخال المعايير الخلقية للوالدين، وأن يسلك بحسب المعايير السائدة في مجتمعه.

وهناك علاقة بين تطور النمو الخلقي والنمو المعرفي للفرد، فالنمو الخلقي يتطلب من الفرد التفكير في القضايا الخلقية، حيث أن الفرد لا يمكنه إلا بعد بداية المراهقة وازدياد نمو التفكر الصوري أن يصل إلى المراحل التالية للمرحلة العرفية الاصطلاحية في النمو الخلقي، وهي المراحل التي تتميز بغلبة المبادئ الخلقية المجردة . واستناداً لهذا كلما أصبح المراهق قادراً على المزيد من التفكير المجرد ازداد تمسكه بالمبادئ الخلقية المجردة، ولا يعود مقيداً بمعايير فئة اجتماعية معينة. أما قبيل المراهقة فإن الفرد يصل إلى مستوى التفكير الخلقي العرفي – الاصطلاحي، أي أنه يؤمن بأن السلوك ينبغي أن يجاري النظام الاجتماعي السائد وينتهي به الأمر إلى الحرص على التمسك بهذا النظام وتبريره (قشقوش، 1980، عن كولبرج Kohlberg، 1971).

غير أن المراهقين أكثر استقلالاً في تفكيرهم الخلقي، وأنهم غير قادرين على تقبل النظام الاجتماعي كما هو وبدون مناقشة، أو تقبل ما يكون عند الوالدين من معتقدات سياسية، وإنما نجدهم يبدأون في التوصل إلى المبادئ الأخلاقية الخاصة بأنفسهم، وبالرغم من أن معظم المراهقين يبدأون فعلاً في مناقشة القضايا والمبادئ الخلقية والتفكير فيها، إلا أن كثيراً منهم لا يتجاوزون هذه المرحلة ولا يتخطونها.ز غير

أن البعض منهم يواصل تفكيره ليتوصل من ذلك إلى مبادئ واضحة عقلية شاملة، وليصل بـذلك إلى مـا يسميه كولبرج أعلى مراحل التفكير الاستدلالي الخلقي. ومن الأمثلة التي توضح اتجاهات النمو الخلقـي وملامحه الرئيسية عبر مختلف مراحل النمو من الطفولة إلى الرشد ما قام به كـولبرج (1963)، وكـولبرج وكرامر (1969) من دراسات عن النمو الخلقي، فقد استخدم كولبرج أسلوب المقابلة المكثفـة والمعمقـة في استطلاع رأي عينه من الأفراد في قصة تنطوي على نوع من الصراع الأخلاقي، حيث تدور القصة حول أحد الأشخاص توشك زوجته على الموت من جراء إصابتها بمرض خطير وقام بسرقة الدواء للمريضة مـن صيدلي قام باكتشاف الدواء الشافي لها، ولكنه طلب ثمناً عالياً ولم يمتلك الزوج هذا الثمن لشرائه. وقد أوضحت عملية تحليل الإجابات لأفراد العينة وجود تتابع للنمو الخلقي عند الأفراد ما بين سن السابعة والسادسة عشرة من العمر، وهذه التتابعات ترتبط بالعمر الزمني.

وتشير نتائج الدراسة التي قام بها كولبرج وكرامر (1969) عدم وجود مراحل أخرى للنمو الخلقي فيما بعد السادسة عشرة بالرغم من وجود تغيرات تطرأ على الأفراد في هذه الناحية نتيجة النضج. وقـد ميز كولبر (1963) وجود ثلاثة مستويات متدرجة للنمو الخلقـي تضـم في داخلهـا سـت مراحـل وهـذه المستويات والمراحل كما يذكرها قشقوش (1980، ص: 357- 358) هي :

* **المستوى الأول:** وهو مسـتوى ما قبل التبصر بالتقاليد أو مراعاتها، حيث يتحـدد إشباع الـدوافع أو يتكيف عن طريق الإثابة والعقاب، ويضم هذا المستوى مرحلتين هما:

المرحلة الأولى: وهذه المرحلة توجه اهتمامها إلى الطاعة والعقاب، حيث يسعى الطفل في سـلوكه إلى تجنب العقاب، ويكون هذا الهدف وراء كل ما يقوم به الطفل أو ما لا يقوم به من تصرفات.

المرحلة الثانية: وفي هذه المرحلة يسعى الطفل إلى تحقيق اللذة، وذلك من خلال تلقي الإثابة من شخص آخر، ويعتقد الطفل في هذه المرحلة أن من حقه أن يفعل ما يشاء فيما يتعلق بذاته حتى ولو كان ذلك متعارضاً مع حقوق الآخرين.

* **المستوى الثاني:** وهو مستوى التبصر بالتقاليد، والتمسك بمراعاتها، حيث ينضبط سلوك الطفل عن طريق توقع الإطراء أو اللوم الاجتماعي. كما تبدو مسايرة توقعات الأسرة والمجتمع المحيط والحرص على مواصلة الارتباط بكل منهما أمراً ذا قيمة أو أهمية في نظر الطفل بصرف النظر عما يترتب على ذلك من عواقب وآثار، ويضم هذا المستوى المرحلتين الثالثة والرابعة.

المرحلة الثالثة : وهي مرحلة التهذيب، حيث يتميز الطفل بالوداعة والهدوء، ويحرص على الاحتفاظ بعلاقات طيبة تتصف بالتقبل من جانب الاخرين، ولهذا يساير الأوضاع القائمة وما تعارفت عليه الجماعة من معايير للسلوك الطبيعي حتى لقي القبول من الجماعة.

المرحلة الرابعة: وهي مرحلة الاهتمام بالقانون والنظام ومسايرة السلطة القائمة، فالسلوك الصحيح هو السلوك الذي يتبع قواعد وأحكام محددة واحترام السلطة ومواصلة الالتزام بمبادئ ومعايير النظام الاجتماعي.

* **المستوى الثالث :** وهو مستوى ما بعد التبصر بالعرف والتقاليد، ويتميز الفرد في هذا المستوى بالاستقلال الذاتي، وتبني مبادئ معينة يحتكم إليها في سلوكه، حيث يعتنق المراهق عندئذ مبادئ أخلاقية معينة يرتضيها لنفسه، ويقتنع بها كإطار للسلوك، ومن ثم فهو يحرص على تنظيم سلوكه وفقاً لها بصرف النظر عن العائد الاجتماعي الفوري أو المباشر لهذه المبادئ سواء اتخذ هذا العائد صورة إطراء أو لوم اجتماعي، ويتضمن هذا المستوى أيضاً مرحلتين هما:

المرحلة الخامسة: وهي مرحلة السلوك الخلقي القائم على العلاقات الاجتماعية التي تحدد للفرد ما يجب عليه. إنها مرحلة بدء ظهور حقوق الإنسان وتجنب الاعتداء على حقوق الآخرين.

المرحلة السادسة: وهي مرحلة السلوك الخلقي النابع من القيم العليا التي يحددها ضمير الفرد، وفي هذه المرحلة يحتاج الفرد إلى الشعور بالصدق مع ذاته، وضرورة احترام حياة وشخصية كل فرد.

ولهذا فإن التغيرات التي تحدث في كل متسوى من هذه المستويات يتم فيها بين سن السابعة والسادسة عشرة، فمعدل استخدام تفكير مستوى ما قبل التبصر بالعرف والتقاليد يتناقص بسرعة بعد سن العاشرة، ثم يستقر معدله تقريباً بعد سن الثالثة عشرة، بحيث يشكل هذا المستوى حوالي 20% من إجمالي ما يبديه مراهق في سن السادسة عشرة من احكام وآراء أخلاقية. كما يرتفع معدل استخدام تفكير المستوى الثاني أثناء فترة الطفولة كي يصبح أكثر أنواع التفكير شيوعاً عند حلول فترة المراهقة، وتظل مكانة هذا المستوى من مستويات النمو الأخلاقي على ما هي عليه طوال سنوات المراهقية، ومع حلول سن السادسة عشر يسود نمط من التفكير يهدف إلى مواصلة احتفاظ المراهق بعلاقات اجتماعية ويجنبه الانتقاد والاستهجان من قبل من يعايشه من سلطات، مع ما يترتب على ذلك من إحساس بالإثم، ومع ذلك يحدث عدد كبير من الاستجابات تنتمي إلى أقصى مستويات النمو الأخلاقي، حيث ينتظم السلوك وفق مثل ومبادئ أخلاقية علياً وتحترم حقوق الإنسان إلى حد كبير (قشقوش، 1980).

خصائص السلوك الخلقي:

يرى رايت **Wright** (1971) إن السلوك الخلقي يقوم على عدة أركان هي:

1- لا يتم الحكم على السلوك الخلقي بناء على السلوك الظاهر وحده، بل لابد من النظر إلى النية والقصد من وراء هذا السلوك. فلكل سلوك خلقي سبب

معين، ونية، ودافع وراءه. ولهذا لابد من البحث عن سبب سلوك الناس لفعل ما يفعلونه من أفعال خلقية.

2- لابد من إيضاح العلاقة بين السلوك الخلقي والأسباب الداعية إليه، إذ ليست كل أسباب السلوك الخلقي بالأسباب السوية، بل إن بعضها قد يكون سوياً، كما أن بعضها يكون غير سوي، ولهذا لا يصلح أي سبب للحكم على السلوك الخلقي.

3- الأسباب الخلقية السوية ترتكز على أحكام عقلية صحيحة، وتراعي اهتمامات الأفراد الآخرين.

4- الأحكام العقلية الصحيحة على السلوك الخلقي تتطلب من الفرد النظر إلى الآخرين على أنهم متساوون في الحقوق والواجبات، وعليه مراعاة مشاعرهم دون الانخداع بالكلمات اللفظية الرنانة.

5- أن يتمتع الفرد بقدرة على السلوك بناءً على قواعد خلقية، بحيث يصبح السلوك سلوكاً خلقياً صحيحاً، وليس مجرد مظهر أو أقوال بلا أفعال.

العوامل المؤثرة في النمو الخلقي:

هناك عدة عوامل مؤثر في النمو الخلقي عند الإنسان منها:

أ- المستوى الاجتماعي – الاقتصادي:

أكدت العديد من الدراسات في هذا المجال أن إدراك أبناء الطبقات الاجتماعية الدنيا للمفاهيم الأخلاقية يتحدد بقطبين أساسيين ومتناقضين هما الصواب والخطأ أو الخير والشر، كما يتميز أبناء الطبقات الفقيرة بأنهم أقل تسامحاً وأكثر اتهاماً لغيرهم من أبناء الطبقات الغنية بصدد أمور مثل الوشوشه داخل الفصل، ومناقشة الوالدين، والسرقة.

ولهذا يرى هولينشغاد (1949) أن تربية أبناء الطبقات الاجتماعية والثقافية العليا وما تتصف به من تسامح تنمي لدى الناشئة الحرية في الاستفسار عن المعاني الخاصة بالخطأ والأسباب الداعية إليه، فمثلاً يقول أبناء الطبقات الدنيا "أن الغش سلوك سيء لأنه غير سليم من الناحية الأخلاقية، في حيث نجد أن الأطفال الذين ينتمون إلى الطبقات الاجتماعية والاقتصادية العليا يميلون إلى الحكم على سلوك الأفراد بالنسبة للنتائج العملية للسلوك كأن يقولوا: "إن الغش سلوك سيء لأن نتائجه لا تعود على المرء بالفائدة، ولأن الإنسان لا يستطيع أن يتعلم إذا لم يجد الجواب بنفسه" (الحافظ، 1981).

كما أظهرت دراسة "كينزي" أن أبناء الطبقة المتوسطة أميل إلى تأجيل إرضاء الحاجات الجنسية من أبناء الطبقات الدنيا. ونتيجة لذلك ترتفع نسبة الجانحين من أبناء الفقراء القاطنين في ضواحي المدن الكبرى. ولكن هناك دراسات أخرى بينت أن من بين المراهقين من ذوي الانتماءات الطبقية الدنيا من يتمتع بشخصية ديمقراطية تتفهم الخطأ الإنساني بألوانه المختلفة، وتجعل من تأجيل إرضاء الحاجات الجنسية نمطاً عادياً في حياتها، كما أن من بين الطبقات العليا والمثقفة مراهقين تسلطيين من ذوي الاتجاهات المتصلبة (أسعد ومخول، 1982).

وقد أجريت دراسة مقارنة بين أبناء الثقافة الأمريكية لمعرفة مدى تأثير المستوى الاجتماعي والاقتصادي على معدل استخدام مراحل التفكير الأخلاقي، وتبين نتيجة هذه المقارنة أن أبناء الطبقة الوسطى يستخدمون المرحلة الخامسة من مراحل التفكير الأخلاقي بمعدل أكبر مما يفعل الراشدون من أبناء الطبقة الدنيا، حيث يستخدم الراشدون من أبناء الطبقة الدنيا المرحلة الثانية. وقد أوضحت النتائج أن المرحلة الخامسة من مراحل التفكير الأخلاقي تميل إلى الثبات والاستقرار أثناء سنوات المدرسة الثانوية. ولم يظهر نتيجة الدراسة لدى أي من المجموعات موضع الدراسة التفكير عند مستوى المبادئ والمثل بدرجة كبيرة، كما شهدت الفترة الزمنية ما بين 16- 25 سنة زيادة ملموسة في معدل استخدام المرحلة السادسة من مراحل التفكير الأخلاقي،

وكان الأفراد الذين يغلب عليهم التفكير في هذا المتسوى يمثلون حوالي (0.04) من أفراد العينة الحضرية المستخدمة في عدد من الدراسات (قشقوش، 1980).

ب- العوامل الحضارية أو الثقافية:

لا تقتصر الاختلافات بين الثقافات في النمو الأخلاقي على ما يحدث بينها من تباين في النمط أو الشكل الذي تتخذه مراحل النمو الأخلاقي لدى أفرادها، بل تمتد لتشمل التفصيلات الخاصة بكل مرحلة من مراحل هذا النمو، فقد قام جالاتين **Galla - Rin** (1967) بدراسة استطلاعية عن تطور مفهوم حقوق كل من الفرد والحكومة، مستخدماً ثلاث مجموعات تنتمي إلى ثقافات مختلفة، أمريكية وإنجليزية وألمانية - من عمر 11- 18 سنة. وقد أشارت نتائج هذه الدراسة أن تزايد مستوى وعي الفرد يتفق مع تزايد عمره الزمني، وأن المراهقين يصلون تدريجياً إلى إمكانية إدراك أن نمو الإفحساس بالانتماء لمجتمع ما لديهم بدعم حقوق الفرد ويعززها كما أوضحت النتائج أيضاً وجود اختلافات قومية أو ثقافية من حيث وجهة التوكيد على هذه الحقوق، ففي الوقت الذي يؤكد فيه الأمريكيون على حريات الأفراد يهتم الإنجليز بدرجة أكبر من الأمريكيين والألمان بتقييم سياسات الحكومة في ضوء ما يعود على الفرد من فوائد أو يتحمله من مضار أكثر مما يقيمون هذه السياسات وانعكاساتها على حياة المجتمع ككل، أما الألمان فينظرون إلى أنفسهم باعتبارهم أفراداً عليهم إطاعة قوانين الدولة وسلطاتها مقابل الاستمتاع بالأمن والحماية (قشقوش، 1980).

جـ- العوامل الأسرية:

تلعب الأسرة دوراً فعالاً في نوعية المستوى الأخلاقي الذي يحققه الفرد، ففي دراسة قام بها هولشتين **Hoistein** (1972) حيث استخدم مجموعة من مراهقي الصف الثامن ووالديهم ممن ينتمون إلى مستويات اجتماعية متوسطة ومرتفعة في إحدى ضواحي مدينة (سان فرانسيسكو) واستخدم الباحث قصص كولبرج **Kohlberge** في تحديد مستوى التفكير الأخلاقي لدى كل من الآباء والأبناء، ثم

طلب من الآباء والأبناء أن يتناقشا في قصتين من القصص التي اختلفا بشأنها، وسجل صور ما دار بينهما في هذه المناقشات، وحلل ما أسفرت عنه هذه المناقشات من معلومات مع استخدام تصنيف كولبرج في تحديد مستوى التفكير الأخلاقي لدى أفراد العينة. وقد توصل "هولشتبن نتيجة هذه الدراسة إلى أن المرحلة الرابعة من مراحل كولبرج تمثل النمط السائد للتفكير الأخلاقي عند الآباء من أفراد العينة، في حين كانت المرحلة الثالثة تمثل النمط السائد للتفكير الأخلاقي لدى الأبناء من أفراد العينة، وكان/17/ من أصل عدد الآباء الذين يفكرون عند مستوى المبادىء والمثل /53/ وكانت أنماط التفكير السائدة لدى الأبناء موزعة بالتساوي ما بين مستوى ما قبل التبصر بالعرف والتقاليد والمستوى الذي يليه، وكان مستوى التفكير الأخلاقي لدى الأبناء يرتبط على نحو دال معنوياً بمستوى تفكير الأم في هذه الناحية وكانت هناك علاقة دالة بين مستويات التفكير الأخلاقي لدى الأبناء ومثيلاتها لدى الآباء عندما تتصف علاقة الآباء بأبنائهم وبناتهم باللامبالاة والتباعد والتزمت والصرامة.

كما درس هو لشتين تأثير أشكال التفاهم والاتصال بين الآباء والأبناء على مدى تشجيع الابن للقيام بدوره في اتخاذ القرارات التي تخصه، وتوصل إلى أن الآباء الذين يسود عندهم النمط التقليدي في التعامل مع أبنائهم يكونوا أقل ميلاً في تشجيع أبنائهم القيام بدور ما في عملية اتخاذ القرارات بالمقارنة مع الآباء ذوي المبادئ والمثل العليا، كما أوضحت نتائج هذه الدراسة أيضاً أن أبناء الفريق الأول يميلون إلى التفكير عند مستوى ما قبل التبصر بالعرف والتقاليد بدرجة أكبر مما يفعل الأبناء الذين لا يحصلون على تشجيع قوي من قبل آبائهم لكي يقوموا بدورهم في عملية اتخاذ القرارات. كما أوضح "هولشتين" أيضاً أن التفاعل بين الآباء والأبناء يعتبر مؤشراً آخر على ماهية العلاقة بين مستويات التفكير الأخلاقي لدى الآباء والأبناء. فالتشجيع الوالدي يرتبط ارتباطاً دالاً مع نسبة الوقت الذي يقضيه الطفل من إجمالي الوقت الذي تتيحه له الأسرة ليتناقش مع أعضائها، حيث تبين أنه لا يوجد بين الأبناء ذوي التشجيع الوالدين المنخفض من يقضي أكثر من 20% من إجمالي الوقت المتاح للمناقشة، في

حين أن أكثر من نصف الأبناء ذوي التشجيع الوالدي المرتفع يقضون حوالي 40% من هذا الوقت، وكأن الوقت الذي تقضيه الأسرة في المناقشة مع أعضائها يرتبط ارتباطاً دالاً مع مستوى النمو الأخلاقي لكل من الآباء والأبناء (أنظر قشقوش، 1980).

د- الذكاء:

يتطلب الحكم الخلقي ضرورة توافر مستوى أكبر من القدرة على التفكير المرن والمجرد، وذلك من أجل الوصول إلى مستويات مرتفعة من التفكير الأخلاقي. ولهذا نجد علاقة بين الذكاء والقدرة على الإتيان بالحكم الخلقي حيث توصل "كولبرج" (1963) إلى معامل ارتباط قدره (0.31) بين الذكاء ومراحل النمو الخلقي (قشقوش، 1980).

هـ - الخبرة والتعلم الاجتماعي:

تلعب الخبرة المرتبطة بالعمر الزمني دوراً أساسياً في النمو الخلقي للمراهقين إذ توصل كولبرج (1963) إلى وجود معامل ارتباط قدرة (0.59) بين العمر الزمني للفرد ونمو الأخلاقي، كما أوضح بك وهـا فجهرست Peck & Havighurst (1960) أن النمو الخلقي لا يتم عن طريق التعلم المعرفي فحسب، بل يتم أيضاً عن طريق التعلم الاجتماعي أيضاً.

و- الثواب والعقاب:

عندما يثاب المراهق على عمله أو يعاقب على أخطائه (دون ضرب أو قسوة) وذلك لتوجيه سلوكه الوجهة الصحيحة فإن ذلك يساهم في تكوين مستويات خلقية مختلفة لديه، وتعديل أو تغيير بعض المستويات الأخرى.

ز- التقليد:

يتأثر المراهق في نموه الخلقي بمن يقلـدهم (الآبـاء – المدرسـين – النظـراء ...)، حيـث يـرى تـارد Tard أن السلوك الاجتماعي الخلقي عدوى ينتقل من فرد إلى فرد آخر.

ح- التفكير التأملي:

يتأثر النمو الخلقي عنـد المراهـق بتفكيـره، وتأملاتـه، وبصـيرته التـي تهـدف إلى تحليـل المواقـف المختلفة، ورسم خطوطها الأساسية للوصول بها إلى المثـل العليـا الصـحيحة التـي تسـاير أهـداف الفـرد والجماعة والنوع الإنساني ومعارج الفضيلة السامية، ومدارج العدالة العليا (البهي السيد، 1975).

الفصل الثامن

النمو الجنسي والتربية الجنسية

أولاً: النمو الجنسي:

طبيعة النمو الجنسي ومظاهره:

توجد فروق واضحة في السن الذي يبدأ عندها البلوغ الجنسي (Puberty) عند الذكور والإناث. فالفرد عندما يصل إلى نهاية الطفولة المتأخرة، يسير قدماً نحو البلوغ والذي يستمر حوالي عامين إلى ثلاثة أعوام في حياة الفرد، ثم يتطور النمو إلى مرحلة المراهقة حتى تصل بالفرد إلى اكتمال النضج في سن الرشد.

وهناك عدد من المؤشرات الخارجية لاقتراب النضج الجنسي عند الفتاة منها، ارتفاع الصدر، وظهور شعر العانة، ونمو الرحم والمهبل، وازدياد حجم الأعضاء التناسلية، أما المؤشرات الخارجية لاقتراب النضج الجنسي عند الذكر، فيكون بازدياد معدل نمو الخصيتين، وكيس الصفن، وظهور شعر العانة، وازدياد حجم عضو التناسل، وظهور شعر الوجه، وخشونة الصوت. . الخ.

ومن المظاهر المألوفة للنضج الجنسي- عند الفتاة ظهور الطمث، بالرغم من أن مجرد ظهور الطمث لا يعني أن الفتاة قد نضجت جنسياً. أما تحديد بداية النضج الجنسي- عند الذكور فيكون بتكوين الحيينات المنوية المتميزة بالخصوبة والحركة. ومهما يكن من أمر فإن الفتاة تسبق الولد في نضجه الجنسي بما يقرب من العام إلى العام ونصف. ولكن بالرغم من ذلك فقد أكدت دراسات "كنزي" ما بين 1948- 1953 أن النشاط الجنسي لدى الأولاد يسبق البنات، فقد تبين أن ما يقرب من 90% من الأولاد الذكور الذين لا تزيد أعمارهم عن الخامسة عشرة كانوا يستطيعون القذف.

وبالرغم من الفروق بين الجنسي في معدلات النضج الجنسي، هناك فروق داخل الجنس الواحد ذكوراً أو إناثاً. فقد لوحظ أن نسبة ضئيلة من البنات قد وصلن إلى سن

الحيض في نهاية سن العاشرة، في حين أن أخريات لم يصلن إلى الحيض قبل سن السادسة عشرة أو السابعة عشرة أو الثامنة عشرة.

أما عن العلاقة بين وقت الطمث والقابلية للحمل فلم يبت به بصورة دقيقة، ولكن معظم الدراسات أجمعت أن الحيض يبدا عند أكثر البنات قبل أن يصبح المبيض قادراً على تكوين البويضات الناضجة. في حين أن دراسات أخرى أظهرت أن قلة من البنات يملكن القدرة على الإنجاب قبل سن الخامسة عشرة من أعمارهن (الحافظ، 1981).

العوامل المؤثرة في النضج الجنسي:

تتعدد العوامل المؤثرة في النضج الجنسي، وأهم هذه العوامل الآتي:

أ- إفرازات الغدد الصماء:

تسمى إفرازات الغدد الصماء الهرمونات، حيث لوحظ أن لهذه الإفرازات قدرة فاعلة في تحريك الدوافع الجنسية وتوجيهها. كما أن لها شأناً كبيراً في تكوين النمو الانفعالي للفرد، وتوجيه سلوكه، وتحديد معالم شخصيته. فالسلوك الجنسي للحيوانات تحكمه إفرازات الغدد الصماء بطريقة جامدة، في حين أن السلوك الجنسي لدى الإنسان تتحكم فيه بالإضافة إلى الهرمونات العوامل الاجتماعية والثقافية.

فالفص الصدغي للغدة النخامية يفرز قبيل البلوغ بخمس سنوات تقريباً هرموناً يسمى (جونادو تربين) الذين يثير وينشط الغدد التناسلية، ويعمل على سرعة نموها ليكتسب الفرد مظاهر النضج الجنسي مع بداية البلوغ، وبذلك تصبح الغدد الجنسية قادرة على إفراز البويضات عند الأنثى، والحيوانات المنوية عند الذكر، بالإضافة إلى إفراز الهرمون الأنثوي (أيستروجين) وإفراز الهرمون الذكري (أندروجين). ويكون إفراز الهرمون الذكري بدرجة أكبر مميزاً للذكور، وإفراز الهرمون الأنثوي بدرجة أكبر مميزاً للإناث. أما إذا كان إفراز أحد الهرمونين أكثر من المعتاد عند الجنس المخالف،

فإنه يؤدي إلى ظهور خصائص جنسية ثانوية في هذا الجنس تشبه الجنس الآخر، ولهذا فقد أثبتت الدراسات وجود زيادة في وزن الفص الصدغي للغدة النخامية في فترة المراهقة، وتكون هذه الزيادة أكبر عند الفتيات منها عند الفتيان.

أما إفرازات الغدد الكظرية وخاصة القشرة فإنها تؤثر في النمو الجنسي، حيث تتحكم إلى جانب الهرمونات الجنسية التي تفرزها الغدد الجنسية (الخصيتين - المبيضين) بإظهار الصفات الجنسية الثانوية، وقد أوضحت الدراسات أن إفرازات هرمونات الذكورة يفوق إفرازات هرمونات الأنوثة في القشرة الكظرية، ولهذا فإن زيادة إفراز هرمونات القشرة بسبب بشكل عام تبكيراً في إظهار سمات الرجولة لدى الذكور، وإظهار سمات الرجولة لدى الإناث، ونادراً ما يتسبب في إظهار صفات الأنوثةلدى الرجال. كما لوحظ أيضاً أن ضمور الغدة التيموسية أو نقص إفرازاتها يؤدي أيضاً إلى البكور الجنسي.

ب- الجنس:

إن المدى الزمني لمرحلة البلوغ تختلف تبعاً للجنس (ذكراً أو أنثى). كما يختلف هذا المدى بين أفراد الجنس الواحد، وبشكل عام فإن الفتاة تبلغ قبل الفتى، إذ تمتد مرحلة البلوغ لديها من عمر 10- 13 سنة. أما الفتى فتمتد عنده مرحلة البلوغ من عمر 12- 14 سنة وقد أثبتت بحوث (كيوبنشك، في هرمز وإبراهيم، 1988) أن حوالي 50% من الإناث ينضجن جنسياً فيما بين 12.5- 14.5عاماً. أما هادفيلد **Hadfield** (1962) فيوضح نسبة البنين والبنات الذين ينضجون جنسياً بصورة عامة كما يتضح من خلال الجدول رقم (3):

جدول (3) يوضح النسب المئوية للبنين والبنات اللذين ينضجون جنسياً

العمر بالسنة	النسبة المئوية للبالغين		العمر بالسنة	النسبة المئوية للبالغين	
	بنات	بنين		بنات	بنين
9	%1	%	14	%82	%48
10	%2	%	15	%94	%78
11	%10	%2	16	%97	%93
12	%38	%5	17	%99	%98
13	%72	%14	18	%100	%100

جـ- القشرة المخية:

تسيطر القشرة المخية على النشاط الجنسي عن طريق المهاد أو الهيبوثلاموس **Hypothalamus** ، حيث دلت التجارب التي قام بها شرينر **Chreiner** وكلينج **Kling** ، إن إزالة بعض الأجزاء من دماغ القطة يجعلها في حالة هياج جنسي مستمر (هرمز وإبراهيم، 1988).

د- الغذاء:

يتأثر البلوغ بنوع التغذية التي يتناولها الفرد، إذ أن التغذية الجيدة تسرع عملية البلوغ بعكس التغذية السيئة التي تؤخر مثل هذا البلوغ. وقد دلت الدراسات أن تناول البروتينات تؤدي إلى البلوغ المبكر، في حين أن تناول المواد الكربوهيدراتية تؤدي إلى تأخر البلوغ - فقد بينت دراسة دونافان **Donavan** (1965) التي أجريت على فتيات من أصل ياباني ولدن وربين في كاليفورنيا أنهن ينضجن بشكل مبكر، كما أوضحت دراسة أليز **Ellis** (1945) على أطفال بلجيكا خلال الاحتلال الألماني وبعده ما بين عام (1940 و 1964) أن هناك تأخراً واضحاً في سن النضج عند هؤلاء الأطفال نتيجة فترات القحط والجوع التي مرت بها البلاد. أما بعد زوال فترة الجوع فقد تبين أن معدل سن النضج عاد إلى حالته الطبيعية مرة أخرى.

كما تدل أبحاث تانر Tanner (1967) أن البلوغ عند المراهقين الأمريكيين يحدث بشكل مبكر نسبياً بالمقارنة مع سن البلوغ قبل ثلاثين عاماً مضت.

هـ - المناخ:

إن الدراسات بشأن أثر المناخ على البلوغ الجنسي ـ متضاربة، إذ تشير بعض هـذه الدراسات إلى عدم وجود علاقة بين المناخ والبلوغ فقد بينت دراسة مايلز Mills (01937) أن النضج يكون سريعاً في المناطق المعتدلة، في حين يكون بطيء نسبياً في المناطق القطبية والاستوائية. كما أظهرت دراسة أليز Ellis (1950) أيضاً أن البنات في نيجيريا ينضجن في حوالي سن الرابعة عشر، في حين أن البنات في إنجلترا ينضجن في حوالي سن الثالثة عشرة من العمر.

الآثار النفسية للنضج الجنسي المبكر والمتأخر:

إن التغيرات الفسيولوجية والجنسية التي تحدث أثناء فترة المراهقة تحدث آثاراً نفسية هامة عند الذكور والإناث على حد سواء. ونظراً لوجود تباين في سرعة النمو لدى الجنسين، فإن هذا مـن شـأنه أن يحدث تأثيراً نفسياً مختلفاً لدى كل منهما.

فالنضج الجنسي المبكر يكون عند بعض الفتيات مصدر قلق وإزعاج، حيث تشعر الفتاة في هـذه الحالة بالغرابة لدى زميلاتها اللواتي لم يبلغن هذه المرحلة، كما تجـد صعوبة في التعايش معهن ومع زملائها من الذكور، كما أنها تقع في صراع مع والديها الذين لا يزالان ينظران إليها على أنها طفلة مـما يؤدي إلى ثورتها وغضبها لاعتقادها أنها قد بلغت مرحلة من النضج يؤهلها للانخراط في عالم الكبار مـن الإناث في وقت يكون معظم الأتراب لا زلن بمثابة بنات صغيرات. وهـذا مـن شـأنه أن يـؤدي إلى سـوء توافقها الشخصي والأسري.

ولكن قد يكون النضج الجنسي المبكر مصدر سرور وبهجة للفتاة، خاصة عندما يكون عامـاً وشـاملاً بين أفراد العمر الواحد، وعندما تكون اتجاهات التنشئة الاجتماعية التي تقوم بـه الأسرة إيجابيـة نحـو النضج الجنسي المبكر للفتاة.

أما النضج الجنسي المبكر لدى الذكور فيكون له فوائده حيث يتمتع الولد الذي ينعم بهذا النضج بالكثير من الامتيازات، ويكن له مكانة اجتماعية أكبر بين زملائه، ويكون أميل إلى الحصول على الزعامة بسبب ما يكون له من طول ووزن إذا ما قورن بزملائه الذين لم يبلغوا هذه المرحلة من النضج. فقد وجد بايلي (1950) أن المبكرين في النضج الجنسي من الأولاد يكونوا أكثر جاذبية وارتباطاً وأقل انفعالية، كما أنهم أميل لأن يكون لهم أصدقاء أكثر، وأنهم أكثر ثقة بأنفسهم من متأخري النضج. كما وجد جونز وموسين **Jones & Mussen** (1965) أن الأولاد الذين ينضجون جنسياً بشكل مبكر يميلون إلى الشعور بالثقة بالنلفس والكفاية والميل إلى الاستغلال ويكون لديهم مفهوم موجب للذات، ويكونوا أكثر توافقاً اجتماعياً وانفعالياً، كما يشعرون بالسعادة نتيجة اتجاه الأنظار إليهم وتوليهم أدواراً قيادية أما جوزلين **Josselyn** (1971) فيرى أن الأولاد المبكرين في النضج الجنسي يكونون أكثر ثقة بأنفسهم واطمئناناً من الأولاد المتأخرين في هذا النضج وأكثر شعبية من زملائهم المتأخرين في النضج، ثم إن المشكلات لديهم تكون أقل، وأنهم أكثر قدرة على ضبط الذات، وأكثر شعوراً بالمسؤولية، وميلاً إلى السيطرة وأقل ميلاً إلى التماس العون من الآخرين. ولذلك فإن الأولاد الذين يبكرون في النضج الجنسي تبدو عليهم درجة أكبر من القوة البدنية، ويكونون بعد ذلك أكثر فاعلية من حيث السلوك الجنسي (مسن وآخرون، 1986).

أما فيما يتعلق بالنضج الجنسي المتأخر عند الفتيات، فيكون له آثاره السلبية أيضاً، حيث تتعرض الفتاة التي يتأخر نضجها الجنسي إلى ابتعاد رفيقاتها عنها بسبب هذا التأخر. كما يشعرون بالخجل والقلق، ويشعرن بالوحدة وتدني اعتبارهن لذواتهن، كما أن هذا التأخير في النضج عند الفتاة يصاحبه ضعف العلاقة مع الوالدين، إذ يسيطر الوالدان على الفتاة، ويؤخران من اعتمادها على نفسها ويعاملانها كطفلة.

أما تأخر النضج الجنسي لدى الذكور فيرى موسين **Mussen** (1957، 1958) أن ذلك يؤثر في سلوكهم من حيث الرغبة في جذب الانتباه، والميل إلى عدم

الاستقرار والثرثرة والتسلط أكثر من زملائهم ممن نضجوا مبكرين عنهم، كما أنهم غالباً ما يكونون أقل شهرة بين زملائهم.

في حين يرى كل من جونز وموسين **Jones & Mussen** (1965) أن النضج الجنسي المتأخر لدى الذكور يؤدي إلى اللجوء إلى أساليب سلوكية طفلية لجذب انتباه الآخرين، ويشعرون بالحاجة إلى النجاح في الأعمال التي يقومون بها، كما يشعرون بالنقص وعدم الكفاية والاعتماد على الآخرين وتكوين مفهوم سالب للذات وسوء التوافق الاجتماعي والانفعالي.

ولكن قد يكون للتأخر في النضج الجنسي عند كل من الذكور والإناث بعض الفوائد من حيث تجنبهما مشاكل المراهقة وأزماتها، ويمكنهم من الحصول على فرص تعليمية أفضل مما لو كان النضج مبكراً، كما أن إشراف الوالدين عليهم يستمر لفترة أطول.

تطور العلاقات بين الجنسين:

يشعر المراهق في بداية مرحلة المراهقة بالدافع الجنسي، حيث يعبر عن ذلك بإعجابه وحبه لشخص أكبر منه سناً مثل المدرس أو المدرسة وتظهر الجنسية المثلية **Ho-Mosexuality** عند المراهق، حيث يتوجه انفعالياً ويميل عاطفياً بدرجة تزيد عما هو مألوف نحو أفراد جنسه، وهذه الجنسية المثلية تختلف من مجتمع لآخر، إذ أن زيادتها في المجتمع ترتبط بقلة فرص الاختلاط الاجتماعي البريء بين الجنسين.

ومع نمو المراهق يتحول ميله الجنسي تدريجياً نحو الجنس الآخر، حيث يتعلق الفتى بإحدى الفتيات، كذلك تفعل الفتاة، كما يصبح هذا التعلق بعد ذلك على شكل حب الفتى لفتاة أو أكثر في مثل سنه، وكذلك تفعل الفتاة مع أفراد من الجنس الآخر. ولكن هذه العلاقة بين الجنسين قد تتطور بحيث تجنح بعيداً عن مسارها الصحيح، ويحرفها تيار الجنس وغرائزه ويتماديا فيه قبل أن يحققا متطلبات الانخراط في مثل هذه العلاقة،

ويرى "فرويد" أن الغريزة الجنسية توجد عند الفرد منذ ولادته، ولكن مظاهرها تنضج في المراهقة واكتمال النمو.

أما لوريا **Lowrie** (1961) فترى أن العلاقات المتبادلة بين الجنسين تكسب المراهقين خبرة لا يستهان بها في العلاقات الإنسانية وتنمي مهاراتهم الاجتماعية، وتزيد من قدرتهم على اختيار شركاء الحياة بحكمة وتعقل.

كما يرى كل من فاولر **Fawler** (1961)، وهوليهان **Houlihan** (1965)، وبرودريك **Bruderick** (1966)، وكولين **Kuhlen** (1979)، وماير **Mayer** (1979) أن الصداقات بين الجنسين من المراهقين تهيئ الفرصة للتوافق، وتوفر الاطمئنان لجماعة الأقران من الجنس الواحد، ولكنها تسمح أيضاً بالتفاعل مع جماعات أقران من الجنس الآخر (قناوي، 1992).

وتمتاز العلاقات الجنسية بين الجنسين في هذه المرحلة بالرومانتيكية الخالية من أي إثارة جنسية جانحة، ويرى المحب في محبوبه الصفات الإيجابية، ويتغاضى عن الصفات السلبية. ويصف الحبيب محبوبه بالأخ أو الأخت أو الملاك. . الخ.

ففي إحدى الدراسات التي قام بها حافظ (1965) في مصر لمعرفة اتجاهات طلبة التعليم العالي حول العلاقات بين الجنسين والنواحي الجنسية (العينة 300 طالباً) أظهرت أن الطلاب أبدوا اتجاهاً تحررياً فيما يتعلق بجميع مظاهر العلاقات بين الجنسين. كما أبدوا اتجاهاً تحررياً نحو النواحي الجنسية (هرمز وإبراهيم، 1988).

وفي دراسة وبيز (1977) على طالبات كلية بيروت الجامعية لبيان اتجاهاتهن نحو اللقاءات مع الجنس الآخر، والاهتمامات العاطفية الشخصية أكدت الطالبات بالإجماع على موقف متفتح إزاء اللقاء مع الجنس الآخر، وظهر أن حوالي 57% من الطالبات أجبن بموافقة الأهل على الاختلاط بالشباب. أما فيما يتعلق بالعلاقات الجنسية قبل الزواج فقد أجبن أكثر الطالبات بالنفي.

ثانياً:التربية الجنسية

معنى التربية الجنسية وأهميتها:

يرى هرمز (1988) أن التربية الجنسية هي نوع من التنشئة الاجتماعية التي تمد الفرد بالمعلومات العلمية، والخبرات الصالحة، والاتجاهات السليمة إزاء المسائل الجنسية بقدر ما يسمح به نموه الجسمي والفسيولوجي والعقلي والانفعالي والاجتماعي. وفي إطار التعالم الدينية، والمعايير الاجتماعية، والقيم الأخلاقية السائدة في المجتمع، مما يؤهله للتوافق في المواقف الجنسية ومواجهة مشكلاته الجنسية في الحاضر والمستقبل مواجهة واقعية تؤدي إلى الصحة النفسية.

أما البهي السيد (1975) فيذكر أن التربية الجنسية تشمل في معناها العلمي الحديث ناحيتين أساسيتين هما: الحقائق الجنسية البيولوجية الصحيحة، والرعاية الجسمية التي تساعد الفرد على تكوين اتجاه سوي يقوم على تلك الحقائق، ويؤثر في سلوكه، ويرتبط ارتباطاً مباشرا بمعايير الجماعة وقيمها الخلقية وإطارها الثقافي.

وهكذا يمتد هذا المعنى من وجهة نظر البهي (1975) حتى يبصر الفرد بالحقائق المختلفة، وحتى يرعى نمو انفعالاته وميوله الجنسية، وحتى يعمل على تهيئة الجو الصالح لتكوين هذه المعايير والقيم الصحيحة اللازمة لنموه، بحيث يجعله يطمئن إلى نفسه وإلى العلاقات القائمة بينه وبين الأفراد الآخرين.

أما "جرنبرج" فيقصد بالتربية الجنسية جميع الوسائل التربوية التي يترتب عليها إعداد الناشئين لمقابلة مشكلات الحياة التي يكون مركزها الغريزة الجنسية، والتي تظهر بصورة من الصور في خبرة كل إنسان عادي.

وتشمل هذه المشكلات مدى واسعاً جداً عن خبرة الإنسان، أبسطها المسائل الأولية المتعلقة بالصحة النفسية، وأعقدها المشكلات الجسمية والاجتماعية والنفسية

التي تتعلق من قريب أو بعيد بالسعادة الزوجية وحياة الأسرة بوجه عام (هرمز وإبراهيم، 1988).

ولهذا تكون وظيفة التربية الجنسية مساعدة الأطفال والمراهقين على مواجهة مشكلاتهم الجنسية بشكل واقعي، وإدراك الشباب للحقائق المتعلقة بالجنس مـن الناحيـة البيولوجيـة والاجتماعيـة وذلك لضمان الفهم المتكامل لكل ما يتعلق بالجنس، واعتبار الجنس وسيلة لغايـة أبعـد وهـي تكـوين الأسرة لتحقيق الهدف العام الـذي ترمـي إليه المؤسسـات الاجتماعيـة في عمليـة التنشئة الاجتماعية، فلكل مجتمع من المجتمعات البشرية معتقداته وأفكاره عن النمو في مراحله المختلفـة، وعـن النمـو الجنسي ـ بشكل خاص. وهذه المعتقدات وتلك الأفكار تعتبر ثابتة وجامدة إلى حد ما لدى الكثير من المجتمعات وهـي تـؤثر عـلى تربيـة أبنائها وتشـكيل شخصـياتهم مـن كافـة الجوانـب، إذ أن بعض هـذه الآراء والمعتقدات قد تم تكوينها نتيجة للخبرة، إلا أن بعضها الاخر غـير دقيـق وقـد يصل إلى درجة التفكير الخرافي وخاصة فيما يتعلق بـالجنس والتربيـة الجنسية. ولكـن عنـدما يبـدأ التغير الاجتماعـي يغـزو المجتمعات، تـم التأكـد أن مثـل هـذه الأفكـار والتقاليـد التـي تـدور حـول الجنس لـدى العديد مـن المجتمعات غير صحيحة، وغير قادرة على مواجهة مواقف الحياة المتجددة، وأصبح من الضروري تكوين فكرة ديناميكية عن التربية بكافة جوانبها لتزويد الفرد بمهارات وخبرات تجعله عضواً نافعاً في مجتمـع متغير باستمرار. ولهذا يكون مجتمعنـا العربي نتيجـة تـأثره بـالغرب أو الشرق مـن النواحي العلميـة والأدبية والتكنولوجية أحوج ما يكون في الوقت الحاضـر إلى إعـادة النظـر في أسـاليبه التربوية لتنشئة أبنائه نشأة سليمة متضمنة كافة جوانب الشخصية، فمن المؤكد أن عدداً كبيراً من المـراهقين يحصلون على معلوماتهم الجنسية من أصدقائهم، وقد تكون هذه المعلومات غير صحيحة ومظللة. ومن أجل هذا لابد من تضمين المناهج المدرسية الثقافة الجنسية لتزويد الطلاب بالمعلومات الصحيحة، وحتى لا يكونوا ضحية المعلومات الخاطئة التي تلقونها من جهات مختلفة، كما أن الكثير من المجتمعات ومنها مجتمعنا العربي تتصف بالمحافظة والحذر فيما يتعلق بالتربية الجنسية.

وقد كانت السويد أسبق دول العالم في الاعتراف بأهمية هذه التربية منذ عام 1935 مما أثر ذلك على تطور مناهجها وخاصة كتب الأحياء، ولهـذا تـرى هـذه المجتمعـات المحافظة ضرورة إدخـال موضوع التربية الجنسية ضمن مناهج الدراسة في جميع مراحل التعليم حتى لا تفاجئ الفرد بهذه المعلومات عن الجنس في مراهقته، ويتم التمهيـد لهـا بشكل مناسب في المدرسـة الابتدائيـة والإعداديـة. فتزويـد الطفل بالمعلومات الجنسية في عمر غير مناسب عمل لا يجدي كثيراً لأن ذلك يخـرج عـن إطار اهتمام الطفل بهذه المعلومات، كما أن تأخيرها عن موعدها يجعله لا يعيرها الكثير من الاهتمام، وقد يهزأ بها، ولهذا لابد أن تتم عملية التربية الجنسية بشكل تدريجي وفقاً لمراحل النمو التي يمر بها الفرد وأن يتم ذلك في الأسرة والمدرسة والمؤسسات الاجتماعية.

فالتربية الجنسية لا تقل في أهميتها عن أنواع التربية الأخرى الدينية والقومية والفنية وغيرها إذ أن الثقافة الجنسية ضرورة لا غنى عنها لكـل فـرد في المجتمع فموضـوع التربيـة الجنسـية يهم الآبـاء لتعريف أبنـائهم آداب العلاقـات الجنسية ومعاييرها وقوانينهـا. كـما يهـم المـراهقين أنفسـهم الـذين يشعرون بإلحاح الدافع الجنسي، وميلهم إلى الجنس الآخر، ولا يعلمون ماذا يجب عليهم أن يفعلوا، كما يهم الأطفال أيضاً حيث يرغبون التعرف على أعضائهم التناسلية، ومعرفة الفروق بـين الـذكور والإنـاث، وتعلم دورهم الجنسي المناسب، لأن تعليم الطفل وتربيته بشكل صحيح فيما يتعلق بالمسائل الجنسية تحميه من الانحراف.

ولهذا يجب أن تكون التربية الجنسية تنفيـذاً تربويـاً وفقـاً لخطـة علميـة مدروسـة في مجتمعنا العربي، حيث أكدت توصيات المؤتمر العربي الأول للصحة النفسية الذي انعقد في القاهرة (1970) عـلى ضرورة العمل على نشر الثقافة الأسرية بما في ذلك الثقافة الجنسية منـذ سـن مبكر في إطار التقاليـد والعادات الخاصة بمجتمعنا، لما لهذه الثقافة من آثار بناءة في تكوين الفرد والأسرة والمجتمع".

أهداف التربية الجنسية :

يذكر كرنفال كندال أهدافا عديدة للتربية الجنسية منها:

1- تزويد الفرد بالمعلومات اللازمة والصحيحة عـن ماهيـة النشـاط الجنسي- وتعليمـه الألفاظ العلمية المتصلة بالأعضاء التناسلية، وتكوين اتجاهـات سـليمة نحـو الأمـور الجنسية، والنمو الجنسي، والتكاثر، والحياة الأسرية وذلك بما يتوافـق مـع العلاقـات الإنسانية السليمة ومبادئ نمو الشخصية.

2- ضمان إقامة علاقات سليمة بين الجنسين على أساس الفهـم الـدقيق والتقـدير الكامـل للمسؤولية الشخصية والاجتماعية للسلوك الجنسي، ووقاية الفرد من أخطار التجارب الجنسية غير الشرعية وذلك بدافع إلحاح الرغبة الجنسية.

3- تشجيع الفرد لتنمية الضوابط الإدارية لدوافعه الغريزية، وشعوره بالمسؤولية الفرديـة والاجتماعية، وتنمية الوعي والثقافة العلمية، ومعرفـة الخطورة الجنسـية عـلى الفـرد وعلى المجتمع، بالإضافة إلى إكسابه التعـاليم الدينيـة، والمعـايير الاجتماعيـة، والقيـم الخلقية الخاصة بالسلوك الجنسي.

4- تنمية الضمير الحي عند الفرد فيما يتعلق بممارسة أي سـلوك جنسي- بحيـث لا يقـوم بعمل إلا بما يشعره باحترامه لذاته، ويظل راضياً عـن نفسه في المسـتقبل دون الإضرار بأحد، كما يتمشى مع التعاليم الدينية والمعايير الأخلاقية، وتصحيح ما قد يكون هنـاك من معلومات وأفكار واتجاهات خاطئة ومشوهة نحو بعض أنماط السلوك الجنسي.

من يقوم بالتربية الجنسية؟

اختلفت الآراء حول الجهات المسؤولة عن مهمة التربية الجنسية، فهـل هـي الأسرة أم المدرسـة أم علماء النفس أم الأطباء؟ والحقيقة فإن التربية الجنسية عملية تعاونية

يجب أن تضطلع بها كل من الوالدين في الأسرة، والمربين والاختصاصيين النفسيين والاجتماعيين في المدرسة، والأطباء، وكذلك من خلال ما تقدمه الندوات والمحاضرات وفيما يلي نبين دور كل من الأسرة والمدرسة في التربية الجنسية لما يعول على هاتين المؤسستين الاجتماعيتين من أهمية خاصة.

أ- دور الأسرة في التربية الجنسية:

يجمع الباحثون على أن التربية الجنسية تبدأ بعد الولادة مباشرة، حيث أن الميول والاتجاهات الجنسية لدى الطفل تتأثر باتجاهات والديه وميولهما نحوه قبل أن يولد، فقد تؤدي رغبة الوالدين في إنجاب أنثى إلى معاملة المولود الذكر على أنه أنثى، والعكس صحيح. ولهذا تتأثر فكرة الطفل عن ذاته وتتأثر اتجاهاته نحو الجنس بهذه المعاملة، وقد يؤدي التمييز في المعاملة بين الذكور والإناث من الأبناء، أو منح الامتيازات لأحد الجنسين دون الآخر إلى تكوين اتجاهات سلبية لدى كل منهما نحو آخر، وقد تؤثر هذه الاتجاهات على العلاقات بين الجنسين فيما بعد.

كما أن أسلوب التعامل بين الأب والأم يلعب دوراً هاماً في تكوين الاتجاهات الجنسية الإيجابية أو السلبية في المستقبل.

ولهذا يتوجب على الآباء مساعدة الأبناء في مرحلة رياض الأطفال على أن نوع الجنس الذي ينتمون إليه، وأن يتعلموا العادات السلوكية والأدوار التي يحددها المجتمع لهذا الجنس أو ذاك، فالأطفال في سن الروضة تبدأ عندهم الرغبة في اللعب بأعضائهم التناسلية والنظر إليها، ويجب على الآباء ألا ينزعجوا من هذه الظاهرة التي يمكن اعتبارها نتيجة طبيعية للرغبة في التعرف على نوع الجنس الذي ينتمون إليه، أو يعتبر نوع من حب الاستطلاع، وقد تكون هناك أسباب أخرى اجتماعية وانفعالية لهذه الظاهرة.

كما تكثر في فترة رياض الأطفال الأسئلة التي تتعلق بالجنس، وكيفية مجئ الطفل إلى الحياة، أو كيف تلد الأم . . الخ. ولهذا يجب على الأبوين أن يجيبا على هذه

الأسئلة بطريقة مبسطة وواضحة تتفق مع قدرة الطفل ونضجه، مع الاستعانة بأمثلة من حياة الطيور والحيوانات التي تعيش في البيئة. وترى الدكتورة (بياترس) أن مهمة شرح المعلومات الجنسية ينبغي أن تقع على عاتق الأم، يساعدها في ذلك الأب.

أما في فترة الطفولة المتأخرة (9- 12 سنة) فتظهر عند الفرد الميل إلى الجنس الآخر في نهاية هذه الفترة وتبدأ التغيرات الفسيولوجية الممهدة للنضج الجنسي بالظهور، كما يظهر هذا الميل عند الإناث بشكل واضح بسبب التبكير في النضج. وهنا يكون دور الأسرة وخاصة الأم مهماً، إذ تبدأ الدورة الشهرية عند الفتاة في الظهور وخاصة في نهاية هذه المرحلة، ولذلك لابد للأم من العمل على توجيه ابنتها وإرشادها إلى طبيعة الدورة الشهرية، وكيف تتصرف أثناءها. أما المعاملة الخاطئة فتؤدي بالفتاة إلى كراهية الذات وإلى الانطواء والخجل. ولهذا لابد من التعامل بحذر مع المراهقين والمراهقات وعدم الاستخفاف بالتغيرات التي تطرأ عليهم، لما في ذلك من آثار نفسية وسلوكية سلبية (الفقي، 1983).

أما في بداية مرحلة المراهقة وخلالها، فيجب على الآباء إتاحة الفرصة للمراهقين الأبناء تكوين اتجاهات إيجابية نحو الجنس الآخر، ومساعدة المراهق في تحقيق الاستقلال الانفعالي، والنضج العاطفي، والفطام النفسي الذي يعتبر ضرورياً للنجاح في الحياة الزوجية المستقبلية.

ب- دور المدرسة في التربية الجنسية:

تعتبر المدرسة مكملة للأسرة في مهمة التربية الجنسية، وذلك من أجل تزويد الأطفال والمراهقين بالمعلومات الجنسية. ففي دراسة أجريت في ولاية (ايللينويز) في الولايات المتحدة الأمريكية، شاركت فيها /61/ مدرسة بطلابها وطالباتها وأهلهم، وكان السؤال المطروح هو هل في واجب المدرسة أن تساعد الطلاب الحصول على تربية جنسية صحيحة؟ وكانت نسبة المستجيبين بالإيجاب 83% من المعلمين، و 82% من الأهل، و 77% من غير الأهل، ، و 83% من الطلاب.

وفي دراسة أخرى أجريت في "ويلز" بإنكلترا تم استفتاء حول من يقوم بالتربية الجنسية؟ وكانت النتائج 93% من الآباء يقررون أن المدرسة يجب أن تضطلع بهذا الواجب. ولهذا يمكن اعتبار المدرسة بمراحلها المختلفة بدءاً من الروضة وانتهاءً بالمدرسة الثانوية ذات أهمية كبيرة في القيام بمهمة التربية الجنسية، وذلك لتعليم المراهقين كيف يواجهون الدافع الجنسي، وما هي سبل التسامي والإعلاء لهذه الطاقة بدلاً من التفكير الدائم بأحد أفراد الجنس الآخر، أو الميل لحضور الأفلام الجنسية (الطحان، 1981).

فالروضة تساعد الأطفال التعرف على عملية التوالد عند القطط والأرانب مثلاً، وتدريبهم على الأدوار والعادات السلوكية التي تختص بالجنس الذي ينتمي إليه الطفل.

أما المدرسة الابتدائية فتنمي مدارك التلاميذ فيما يتعلق بمعنى الذكورة والأنوثة عن طريق الطيور والحيوانات والإنسان، كما تشجع عندهم الاتجاهات الإيجابية، وتنمي لديهم حب التعاون نحو بعضهم البعض من خلال الأنشطة الثقافية والاجتماعية المختلفة.

أما في المرحلة الإعدادية والثانوية فيكون دور المدرسة أكثر أهمية، حيث يكون التلاميذ في مرحلة المراهقة، ويمكن إيجاز دور المدرسة الإعدادية والثانوية في التربية الجنسية بما يلي:

1- تزويد التلاميذ بالحقائق العلمية البيولوجية المتعلقة بتكوينهم، ونمو وظائف أعضائهم التناسلية، وعملية النضج الجنسي، والخصائص الجنسية الأولية والثانوية، وتقبل ما يرافق ذلك من تغيرات، وصراعات، ومشكلات في حالة النضج المبكر أو المتأخر. ولهذا يمكن لمواد علم الأحياء، والأفلام الخاصة بعمليات الحمل والولادة توضيح الوظائف الجنسية، وما يترتب على الزواج المبكر من متاعب ومشكلات بسبب عدم استعداد المراهق انفعالياً واقتصادياً، أو ما قد يسبب الانحراف الجنسي- من أمراض خطيرة جسمية ونفسية.

2- تبصير المراهق بالصراعات النفسية المتعلقة بالجنس والإشباع الجنسي- كما تساعدهم على تكوين اتجاهات إيجابية لدى كل من الجنسين نحو الآخر، وتحقيق الاستقلال الانفعالي، والنضج العاطفي لكل منهم. ولذلك تعمل المدرسة على تنظيم النشاطات الجماعية التي تضم أفراداً من الجنسين. كما تقدم المهارات العملية التي تساعد على تحقيق الاستقلال للمراهقين. ويمكن للإرشاد النفسي أن يحقق إنجازاً كبيراً في مساعدة المراهقين في تحقيق حدة الصراع لديهم، ومواجهة المشكلات الجنسية. وفي هذا الخصوص ترى وست West (1972) أن على المرشد النفسي أن يقوم بدور فعال في التربية الجنسية.

3- يمكن للمدرسة من خلال المواد الثقافية والاجتماعية والدينية أن تعالج مشكلة التعارض بين إشباع الدوافع والقيم، وتعمل على مساعدة المراهقين ضرورة التوافق مع قوانين المجتمع وتقاليده. كما تستطيع المدرسة من خلال المواد التربوية تعليم المراهقين كيف يكونوا آباء وأمهات، وتقديم الحقائق الكثيرة عن طبيعة النمو في الطفولة وكيفية تربية الطفل.

4- كما تقوم المدرسة بتنظيم عقد الندوات من حين لآخر من أجل إتاحة الفرصة للمراهقين التعبير عن مشكلاتهم ومناقشتها مع عدد من المختصين في مجال علم النفس، والطب النفسي، والتربية، ورجال الدين، بالإضافة إلى مساعدة المراهقين في الاستشارة الفردية في مراكز الإرشاد النفسي في المدرسة والتي يعمل فيها فريق من الاختصاصيين النفسيين والاجتماعيين والتربويين.

5- عقد ندوات خاصة تضم الآباء والمعلمين والمراهقين، وذلك لتناول المشكلات المشتركة التي يتعرض لها المراهقون، والعمل على مناقشتها واقتراح الحلول بشأنها.

الفصل التاسع

نمو الشعور الديني

أهمية الدين في حياة المراهق:

يحتل الدين أهمية كبيرة في حياة المراهق، إذ يشكل أحد أبعاد الشخصية ويتناول نواحي الحياة الشخصية والاجتماعية والاقتصادية والثقافية، كما يعتبر قوة دافعة للسلوك، وله أثره الواضح على النمو النفسي للمراهق، فالعقيدة الدينية عندما تتأصل في النفس الإنسانية تـدفعها إلى سـلوك إيجابي تجعل الفـرد يعيش في حالة من الاستقرار والأمن. فالإيمان يـؤدي إلى الأمـان، إذ يـؤثر عـلى حيـاة الإنسـان عـبر مراحل تطورها من الطفولة إلى المراهقة فالرشد ثم الشيخوخة.

ففي دراسة قـام بهـا شـاب Schab (1968) لبيـان الاتجاهـات السـائدة لـدى المـراهقين البـيض والسود نحو الأسرة والمدرسة والدين والأخلاق على عينة قوامها /100/ تلميذ من تلاميـذ ولايـة جورجيـا الأمريكية، تبين أن 85% من أفراد العينة يعتقدون أن الدين يمثل أمراً هاماً في حياتهم. أما دراسة جـونز Jones (1970) عن الاتجاهات الدينية والتي أجريت على طلاب جامعتي كلارك وهارفارد الأمريكيتين، حيث قارن بين الاتجاهات الدينية السائدة لدى مجموعة من الطلاب الجامعيين الجـدد وقـت إجـراء الدراسة بما كان سائداً لدى مجموعة مماثلة منذ سبعة وثلاثين عاماً فقد أظهرت نتائج هذه الدراسة أن الاتجاهات السائدة حالياً لدى الطلاب الجامعيين نحو الكنيسة قد أصبحت أقل إيجابية عما كانت عليه فيما مضى. فقد أجاب 78% مـن أفراد العينـة قبـل /37/ عامـاً بالإيجـاب عـلى بنـد يقـول "أعتقـد أن الكنيسة تعد مؤسسة مقدسة، وهي تحظى بولائي واحترامـي"، في حـين أجـاب 17% مـن أفـراد العينـة المعاصرة بالإيجاب على نفس البند. وهذا يدل على ضعف الرباط الأسري الذي يربط بين الآبـاء والأبنـاء، وما يكون لذلك من تأثير في نمو الشعور الديني لدى الأبناء وخاصة في

مرحلة المراهقة. ولهذا يكون لشخصية الفرد وتنشئته قبل مرحلة المراهقة تأثير هـام عـلى توجهه الديني خلال سنوات المراهقة.

كما يهتم المراهق بالطقوس والشعائر الدينية بشكل واضح في هـذه المرحلة مـن العـدد، حيـث يتحول إيمانه من الإيمان المقتبس المنقول إلى اليقظة الدينية.

فالفرد خلال سنوات المراهقة يصبح قادراً على التفكير والتأمل في معتقداته، وقادراً عـلى التعمـق في أمور الدين، مع ملاحظة ما يكون لشخصية الفتى وتنشئته خلال مرحلة ما قبل المراهقة من أثر كبير ومهم على توجهه الديني خلال فترة المراهقة. بالإضافة إلى ذلك فإن ما يسهم في يقظة الشـعور الـديني عند المراهق، نمو ثقته بنفسه، ونضجه الجنسي مما يـؤدي إلى يقظة عامـة في الشخصية وتتفتح لديه جميع القوى النفسية، مما يزيد من حبه للاستطلاع وخاصة القضايا المتعلقة بالدين، وموقف الدين من بعض الظواهر الكونية والإنسانية، حيث يهتم بالفلسفة واللاهوت .. الخ، ويطرح تساؤلات مثل أيـن كان الإنسان قبل أن يولد؟ وإلى أين يسير؟ وما هو المصير؟ ويفكر في الخـالق .. وهكـذا يكـون اهتمام المراهق بالدين مشوب بانفعالات حادة وبصيرة نفاذة، وروح تأملية.

العلاقة بين العلم والعقل والدين:

يقف المراهقون في حيرة من أمرهم عندما يتعرضون لمسائل تتعلق بالعلاقة بين العلـم والـدين أو العقل والدين، دون معرفة فيما إذا كان هناك اتفاق أو تعارض بـين هـذه المفاهيم. وقد دار النقـاش والجدل حول هذه القضايا، فالبعض يرى أن كل مـن هـذه المفاهيم قطاع خـاص بذاته يتعارض مـع الآخر. ولكن هذا الحكم فيه عجز عن الفهم الصحيح لهذه المفـاهيم. فالشخص الـذي يهـاجم الـدين. ورجل الدين الذي يشك في العلم وصحة نتائجه هـما في الواقع يعبران عـن شكوكهما الخاصة بهـما محاولين البرهنة على صحة رأي كل منهما، وتسفيه أي رأي يتعارض وما يؤمنان به على انفـراد. ولهـذا يرى العالم ماكمري Macmurry، أنه كلما ازداد المرء إيماناً، ازداد تردده

وإحجامه بأن يقف موقف الازدراء والسخرية والتعالي عند الحكم على معتقدات الآخرين".

ويضيف "ماكمري" قائلاً: "بأن العالم غير الناضج، ورجل الدين غير الناضج هما اللذان يثقان بآرائهما أكثر من اللازم، ويظنان أنهما دائماً على صواب" (الحافظ، 1981، ص264).

واستناداً إلى ذلك فإن العالم المتواضع يكون عادة شخصاً متواضعاً بعيداً عن البث في القضايا، ويدرك عظم جهل الإنسان. كما أن الشخص العميق التدين سوف يتردد كثيراً في مخاصمة العلماء، لأنه كلما ازداد إيمانه واطمئنانه إلى ما يعتقد ويؤمن فيه، ازداد تسامحه، وكلما ازداد تقاربه من حدود غير المجهول، ازداد إدراكه ووعيه لاتساع المجهول. وحتى في حالة تأمله في الأمور غير المجهولة، فهو لا ينفك عن التساءل والاندهاش والعجب عن معنى ومفهوم ما هو معلوم لديه، كما أنه يستمر في البحث بشوق لمعرفة الهدف النهائي من بحثه.

خصائص نمو الشعور الديني:

يتميز نمو الشعور الديني عند المراهق بعدة خصائص نذكر منها ما يلي:

أ- اليقظة الدينية العامة:

يتطور النمو العقلي للفرد في مرحلة المراهقة بصورة واضحة، كما يزداد مستوى الإدراك لديه مما يجعل تفيكر المراهق في هذه المرحلة يختلف عن تفكير الطفل. إذ يزداد تأمله في الأشياء، كما يكثر سؤاله عن أصل هذه الأشياء، حيث يناقش فكرته عن الجنة والنار، والبعث والخلود، والقضاء والقدر، والحرية الفردية والجبرية، .. الخ. كما أن نموه المعرفي والاجتماعي يزداد من مرحلة المراهقة بشكل كبير مما يساعد ذلك على تحقيق النمو الديني والفلسفي لدى المراهق.

كما أن شعور المراهق بالخوف والعجز من جهة أخرى يعد سبباً من الأسباب ليقظته الدينية، إذ يجد في الدين أملاً مشرقاً بعد اليأس، وأمناً بعد الخوف، كما يجد فيه

ملء لفراغه النفسي وقلقه الانفعالي. فالمراهق يتعرض في هذه الفترة من حياته إلى كثير من التغيرات والتحولات في أفكاره، وفي عمق إحساسه إزاءها. ويستمر هذا التحول عند المراهق والتحولات في أفكاره، وفي عمق إحساسه إزاءها. ويستمر هذا التحول عند المراهق اعتباراً من العقد الثاني من عمره وانتهاءً بالعقد الثالث. فالمراهق عندما تسير عملية النمو عنده بشكل سليم سيكون قادراً على تفحص أفكاره واعتقاداته الدينية التي كان يعتبرها وهو في مرحلة الطفولة من الأمور المسلم بها والتي قد تعلمها من والديه ومعلميه. وفي هذه المرحلة يزداد تفحصه لآرائه ومعتقداته الدينية لزيداد وثوقاً بها وليطمئن قلبه بسبب بعض الشكوك التي تساوره. فقد أكدت الدراسات أن المراهقين بالرغم من نموهم العقلي والمعرفي والاجتماعي الظاهر فإنهم لا يظهرون تحولاً بارزاً في اعتقاداتهم الدينية مع التقدم في العمر، بل يستمروا على ما هم فيه من فهم وإدراك للمفاهيم الدينية الأولى التي شبوا عليها.

ولكن المراهق أثناء تفحصه لمعتقداته الدينية التي قد تعلمها قد تساوره الشكوك بهذه المعتقدات وخاصة في عمر الثالثة عشرة والرابعة عشرة لأنه يكون عاجزاً عن إدراك الفلسفة الدينية العميقة بقلبه وعقله، وهذا الشك فيما كان قد تعلمه قد يسبب له الألم، إذ أن من دواعي القلق وعدم الراحة عند الإنسان في أي فترة من فترات حياته أن يشك فيما قد تعلمه من قبل وبخاصة من أناس يكن لهم الحب والاحترام (الوالدين والمدرسين).

ولكن المراهق يتخفف تدريجياً من هذا العجز والشك مع التقدم في العمر إلى أواخر المراهقة، حيث دلت الأبحاث أن عمر السادسة عشرة من حياة المراهق يعتبر مرحلة تحول في سلوكه وإيمانه، إذ تزداد الثقة بالدين وتعاليمه إلى ما يقرب من 60% عند المراهقين الذكور، وإلى ما يقرب من 65% عند المراهقات الإناث. ولهذا تخف حدة الشك بالدين عند المراهق، ويصبح على شكل شعور بالذنب، ثم يتطور به النمو إلى معالجة مشكالاته الدينية بروح موضوعية صحيحة، حيث يتمكن فيما بعد من التمييز بين الخبيث والطيب، ويصبح أكثر تسامحاً في علاقاته بالأديان الأخرى.

ولهذا يتوجب على الآباء والمدرسين العمل على مساعدة المراهق في الاستماع إلى آرائه حول الــدين والشكوك التي تساوره في ذلك. ويشجعوه على الحديث عن كل المشكلات المتعلقة بذلك، وذلك لإزالة الصراع الذي يدور في داخله، والعودة به إلى الاتزان والطمأنينة الانفعالية.

ب- ازدواج الشعور الديني:

يشعر المراهق بالحب والخضوع لله، كما أنه يخفـي مشـاعر الكـره والغضـب في لا شعوره ممـا يجعله غير قادر على التصريح بهذه المشاعر، كما يؤمن المراهق بالموت، كما أنه يكرهه كنهايـة لا مفـر منها ولهذا فإن المراهق يواجه حالـة الازدواج هـذه، سـواء بالتصريح عنهـا في صـورة تمـرد علـى الــدين وتقاليده من جهة، أو يحاول بكل قواه إبقاء مشاعر العداء للدين مخفية في اللاشعور دون السماح لهـا بالخروج.

جـ- تعدد الاتجاهات الدينية:

تختلف الاتجاهات الدينية عند المراهقين اختلافاً بيناً، فهنـاك مـن المـراهقين مـن يلتـزم بقواعـد الدين التزاماً دقيقاً دون مناقشتها أو معارضتها، ومنهم من يحاول دعم الدين وتفضيله علـى أي اتجـاه آخر، وهناك فئة ثالثة تأخذ بالدين ولكنها لا تقر قواعده إقراراً كـاملاً لدرجـة أن الشكوك تتسـرب إلى إيمانها. أما الفئة الرابعة فهي فئة الملحدين المتنكرين لوجود اللـه بشكل صريح. فقد تبين مـن دراسـة قام بها "المليجي" أن 50% من البنين و 61% من البنات تتميـز اتجاهـاتهم الدينيـة بالإيمـان التقليـدي، وأن 25% من البنين و 25.8% من البنات كانوا متحمسين للدين، حيـث يظهـر الحمـاس الـديني كـأول بوادر اليقظة الدينية، وإن أعلى نسبة للحماس الديني خلال سنوات المراهقة كان في عمر 17 سنة. كـما أظهرت الدراسة أيضاً أن 24% من البنين و 12.8% من البنات يساورهم الشك في القضايا الدينية، حيث يعد الشك أيضاً مظهراً من مظاهر اليقظة الدينية، وتأتي في أعقـاب النضـج العقـلي وتفتـح قـدرة الفـرد على النقد، إذ يسيطر العنصر العقلي على الشعور الديني وخاصة في أواخر المراهقة. وجاءت أعلى نسبة للشك الديني في عمر 18 سنة. أما الإلحاد فكان نسبته بين العينة المدروسة 1% عند

البنين ولا شيء عند الإناث. ولكن المراهق قد يتباهى بإلحاده أحياناً، ولكن ذلك لا يكون حقيقياً، فقد يكون ذلك شكلاً من أشكال التعبير عن الاستقلال والتحرر والعدوان على المجتمع من خلال مهاجمة معتقداته، وقد يكون مجرد حالة عابرة لا تلبث أن تزول (هرمز وإبراهيم، 1988، ص801).

وهناك دراسة أخرى قام بها ستيوارت **Stewart** (1967) على عينة مؤلفة من (30) فرداً من صغار المراهقين في مؤسسة ميتنجر الأمريكية **Menninger Foun - Dation** ، حيث تم التمييز بين أربعة أنماط للتوجيه الديني بين جماعات مراهقي (مييننجر) النمط الأول وهو النمط التقليدي ويقصد به قبول المراهق لصور الكنيسة وأشكالها مع قدر قليل من الشك. أما النمط الثاني فهو نمط المحافظة ويقصد به محاكاة المراهق لوالديه والكهنة والقساوسة وحذوه حذوهم في العلاقة بالكنيسة. في حين أن النمط الثالث فيعرف بنمط مسايرة الأقران في وجهات اعتقادهم الديني دون الالتزام بأي من النمطين السابقين. ويأتي النمط الرابع الذي يسمى بالنمط الاستقلالي، ويقصد به استقلالية المراهق في اعتقاداته الدينية، بحيث لا يتقبل سوى ما يتوصل إليه ويقتنع به هو نفسه من آراء وأفكار ومعتقدات دينية، وذلك من خلال تفاعلاته أو معاملاته مع البيئة (قشقوش، 1980).

د- التوجه إلى اللـه:

في مرحلة المراهقة يشعر المراهق بالذنب نتيجة انبعاث الدافع الجنسي لديه بشكل واضح مما يجعل المراهق أمام خطر يهدد المعايير والمثل التي يخضع إليها في حياته مما يجعل الحاجة إلى عون خارجي تزداد مع ازدياد الشعور بالذنب، وذلك لمقاومة هذه الدوافع الغريزية ويتخلص من العقاب الداخلي المعنوي. وكلما ازداد شعور المراهق بالذنب ازداد إقباله على اللـه بالتعبد وأداء الفروض والتوسل إليه. كما أن محاولة المراهق الاستقلال عن سلطة الوالدين يعرضه لمواجهة قوى الواقع مما يجعله يشعر بالضعف تجاه ذلك ويسعى إلى اللـه يستمد منه القوة والعون.

الباب الثالث

- **الفصل العاشر : مشكلات المراهقين وسبل مواجهتها**

الفصل العاشر

مشكلات المراهقين وسبل مواجهتها

لم تلق مشكلات المراهقين نفس الاهتمام من الدراسة، والبحث ما لقيته مشكلات الطفولة والشباب، حيث أن فترة المراهقة تبدأ بأزمة البلوغ والتي تكون ما بين الثانية عشرة والخامسة عشرة من العمر، حيث يكون لها من الأهمية ما يجعلها من أخطر الأزمان في حياة الإنسان، فهي كنقل الإنسان من الطفولة إلى الرجولة أو الأنوثة، وهي تغير جسمي – فسيولوجي ونفسي- واجتماعي هام جداً. ويجمع علماء النفس والتربية على أن هذه الأزمة مسؤولة إلى حد كبير عن مستقبل الفتى والفتاة بسوائه وانحرافه، بصحته ومرضه، بنجاحه وفشله (عاقل، 1985). فالمشكلات التي يعاني منها المراهق كثيرة ومتنوعة، وفيما يلي سنتحدث عن أكثر هذه المشكلات وجوداً عند المراهقين وهي:

أولاً – مشكلات التوافق:

التوافق ضروري لكل فرد في كل مرحلة من مراحل النمو، ولكنه في مرحلة المراهقة أكثر ضرورة وذلك نتيجة لما يمر به المراهق من صراعات وتغييرات كبيرة. ويذكر الفقي (1983) أن التوافق في الطفولة يستطيع تعويضه في المراهقة، أما من فاته التوافق السليم في المراهقة فقد فاتته الفرصة إلى الأبد. ولكن الأقرب إلى الصواب كما يذكر عدد من الباحثين هو أن الفرد إن تأثرت شخصيته، وتأثر سلوكه في مرحلة الرشد بالتجارب الأولى وأسلوب التربية، وبالظروف البيئية المحيطة، إلا أنه يستطيع التوافق لأي مجتمع، وفي أي مرحلة من مراحل النمون مع ملاحظة أن التوافق في مراحل التكوين الأولى أسهل منه في المراحل المتقدمة من العمر. ولهذا يرى عدد من العلماء بزعامة ستانلي هول S.Hall أن المراهقة مرحلة تأزم وضغوط، تولد فيها شخصية الإنسان من جديد، وتحدث فيها تغييرات وضغوط تجعل المراهق إنساناً تائهاً، سريع الانفعال، وغير متزن، ويصعب التحكم بسلوكه لكثرة تقلباته الانفعالية، وحدة

انفعالاته. وقد تأثر بهذه النظرة عدد من الباحثين ورجال التربية وزعموا أن المراهقة مرحلة المشكلات، واعتبروا سوء التوافق من سمات المراهقة، يزول تدريجياً مع نهاية هذه المرحلة (موسى 1971 عن Wynne,1981,Aussble;Et.Al. 1977). ولهذا فإن أهم أسباب سوء التوافق من وجهة نظر هؤلاء العلماء ما يلي:

1- عمليات البلوغ الجنسي، والنمو الجسمي والفسيولوجي السريع، وما يرافق ذلك من تغيرات فسيولوجية داخلية وبيولوجية خارجية، تجعل المراهقين متوترين وقلقين.

2- الحياة الغامضة التي يعيشها المراهق، فلا هو بالطفل الذي يتمتع بحماية والديه، ولا هو بالراشد الذي يتمتع بالحرية والاستقلال.

3- الصراع بين الآباء والأبناء بسبب الفجوة التي تفصل بينهما، فالآباء يتهمون المراهقين بعدم واقعيتهم، كما أن الأبناء يشعرون بأن حقوقهم مهضومة، وسمعتهم سيئة عند الراشدين، مما يزيد من قلقهم ويدفعهم إلى التمرد والعصيان والعدوان.

وبناء على ذلك فقد تأثر العديد من الباحثين بنظرية "هول" حيث يرى دسوقي (1974) أن المراهقة من أكثر مراحل النمو الإنساني مأساوية، يسوء فيها التوافق نتيجة لما يحدث فيها من نمو الجسمي مفاجئ. وما يصاحبها من تغيرات انفعالية حادة، تؤدي إلى الخبرة، وعدم الثبات، والارتباك، والشقاء، والعجز عن مواجهتها.

أما علي (01975) فيرى أن من أبرز خصائص المراهقين في مجتمعاتنا وغيرها من المجتمعات التناقض الوجداني، وسرعة الغضب، وحدة الطبع، والعدوانن والتمرد والخوف من الذات، والجنس والمستقبل والمعاناة والاغتراب والصراع. ولكن هناك دراسات أخرى أظهرت أن المراهقة ليست كلها مشكلات وسوء توافق. فقد ذكر موسى Muss (1968) أنه قد تبين من خلال الدراسات الأنثروبيولوجية أن المراهقة مرحلة سعادة وتوافق في بعض المجتمعات البدائية. كما ذكر جالاجهير وهاربس Gal- Lagher & Harris (1976) أن حوالي 90% من المراهقين في

المجتمعـات الحديثـة يمـرون بالمراهقـة بـدون مشـكلات خطـيرة، وقـد يتعرضـون لمشـكلات بسـيطة، ويتغلبون عليها ولا يسوء توافقهم. أما واين Wynne (1981) فيذكر أن فرويد وتلاميذه يرون أن ما مـا يعـتري المراهقـة مـن حـالات سـوء التوافـق، والصراع النفسيـ والتـوتر، القلـق، والتنـاقض الوجـداني، والانفعالية، والعدوان والتمرد، والانسحابية، والاتكالية ليست من سمات المراهقة، لأن المراهقة مرحلة نماء يكتمـل فيهـا النضـج الجسـمي والجنسيـ والنفسيـ والاجتماعـي، في حـين أن أشـن بـاخ، وإدلـبرو، وميشائيل، وروس (Achenbach & Edelbork 1979: Michel & Ross, 1981) يرون أن علامـات سـوء التوافق التي نلحظها عند بعض المراهقين تدل على انعدام صحتهم النفسية، ومعاناتهم من مشكلات في التوافق، وأن هذه المشكلات لم تظهر فجأة في المراهقة، ولكنها امتداد لمشكلاتهم في الطفولة، كما يـذكر كل من شاختر وآخرون Schach- Ter, Et. Al (1972). وكنوبكا Konopka (1973) ولوبر وديسهبون Loeber & Dishion 01984) أن سوء التوافق الذي نجده عند بعض المراهقين لا يرجع في معظمـه إلى ظروف مراهقتهم، بقدر ما يرجع إلى عوامل أخرى ليس لها علاقة مباشرة بالمراهقـة مثـل: سـوء علاقـة الطفل بوالديه، وسوء العلاقة بين الوالدين، وغياب الأم، والفشـل في التحصيل الـدراسي، والحرمـان مـن إشباع الحاجات النفسية والاجتماعية في الطفولة. ويرى مرسي في دراسة قام بها على المراهقين الكويتيين أن حوالي 16% منهم لديه استعداد عال للقلق، في حين أن من لديه قلق متوسـط أو حـول المتوسـط أو منخفض فيشكلون 84%، وهذا يعنـي أن معظـم المـراهقين الكـويتيين ليسـو قلقـين ولاسيئي التوافـق. ويذكر مرسي (1985) أن هذه النتائج قد أبدتها العديد من الدراسـات المسحية لمشكلات المـراهقين في مصر، والكويـت، والأردن، والعـراق، حيـث أشـارت هـذه الدراسـات أن بعـض المـراهقين هـم أصـحاب مشكلات في البيت والمدرسة. ولهذا فإن ما هـو شـائع عـن المراهقـة بأنهـا مرحلـة سـوء توافـق، وقلـق وعدوان، وتوتر، واندفاع، لا تنطبق على جميع المراهقين في مجتمعنا، وأنها ليست إلا انطباعـات دارجـة نتناقلها دون سند علمي.

كما ذكرت أودلم (1994) أن المراهق الذي يثير المتابع في البيت كثيراً ما يتصرف بشكل لائق في المدرسة. وهذا يعني أن المراهقين يجدون جو المدرسة غير الشخصي- نسبياً أقل إزعاجاً من الناحية العاطفية من جو البيت بعلاقاته العاطفية، وقد تكون المدرسة متنفساً من جو التوتر والضغط وملاذاً هادئاً نسبياً. كما أن المراهقين المشاغبين في المدرسة قد يكونوا قليلي الشغب في البيت، ولعل السبب في ذلك عجزهم عن التوافق مع الجو المدرسي، أو لأنهم لا يحسنون الاختلاط بسواهم، أو يجدون العمل المدرسي صعباً، أو لا يتفاهمون مع معلميهم. ولهذا يعتبر البيت ملجأ ومهرباً من ضغوط العالم الخارجي، ولذلك فهم يقدرون الحب والحماية اللذين يقدمهما الأبوان والبيت.

ولهذا واستناداً إلى ما تقدم نتفق مع كل من أوزبل وزملاؤه(1977) **Auseble. Et , Al**، وشاختز وآخرون **Schachter , Et . Al** (19729 إلى أن ما يحدث في المراهقة من تغيرات جسمية ونفسية واجتماعية، قد تكون مصدر سعادة للمراهق، أو مصدر شقاء له بحسب تكوينه النفسي الذي تكون في الطفولة، وظروفه الأسرية التي عاشها في طفولته، ويعيشها في المراهقة. فالمراهق الذي يمتلك تكويناً نفسياً صحياً، وظروفه الاجتماعية جيدة، فإنه يتوافق توافقاً حسناً، أما المراهق الذي يمتلك تكويناً نفسياً غير صحي، وظروفه الاجتماعية سيئة، فإنه يتوافق مع المراهقة توافقاً سيئاً.

ويرى مرسي (1987، ص 140) أن توافق المراهق يرتبط إلى حد كبير بسمات شخصيته، إذ أن أساليب توافقه تدل على شخصيته، وشخصيته تدل على ما سيكون عليه توافقه مستقبلاً. فقد وجد أن المراهقين أصحاب سمة القلق العالية يعانون من مشكلات سوء التوافق أكثر من المراهقين أصحاب سمة القلق المنخفضة. ويعلل ذلك أن المراهقين أصحاب الاستعداد العالي للقلق أكثر استهدافاً للمشكلات من المراهقين أصحاب الاستعداد المنخفض للقلق، وهذا يعود إلى أن المراهق صاحب سمة القلق العالية سريع التطير، يعاني من تأخر في النضج الانفعالي، والاجتماعين ويضخم من

آلامه الجسمية، ولا يتوقع خيراً يأتيه من المنزل أو المدرسة، ولا يطمئن إلى المستقبل وما يخبئه له، وهذا ما يجعله سيئاً لإدراك مشكلات كثيرة في المجالات المنزلية والصحية والاجتماعية والانفعالية، إذا واجهته بعض الصعوبات البسيطة. كما وجد مرسي (1987) في دراسته أيضاً ارتباطاً ذو دلالة معنوية بين مشكلات التوافق والاستعداد للاتكالية عند المراهقين. فالمراهقون أصحاب الاستعداد العالي للاتكالية يعانون من مشكلات في التوافق أكثر من أقرانهم أصحاب الاستعداد المنخفض. ويعلل مرسي ذلك بأن المراهق صاحب الاستعداد العالي للاتكالية لديه شعوراً بعدم الكفاءة، وعدم الثقة بالنفس وبالآخرين بالرغم من اعتماده عليهم في تصريف أموره، ... مما يجعله يشعر بالضياع والتوتر والقلق، وينطبق عليه ما يسميه (فروم) بالشخص المتوافق قهرياً الذي يطلب رأي الآخرين في تصرفاته، ولا يشكل إلا بحسب رأيهم وتوجيهاتهم، مع أنه يكرههم، ولا يثق بهم (مرسي، 1987، ص 141) . كما وجد مرسي بالإضافة إلى ذلك ارتباطاً ذو دلالة معنوية بين سمة الشعور بالذنب ومشكلات التوافق في المراهقة، حيث أن مشكلات التوافق عند المراهقين أصحاب الاستعداد العالي للشعور بالذنب أعلى منها عند أصحاب الاستعداد المنخفض. وفسر كثير من الباحثين ذلك أن للشعور بالذنب علاقة وثيقة مع القلق، فكل منهما يدل على الآخر، ويرى كاتل وآخرون Cattel , Et. Al . (1974) أن الشعور بالذنب يكون مكوناً أساسياً من مكونات الاستعداد للقلق، كما وجد مرسي أيضاً (1987) ارتباطاً ذو دلالة معنوية بين مشكلات التوافق عند المراهقين وسمة العناوة، فالمشكلات تكثر عند أصحاب الاستعداد العالي للعداوة أكثر منها عند المراهقين أصحاب الاستعداد المنخفض. ويرجع الباحثون ذلك إلى العلاقة الوثيقة بين العداوة والقلق، فالعداوة تولد القلق، والقلق يولد العداوة، فهما كما ترى "كارن هورني" متشابكان كنسيج لا ينفصم.

ثانياً - جنوح الأحداث:

إن مشكلة جنوح الأحداث ليست بالمشكلة الجديدة، فقد عرفت منذ أكثر من ستة آلاف سنة في عهد الفراعنة، حيث نقش أحد كهنة الفراعنة على حجر قائلاً "إن العالم يتدهور وينحط.. ذلك أن الأبناء لم يعودوا يطيعون آبائهم". أما أما في الوقت الحاضر فقد ازداد عند المراهقين الذين يرتبكون المخالفات ازدياداً واضحاً مثل الخروج على أوامر الأسرة، والشرود والسرقة، والاغتصاب، وارتكاب جرائم القتل، فقد وجد في عام 1976 في مدينة شيكاغو أن ثلث جرائم القتل ارتكبها أناس في سن العشرين وما دون ذلك. كما وجد على امتداد الولايات المتحدة الأمريكية أن ثلث الجرائم الخطيرة التي وقعت في سنة 1977 ارتكبها شباب دون سن الثامنة عشرة وأن ما يقرب من ثلثيها ارتكبه شباب دون سن الرابعة والعشرين "مسن وآخرون، 1986). كما تنتشر ظاهرة الجنوح بين المراهقين في المدارس الإعدادية والثانوية، حيث يسلك المراهق سلوكاً يدل على سوء الخلق والفوض والاستهتار، وكثيراً ما نسمع عن عصابة من الطلبة اشتركوا في سرقة، أو قتل أو .. الخ من الأعمال الخارجة عن القانون، كما يظهر الجنوح أيضاً على شكل اعتداء جسدي على المعلم أو الأب، وقد يصل الحال عند البعض إلى درجة الانتقام من الذات والانتحار. فالجنوح ليس إلا درجة شديدة من السلوك العدواني، يعبر الجانح من خلاله عما يعانيه من اضطرابات في الشخصية تظهر على شكل رفض للمعايير والقيم الأخلاقية والاجتماعية السائدة في المجتمع الذي يعيش فيه.

أما سيبالد **Sebald** (1968) فيرى أن الحدث الجانح "هو ذلك الصبي الذي يصدر عنه سلوك يوقعه تحت طائلة القانون، ومن ثم فالسلوك الجانح هو ما ينحرف فيه الفرد عما تعارف عليه أفراد المجتمع من معايير ومستويات سلوكية. (قناوي، 1992ن ص175).

ويذكر الحافظ (1981) أن الجنوح يزداد عند الذكور بالمقارنة مع جنوح الإناث، فقد تبين أن أكثر حالات الجنوح عند الذكور تتم قبل بلوغهم سن العاشرة من العمر، وقد ذكر أنه ولعدة سنوات تم القبض على الأولاد من الذكور بسبب أنواع من السلوك أكثر عدوانية من قبيل السرقة، وجرائم القتل، والسطو، والاختلاس، أما الإناث فيتهمن بمخالفات مثل الهروب، والشرود من المنزل، والتمرد على سلطان الأسرة، وارتكاب السلوك الجنسي الغيري.

وقد أوضحت الدراسات التي أجريت في الولايات المتحدة الأمريكية أن الأولاد ما يزالون مسؤولين عن ارتكاب أفعال الجنوح الخطيرة العدوانية، ففي عام 1977 مثلاً وجد أن 81% من الشباب الذين تم القبض عليهم بسبب جرائم العنف كانوا من الذكور، ولكن من جهة أخرى فإن معدلات القبض على الفتيات آخذ بالازدياد في السنوات الأخيرة بحيث تشكل نسبة مخالفة الذكور إلى الإناث (3.5) إلى (1) بعد أن كانت (4) أو (5) إلى (1) لفترة زمنية طويلة. والسبب في هذا الارتفاع في معدل جنوح الإناث، أنهن أصبحن أكثر استقلالية وأكثر عدوانية في حياتهن اليومية المعاصرة، كما أن ازدياد انحراف الإناث يعكس تقييمهن الخاطئ للمعايير الاجتماعية، وأدوار الجنس.سولكهن غير الملائم اجتماعياً القدر الأكبر من التأييد الذاتي المسموح به للإناث. وتبين الإحصاءات أن الجانحين من المراهقين من المستويات الاجتماعية الاقتصادية المتدنية، أكثر من الجانحين من مراهقي الطبقة المتوسطة (قناوي، 1992، عن كونجر وآخرون **Conger** ، 1965). كريس ووارد **Cressey & Ward** 1969). وهذا يعود جزئياً إلى أن مراهقي الطبقة الدنيا يرتكبون الكثير من الانحراف بالمقارنة بمراهقي الطبقة المتوسطة. ولكن دراسات بالم **Balm** (1966) وسيبالد**Sebaled** (1968) دلت أن الانحراف بين شباب الطبقة المتوسطة والذي يعود إلى الفقر وظروف المعيشة السيئة، ليس من الأسباب القوية للانحراف، مما يدل على أن الطبقة الاجتماعية ليست هي المحور للانحراف. وهنا يعني أن الانحراف عند مراهقي

الطبقة المتوسطة يتم في تستر، مما يوحي بأن الطبقة الاجتماعية، والانحراف لا يرتبطان بالدرجة التي كانت متوقعة (قناوي، 1992).

أسباب الجنوح عند المراهقين:

تعددت أسباب الجنوح عند المراهقين، إذ يعود بعضها إلى عوامل بيئية – أسرية، وبعضها الآخر يعود إلى المدرسة، ثم إن البعض يعود إلى ضعف في قدرة المراهق العقلية، كما أن أسباباً أخرى تعود إلى أساليب التربية الخاطئة .. الخ. ولهذا يمكن تصنيف هذه الأسباب إلى ما يلي:

1- عدم استقرار الأسرة في مكان واحد:

يعتبر انتقال الأسرة من مكان لآخر بسبب ظروف العمل من العوامل التي تؤدي إلى ضعف مشاعر الارتباط عند الأبناء في الأسرة، والجوار، والبيئة الاجتماعية المحيطة، مما يؤدي إلى زيادة نسبة الجنوح لديهم، فقد ذكر كونجر Conger (1971) أن حوالي نصف الأسر في الولايات المتحدة الأمريكية ينتقلون أو يغيرون من مكان إقامتهم كل خمس سنوات.

2- أسباب اقتصادية:

يكثر الجنوح بين المراهقين الذين ينتمون إلى بيئات فقيرة، إذا تضطر الأسر الفقيرة العيش في أحياء متدنية في أطراف المدن، حيث تكون الفرص في الغالب متاحة لتعلم السلوك المضاد للمجتمع من الأقران الجانحين (Wax. 1972).

كما يزداد الجنوح في المناطق الريفية نتيجة زيادة التحرك اليومي بين المراهقين وضعف الرباط الأسري مع المجتمع. ففي إحدى الدراسات التي أجريت على (734) جانحاً في الولايات المتحدة الأمريكية تبين أن 63% من هؤلاء كانوا يسكنون في بيوت كانت الأحوال المادية فيها ضعيفة، و 25% منهم كانت الأحوال المادية حسنة، و 12% فقط من هؤلاء قد انحدروا من بيوت جيدة، ولهذا نجد أن الكثير من المراهقين من أبناء الطبقة الدنيا من سكان الأحياء الخاصة بالأقليات في المدن ينضمون إلى عصابات

الجانحين، حيث أصبحت مثل هذه الجماعات في السنوات الأخيرة في الولايات المتحدة شديدة العنف والتخريب الاجتماعي.

ولكن ليس المراهقين في الأحياء السكنية المتدنية يتحولون جانحين، فهناك عدد كبير من أبناء الأسر المتوسطة والعالية يتحولون إلى جانحين. مما يؤكد وجود عوامل أخرى غير المستوى الاقتصادي تسهم في جنوح المراهقين.

3- اضطراب العلاقات بين الوالدين والمراهقين:

إن العلاقة بين الوالدين وأبنائهم المراهقين تلعب دوراً أساسياً في ظاهرة الجنوح، حيث بينت الدراسات أن العلاقة بين الجانحين والوالدين أقرب إلى أن توصف بالكراهية المتبادلة والنبذ، والافتقار إلى الانسجام الأسري، كما تتميز أيضاً بالنبذ، واللامبالاة، والبلادة العاطفية. كما يوصف والد المراهق الجانح بالقسوة والإهمال والميل إلى السخرية من أبنائه وتحقيهم، ولا يتمتع بالود والدفء العاطفي، ويكثر غيابه عن المنزل. ويسبب هذا التعامل الذي يلقاه المراهق من والديه أو أحدهما تصبح علاقته بأبيه ضعيفة، وينظر إليه على أنه نموذج لا يصلح للاقتداء به، أما أمهات الجانحين من المراهقين فيتصفن بأنهن مهملات، ويتسمن بالعدائية، وعدم الاكتراث، ولا يتحملن المسؤولية. بالإضافة إلى ذلك تتصف أساليب التربية التي يتبعها مع أبنائهم بالقسوة ويستخدمون العقاب البدني مع درجة كبيرة من العداء نحوهم. كما تتصف أساليبهم في التربية بالتراخي، أو التذبذب وعدم الثبات في المعاملة.

ولهذا فقد دلت دراسة هيلي وبرونر **Healy & Bronner** (1936) أن المراهق الجانح لم ينل القسط الكافي من الإشباع في علاقاته الأسرية بالمقارنة مع أخيه غير الجانح الذي يعيش حياة أسرية مشبعة. من جهة أخرى يأتي المنحرف في كثير من الأحيان من أسرة تتسم بدرجة كبيرة من النبذ الوالدي، وبالتفكك الأسري بالمقارنة مع المراهقين غير المنحرفين. بالإضافة إلى ذلك لا يهتم آباء المنحرفين بدراسة أبنائهم ومستقبلهم، ويعانون من مشكلات سوء التوافق الشخصي والاجتماعي، ويعتبرون نماذج سيئة لأبنائهم.

4- تداعي العلاقات بين الوالدين:

إن العلاقات المتداعية بين الوالدية وما يمكن أن تؤدي إليه من أخطاء وتصرفات غير سليمة، تؤدي إلى الكراهية بين أعضاء الأسرة مما يؤدي إلى عدم اكتراث كل عضو من أعضاء الأسرة بالآخر، وهذا من شأنه أن يؤدي إلى جنوح الأبناء من المراهقين خاصة. كما أن حالات الطلاق، والهجران، والانفصال والسجن، والموت، أسباب تؤدي إلى تداعي العلاقات داخل الأسرة، وتؤدي إلى جنوح المراهقين، لأن الرقابة الأسرية على الأبناء تضعف أو تكون في حدودها الدنيا.

وتذكر قناوي (1992) أن القصور الشخصي والزواجي لدى الآباء، يرتبط بالقصور لدى الأبناء، فقد تبين مثلاً أن احتمال انتماء الأولاد الجانحين إلى آباء مضطربين انفعالياً أكبر مما هو عليه في حالة الأولاد الماديين.

5- الصحبة السيئة:

إن ضغط جماعة الأقران من الأسباب المؤدية في كثير من الأحيان إلى جنوح المراهقين، فالمراهق يميل إلى تكوين صحبة سيئة أحياناً داخل المدرسة أو مع أبناء الحي (الجيران) مما يجعلهم يسلكون سلوكيات خاطئة كالهروب من المدرسة، ومما يؤدي إليه من فشل دراسي وارتكاب الكثير من المخالفات الاجتماعية.

6- التقليد:

إن احتمال انتماء المراهقين الجانحين إلى آباء مضطربين انفعالياً يكون أكبر بكثير مما هو لدى المراهقين غير الجانحين. ويرى جلوك وجلوك Giueck & Giueck (1970) أن 44% من المراهقين الجانحين. ينتمون إلى آباء مضطربين. في حين يذكر قشقوش،1980، عن Schaefer، 1965) أن آباء الجانحين أكثر ميلاً إلى إعطاء (والإهمال أبرز ملامحه)، كما أنهم أقل إيجابية نحو أبنائهم.

7- أسباب نفسية:

إن كثرة الصراعات والإحباطات، والحرمان العاطفي والانفعالي، وانعدام الأمن والشعور بالتعاسة، والحاجة إلى الخضوع والإحساس بالرعاية التي يواجهها المراهق، تـؤدي إلى تكـوين مفهوم ذات سالب لديه، مما يؤدي إلى كراهية نفسه، ويشعره بأنه غير أهل للاضطلاع بكثير مـن الأعمال. وهـذه المشاعر التي يكونها المراهق عن نفسه تنعكس في عدة سمات دفاعية من سمات الشخصية مثل التمرد، وعدم الاستقرار وكثرة الشك، والريبة، والميل إلى التخريب والتدمير. ولهذا يتصف سلوكه بالرعونة، والاندفاعية، ويفتقر إلى القدرة على ضبط النفس. فالمراهق في هذه الحالة يكشف عن توترات داخليـة تجعلـه غير قادر الاستقرار، كما تجعله مضطر للقيام بعمل لتفريغ ما في داخلـه مـن شحنات انفعاليـة كثيـرة. كما يتميز إدراك الذات لدى المراهق المنحرف بأنه غير ثابت وعـلى درجـة عاليـة مـن التغـير بالمقارنـة مـع المراهقين غير المنحرفين، والذين يكون اتجاههم نحو ذواتهم أكثر إيجابية، وتكون صراعاتهم مع أنفسهم أقل بكثير. فالمراهق الجانح شخص تعس لا يستطيع أن يجد الوسائل المناسبة للإشباع النفسـي واحتـرام الذات. ويرى الشرقاوي (1988) أن خبرات الطفولة وخاصة في السنوات الخمس أو الست الأولى لها أثر كبير جداً في صياغة مستقبل سلوك الفرد.

8- انخفاض مستوى الذكاء:

يختلف الجانحون من المراهقين عن غيرهم من الأسوياء في مقـدار ذكائهم، فقـد تبـين أن حاصل الذكاء لكثير من الجانحين المراهقين موزعاً اعتدالياً، إلا أن مركز التوزيع سـلباً أو إيجاباً يقـع في نقطـة تتراوح بين (82- 88) درجة بدلاً من الدرجة (100)، في حين أن الحـد الأدنى والأقصى- يـتراوح بـين 50 و 150 درجة. ففي دراسة قام بها بيرس Pearce (1944) على عدد من المراهقين الجانحين (173 مراهقاً) معدل عمرهم الزمني/ 14/ سنة، وجد أن أكثرية هؤلاء الجانحين (حوالي 62%) قـد صنفوا عـلى أنهـم أفراداً أسوياء، أو ما دون الأسوياء بقليل، وأن 4% قد صنفوا في عداد

الأذكياء، و 2% صنفوا في عداد متقدي الذكاء، 11% يقعون ضمن الحد الفاصل بين الأذكياء والأغبياء، ، و 21% صنفوا على أنهم متخلفون عقلياً، ومن المفروض أن أقل هؤلاء المراهقين الجانحين ذكاءً والذين يبلغ عددهم/ 23/ مراهقاً ((11% و 21%) قد كان عامل الذكاء المنخفض سبباً في جنوحهم الحافظ، (1981.

كما وجد أيضاً نتيجة هذا الانخفاض في الذكاء لدى المراهقين تخلفاً تربوياً وعلمياً واجتماعياً بما يقرب الثلاث سنوات. كما أنهم يحسون بالفشل والخيبة إلى درجة كبيرة بالنسبة لحياتهم الدراسية.

9- الحالة الجسمية:

قد تكون الحالة الجسمية سبباً في جنوح الأحداث من المراهقين، فالعاهة المستديمة تجعل الشخص قلقاً ومتوتراً، فقد وجد أن التلاميذ ذوو العاهات الجسمية قد يتعرضون لمشكلات الضبط والتأديب، لأنهم لا يستطيعون أن يركزوا انتباههم كما هو الحال بالنسبة لغيرهم من الأصحاء الخالين من العاهات، أو بسبب قلقهم بوجه عام. وما يدعم ذلك زيادة نسبة الجنوح أثناء السنوات الأولى من مرحلة المراهقة، ففي هذه المرحلة بالذات كثيراً ما يعاني المراهق من الإجهاد غير المألوف.

الوقاية والعلاج من الجنوح:

يرى حجازي (1981) أنه يمكن علاج الجانحين من المراهقين عن طريق توفير الاختصاصيين النفسيين والاجتماعيين، وذلك من أجل تقديم الخدمات اللازمة لهم، وإعادة تأهيلهم وتدريبهم وتعليمهم، وإزالة مشاعر التوتر والصراع لديهم، وحل مشكلاتهم الاجتماعية والتربوية الأسرية في مناخ اجتماعي يسوده الدفء والود، وتتوثق فيه العلاقات بين أعضاء الأسرة. ويرى فيليبس Phillips (1973) أن السر الحقيقي في نجاح برامج علاج الجانحين هو أن نصلح من الظروف الاجتماعية التي تؤدي إلى الجنوح، من فقر وفساد، وتمييز عنصري، وافتقار إلى روح الجماعة

والتضامن بين المواطنين جميعاً، والتفكك الأسري، فإذا قام المجتمع بمعالجة هـذه المشكلات بـإخلاص، فإن معدل الجنوح سوف يقل بالتأكيد.

بالإضافة إلى ذلك تلعب الأسرة دوراً بارزاً في علاج الجانحين من المراهقين من خلال ما تقدمه مـن رعاية، وإشراف ومتابعة لسلوكهم.

كما أن التوسع في إنشاء مراكز رعاية الجانحين من المراهقين، وما يمكن أن تقدمه من وعي نفسي ـ وتربوي بين الآباء والمعلمين وأبناء المجتمع عامة يؤدي إلى التخفيف من حالات الجنوح، ولهذا لابد مـن النظر إلى الجانحين كمرضى وليس كمنحرفين وذلك من أجل إعادتهم إلى المجتمع كأعضاء نـافعين. كما تسهم الجمعيات المتخصصة في مساعدة الأسرة في حل مشكلات الجنوح مـن خـلال حمايـة الأسرة مـن التفكك والانهيار. ويذكر محمد (1988) تصوراً لعـلاج انحـراف الأحـداث مـن خـلال تناولـه لـديناميات الشخصية لدى الحالات الطرفية من عينة الجانحين التي قـام بدراستها، فقـد وجـد أنه إذا تـم تقـديم برامج تعمل على تنمية الجانب الخلقي لديهم، فإن ذلك يؤدي إلى تنبيه ضمائرهم وتجعلهـم يشـعرون بالندم والرغبة في التوبة، وهذا من شأنه أن يعمل على تقدمهم في الجانب الخلقي من بنيـة الشخصية بالمقارنة مع قرنائهم الذين لم يظهر لديهم هذا الإحساس بالذنب، وتأنيب الضمير، والرغبة في التوبة.

كما تعمل المدرسة من جهتها على التعرف على الأحداث المحتمل جنوحهم بصورة مبكرة، وذلـك قبل أن يقعوا في الجنوح، وتعمل على إبعـادهم عنـه مـن خـلال جعـل مناهجهـا أكـثر تنوعـاً وحيويـة، وجعلها تتماشى ورغبات المراهقين، وتدريبهم على السلوك المقبول اجتماعياً.

ولهذا يرى زهران (1977) أن علاج جنوح الأحداث يمكن أن يتم عن طريق ما يلي:

أ.   العلاج النفسي الفردي أو الجماعي ومحاولة تصحيح السلوك الجانح، وتعديل مفهوم الذات
      عن طرق العلاج النفسي الممركز حول المتعالج، مع

الاهتمام بعلاج الشخصية والسمات المرتبطة بالجنوح، ول الصراعات، ومواجهة عوامل الإحباط ودوافع العدوان، ومحاولة التغلب عليها، وإشباع الحاجات النفسية غير المشبعة، خاصة الحاجة إلى الأمن، وإبدال السلوك العدواني بسلوك بناء، والعلاج بالعمل، والاهتمام بالتربية الجنسية.

ب. الإرشاد العلاجي والتربوي والمهني للحدث الجانح، في جو نفسي ـ ملائم، يتسم بالصبر، والفهم والمساندة، والتوجيه السليم نحو السلوك الفعال، ومساعدة الجانح على رسم فلسفة جديدة لحياته.

ج. إرشاد الوالدين، وتحميلهما مسؤولية العمل على تجنيب الطفل التعرض للأزمات الانفعالية ومواقف الصراع والإحباط، وإقناع الأهل أن العقاب العنيف لا يجدي مع الجانحين، وتصحيح أساليب المعاملة الوالدية المضطربة والخاطئة والاعتراف بشخصية الأبناء، وعدم التفريق في المعاملة بينهم، وأن يكون الوالدان قدوة سلوكية حسنة لأبنائهم.

د. العلاج البيئي، وتعديل العوامل البيئية العامة داخل وخارج المنزل، وشغل وقت الفراغ، والترفيه المناسب والنشاط الاجتماعي.

هـ. توفير الرعاية الاجتماعية للجانحين في الأسرة والمدرسة ودور الرعاية الاجتماعية واستخدام كافة إمكانيات الخدمة الاجتماعية المتيسرة في المجتمع.

و. إيداع الجانحين في مؤسسات خاصة يتم فيها التأهيل النفسي ـ والتربوي والمهني، وإعادة التطبيع الاجتماعي، وتعديل الدوافع والاتجاهات في ضوء دراسات وخطط علاجية مدروسة، والعمل مع الجانحين على أساس الفهم والرعاية بهدف الإصلاح والتقويم وليس العقاب.

ز. إنشاء المزيد من العيادات النفسية المتخصصة لعلاج جنوح الأحداث. ولهذا وبناء على ما تقدم يكون التركيز أكبر على الوقاية من الجنوح والابتعاد عن آثاره السيئة، لأن الوقاية خير من العلاج الذي يتطلب غالباً وقتاً طويلاً.

ثالثاً - الاغتراب Alienation :

مفهوم الاغتراب وطبيعته :

يعتبر الاغتراب ظاهرة اجتماعية نفسية، ومشكلة إنسانية عامة، وأزمة يعاني منها المراهق بشكل خاص في مجتمعنا المعاصر الذي يزخر بالعديد من المتناقضات، والتغيرات والصراعات المتلاحقة، دون أن يرافق ذلك تغير مواز من قبل الإنسان. مما يجعله يشعر بخيبة الأمل والاغتراب عن ذاته، وعن مجتمعه، ويشعر بالعجز في مواجهة هذه التغيرات المتصارعة.

كما استخدم مفهوم الاغتراب في المجالات الدينية، والفلسفية، والسياسية، وفي مجال علم الاجتماع، وعلم النفس، والصحة النفسية، والتربية.

كما استخدم مفهوم الاغتراب في المجالات الدينية، والفلسفية، والسياسية، وفي مجال علم الاجتماع، وعلم النفس، والصحة النفسية، والتربية.

واستناداً إلى ذلك يرجع فروم **Fromm** (1972) الاغتراب إلى التفاعل الذي يحصل بين العوامل النفسية والاجتماعية، أما عبد الغفار (1973) فيذكر أن الاغتراب يكمن في فقدان المعنى في الحياة، ومن ثم انفصال الإنسان عن وجوده الإنساني من حيث هو كائن، وذلك لأن الإنسان حر في اختياره يستطيع أن يتغلب على اغترابه، ويستطيع أن يجد نفسه، وأن يعيش وجوده، ويحقق إنسانيته.

ويرى شتولز **Stohls** (1975، ص41) أن الاغتراب وهو خبرة تنشأ نتيجة للمواقف التي يعيشها الفرد مع نفسه ومع الآخرين، ولا تتصف بالتواصل والرضاء ومن ثم يصاحبها الكثير من الأعراض التي تتمثل في العزلة والانعزال والتمرد والرفض والانسحاب والخضوع".

في حين يرجع ميلز **Mills** (1977) الاغتراب إلى فقدان الإنسان القدرة على القيام بأدواره الاجتماعية بسهولة. أما حافظ (1981) فيعني بالاغتراب "وعي الفرد

بالصراع القائم بين ذاته وبين البيئة المحيطة به والمحيطة له بصورة تتجسد في الشعور بعدم الانتماء والسخط والقلق، وما يصاحب ذلك من سلوك إيجابي أو بالشعور بفقدان المعنى واللامبالاة، ومركزية الذات والانعزال الاجتماعي، وما يصاحبه من أعراض إكلينيكية (الخطيب، 1991). ويرى الحفني (1987) أن الاغتراب عن النفس أو الذات الحقيقية يحدد قدرة الفرد على الانتماء للآخرين، وهذا الاغتراب عن الآخرين يحدد قدرة الفرد على اكتشاف نفسه أي أن الاثنين متداخلان يعتمد كل منهما على الآخر. ويرى الخطيب، (1991، ص78) أن الاغتراب "ظاهرة نفسية واجتماعية موجودة عند كل الناس، ولكن بصورة متفاوتة من فرد لآخر، تختلف باختلاف المهنة، ومستوى التعليم، ومقدار الضغوط النفسية والاجتماعية والاقتصادية التي يعيش فيها الفرد، ويتوقف ذلك على التكوين البيولويجي والنفسي والصحة النفسية التي يتمتع بها الفرد".

واستناداً إلى ما تقدم يرى المؤلف أن الاغتراب ظاهرة نفسية اجتماعية تنقص الفرد مقومات تكامله، وتجعله أكثر وعياً بالصراع القائم بين ذاته وبين البيئة المحيطة به، مما يفقده القدرة على إنجاز أهدافه، ويجعل توافقه الشخصي والاجتماعي أكثر صعوبة.

أما أصحاب المذهب الوجودي فإنهم يصفون إنسان القرن العشرين في عزلته واغترابه بأنه غريب عن الله، غريب عن الآخرين، وغريب عن نفسه يرفعه الإطار الاجتماعي الذي يعيش فيه إلى إدراك هذه العزلة الوجودية أو الاغتراب الوجودي إلى الوقوع صريعاً للقلق الوجودي ومن ثم للاضطراب النفسي.

فنحن في الوقت الحاضر نشعر بأن القيم التي كانت سائدة في حياة الناس والتي كان لها وجود حقيقي فيما معنى، مثل التآزر، والتعاطف، والتوالد والتراحم والمحبة غير موجودة كما سيطرت على العلاقات بين الناس قيم غريبة عن الإنسان، وأصبحت العلاقة بين فردين تحدد مدى ما يأخذ كل فرد من الآخر. فالنفعية أصبحت قيمة وأطلق عليها العملية حتى لا يخاف الناس منها، كما أصبحت الوصولية قيمة،

وأطلق عليها الجذب الاجتماعي حتى يخدع الإنسان نفسه بذلك، وارتدى النفاق والرياء ثوباً جديداً يسمى بالمجاملة، وأصبح الإنسان وسيلة بعد أن كان غاية.

ولهذا انتشرت هذه الأفكار في مجتمع المراهقين، مما أدى إلى ازدياد ثورتهم وعصيانهم. فالشباب والمراهقون عادة ما ينظرون إلى أحاسيسهم ومشاعرهم على أنها الموجه والمرشد لهم في عمل ما هو صائب بالنسبة لهم، وينظرون إلى متطلبات المجتمع من حولهم على أنها تعتبر بمثابة مشكلة والتي لا يمكن ولا يجب أن تفهم أو يقترب منها بالوسائل العقلانية. ولهذا يشعر المراهقون الذين يعانون من الاغتراب باليأس من أصلح الأمور، والغضب من مظاهر الادعاء والتظاهرة كذلك يشعرون بالإحباط ونفاذ الصبر وعدم القدرة على احتمال مظاهر المدنية الحديثة. لهذا يكون الاغتراب عند المراهق في المرحلة المبكرة نوع من الحلول للصراع بين ما يتطلع إليه المراهق من الجماعة، وما يخشى أن يترعض له من رفض لسبب أو لآخر، وهمياً كان أم واقعياً. وهذا الصراع يكون نتيجة للحساسية الزائدة نحو الذات والتمركز حولها في هذه المرحلة (إسماعيل ، 1982) وقد نوقشت ظاهرة الاغتراب عند المراهقين والشباب بشكل واسع من قبل العديد من الباحثين فقد أشارت نتائج دراسة كولمان **Coleman** (1967) بأننا في حاجة إلى وسيلة لكي نجذب بها المراهقين إلى المنزل، كما أننا بأمس الحاجة إلى وسيلة أخرى لتخفيف وتقليل المتناقضات داخل مجتمع المراهقين. أما فوبر وميد **Feuer & Med** فيذكران بأنه يجب على الراشدين إيجاد بعض قنوات الاتصال بينهم وبين المراهقين، وأن يزيلوا الفجوة الجبلية. أما نتائج دراسة جوتليب (**Gottlieb**) فتشير إلى الفجوة لا توجد فقط بين ثقافة المراهقين والراشدين، ولكنها قد توجد كذلك داخل ثقافة المراهقين والشباب أنفسهم، ويرى بأنه من الضروري الاعتراف بعدم توفر ثقافة متجانسة التكوين للمراهقين والشباب، وبالتالي تتضمن ثقافة مراهقينا وشبابنا العديد من العناصر الثقافية غير المتجانسة، وهذا ما يجعل المراهقين والشباب يميلون إلى التفكير والأداء بطرق مختلفة.

وفي دراسة مسحية قام بها مايستر Meissner (1965) على المراهقين من عمر 13- 18 سنة، تبين أن ما يقرب من 89% من المراهقين كانوا سعداء داخل أسرهم، وأن 74% منهم كانوا يشعرون بالفخر والاعتزاز بآبائهم، كما أشارت دراسة ليسر وكاندل Lesser & Kandil إلى أن ما يقرب من 11% فقط من المراهقين من عينة الدراسة قد شعروا بأنهم بعيدون عن أمهاتهم، وأن 23%عبروا بأنهم يعبدون عن آبائهم، أما بقية عينة الدراسة فقد شعروا بأنهم قريبون من آبائهم وأمهاتهم. في حين أوضحت دراسة جوتروس Joutrus (1981) على / 800/ طالب وطالبة من المراهقين أن الإناث أكثر إحساساً بالاغتراب من الذكور في كل المواقف، وخاصة بالنسبة لانعدام المعايير، والاغتراب الثقافي، كما كان الطلاب ذوي المشكلات القليلة أكثر اغتراباً وأظهروا كثيراً من مشاعر العجز والغربة الثقافية عن المدرسة.

أسباب الاغتراب:

يذكر الأشول (1982، ص573) أن الاغتراب يرجع في أساسه إلى العديد من العوامل منها:

1- غياب القيم الدينية والإنسانية في حياة المراهقين والشباب.

2- الفجوة بين ثقافة المراهقين والشباب وثقافة الراشدين من حولهم.

3- النفاق والرياء، وتأليه الفرد أمام المراهقين والشباب.

4- صياغة الآخرين لنموذج حياة المراهقين والشباب.

5- عدم قدرة المراهقين والشباب على تحقيق ذواتهم، وبالتالي عدم قدرتهم على تقبل ذواتهم.

6- افتقاد المراهقين والشباب معنى وجودهم، لافتقارهم أهداف الحياة التي يحبوها.

7- التناقضات الموجودة داخل مجتمع الراشدين من حولهم مما يجعل المراهقين والشباب يفتقدون المثل الأعلى الذي يمكنهم أن يحتذوا به.

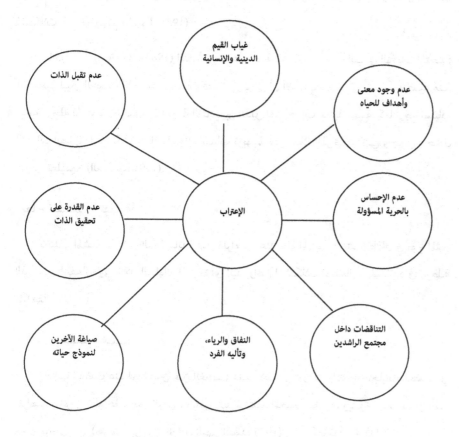

شكل رقم (3): العوامل التي تؤدي إلى إحساس المراهقين والشباب بالاغتراب

ويشير فريد نبرج Friedenberg (1971) إلى أن الاغتراب عند المراهقين والشباب يعـود إلى بعـض العوامل منها على سبيل المثال:المعاملة الوالديـة سـواء كانـت متسـلطة أو متسـاهلة. كـما أن الخـبرات المحيطة بهم والتي هي في تغير مستمر نتيجة تطور المجتمع الذي يعيشون فيـه تجعلهـم غير قـادرين على تفهم من حولهم، وخاصة الناس لهم، بالإضافة إلى فترة التـدريب والتعلـيم الطويلـة بـين مرحلتـي الطفولة والرشد، والتي عادة ما توجد في المجتمع التكنولـوجي المعقـد، فعـادة مـا نـرى عـدم تعـاطف المراهقين مع ما يرونه من أشياء تقع تحت أنظارهم، كما يشعرون بـالقلق والاضـطراب نتيجـة رؤيـتهم

الزيف من حولهم وانتشار النفاق داخل جيل الراشدين، وعدم محاولة الكبار تفهمهم والعمل على حل المشكلات التي تواجههم (الأشوال 1982).

أما دراسة أويو Owie (1982) التي أجريت على عينة من الدارسين الأجانب في الولايات المتحدة الأمريكية لبيان الاغتراب الاجتماعي عندهم فقد أشارت إلى أن الاغتراب يعود إلى أسباب مرضية منذ بداية مرحلة المراهقة، خاصة عند الطلبة الأكاديميين الذين لهم أهداف مهنية معينة. كما أرجع أسباب الاغتراب أيضاً إلى التنشئة الاجتماعية، وإلى أسباب تربوية من خلال المواقف التي واجهتهم خلال مراحل تعليمهم (الخطيب، 1991).

رابعاً – المشكلات الانفعالية:

تختلف المشكلات الانفعالية السائدة لدى المراهقين عند تلك الموجودة عند الأطفال في نوع المثير الذي يثير الانفعال، وفي شكل السلوك الذي تؤدي إليه، وأهم المشكلات الانفعالية السائدة في مرحلة المراهقة ما يلي:

أ- مشكلة الغضب:

يختلف الغضب عند المراهقين عن الغضب عند الأطفال، لأن مثيرات واستجابات الغضب في المراهقة تتأثر في تطورها بالعمر الزمني، وبالمواقف المختلفة المحيطة بالفرد، وبنوع ومستوى إدراكه خلال مراحل نموه (هرمز وإبراهيم، 1988، البهي السيد، 1975) وذلك كما نوضحه في الآتي:

* تطور المدى الزمني لانفعال الغضب:

أوضحت الدراسات التي قام بها ملتزر Meltzer (1933) أن 90% من حالات الغضب عند الأطفال لا تدوم أكثر من خمس دقائق، ثم يعود الطفل إلى حالته الطبيعية، في حين أن متوسط المدى الزمني لحالات الغضب عند المراهقين تستمر حوالي 15 دقيقة بمدى يتراوح بين دقيقة واحدة، وثمان وأربعون دقيقة ويتحكم في

طول الفترة الزمنية لثورة الغضب كل من عمر الفرد وشدة الضغوط الاجتماعية المحيطة به. أما مدى تكرار هذه الثورات الغضبية عند المراهق فيعود إلى عدد وقوة التهديدات البيئية من جهة، وعلى الفروق الفردية بين المراهقين من جهة أخرى.

* مثيرات الغضب:

تتصل مثيرات الغضب في مرحلة المراهقة بالحياة الاجتماعية المحيطة بالمراهق اتصالاً وثيقاً. فالمراهق يغضب عندما يؤنب أو يوبخ، أو ينتقد، أو يتكرر له النصح أو عندما يشعر بأن زملاءه لا يعاملونه برفق، أو عندما يقسو الأب أو المعلم في معاملته دون وجه حق، أو عندما تحجب عنه امتيازات معينة يعتبرها حقاً له، أو عندما يعامل كطفل، أو عندما يتدخل الآخرون في شؤونه كما يغضب المراهق كذلك عندما لا تسير الأمور على ما يرام، إذا لم يستطع إنجاز ما يسعى إليه، وإذا قوطع مراراً وهو منهمك في أمر يريد إنجازه، وإذا اعتدى الأخوة أو الأبوان على ما يعتبره ملكاً خاصاً به، وعندما يرى الظلم يقع على أسرته أو أصدقائه أو الحيوانات أحياناً.

كما يغضب المراهق حينما يزعجه الآخرون أثناء المذاكرة، وهو يستعد للامتحان أو حينما يوقظه أهله من النوم دون أن يأخذ كفايته منه.

كما يثير غضب المراهق أيضاً العوامل الطبيعية الخارجية مثل الجو العاصف أو البرد القارس، أو الحر الشديد، أو الزوابع .. الخ ...

وقد أكدت العديد من الدراسات ما ذكر آنفاً، حيث بينت إحدى هذه الدراسات التي أجريت على طلاب المدارس الثانوية أن أكثر الظروف إثارة للغضب عند هؤلاء الطلاب القواعد المتصلة باللبس والإقامة الدقيقة، ومضايقة الآباء للأبناء، وفرضهم قيوداً كثيرة عليهم. فقد شكا حوالي 50% من الأولاد و 80% من البنات من إلحاح أمهاتهم عليهم لاصطحاب أخواتهم وإخوانهم الأصغر منهم معهم أينما ذهبوا.

في حين أن دراسة أخرى أجريت على طلبة وطالبات إحدى المدارس المتوسطة (الإعدادية) والتي تتراوح أعمارهم ما بين 11/ 16 سنة، بينت أن الظروف المثيرة

للغضب عند الطلاب والطالبات تعرضهم للسخرية، والاستهزاء، والشعور بالإجحاف، وتعرضهم للكذب، وانتزاع حوائجهم منهم.

* أشكال التعبير عن الغضب:

تتطور مظاهر التعبير عـن الغضب عند الفرد في مرحلـة المراهقـة، فالمراهق يتعلـم أن التعبير الصريح عن الغضب يعرضه للنقد، ولهذا فهو يخفي غضبه مـع تقدمه في العمـر، إذ أننا لا نجد مـن استجابات الغضب الموجودة عند الأطفال إلا الشيء القليل عندما يصل الفرد إلى سـن الرشد فالمراهق عندما يثار ويغضب يضرب الأرض بقدمه، أو يركل الأشياء الموجودة أمامه كما أن الفتاة تستجيب عند إثارة غضبها، وهذا ما كنا نلحظه في مرحلة الطفولة. ولهذا قد يتخذ التعبير عـن الغضب عند المراهـق أشكالاً مختلفة أهمها ما يلي:

- **الشكل الحركي:** يبدو هذه الشكل عندما يحاول المراهق التنفيس عن غضبه بذرع الغرفة مجيئاً وذهاباً في ثورة واضطراب، أو عندما يشغل نفسه بنشاط أو عمل شاق يتطلب طاقـة حركيـة عاليـة، أو عنـدما يسـتخدم الهجـوم والضـرب والـرفس، أو عنـدما يغـادر المنـزل بعصبية، ويهيم عـلى وجهـه في الطرقات، أو عندما ما يضرب يده بقوة على المنضدة، أو بكسر أو يمزق شيئاً معيناً.

- **الشكل اللفظي:** تتحول استجابات المراهـق في هـذا الشكل مـن الشكل الحركي إلى الشكل اللفظي، حيث يظهر على صورة تهديد ووعيد وشتائم، أو قـد يطلق الألقـاب على مـن يضـايقونه، أو يناقش بلهجة حادة غاضبة لإثبات فكرته أو حجته بدلاً من اللجوء إلى الشكل الحركي ويعتبر استخدام هذه الأشكال عند المراهق دليلاً على تطور النمو الانفعالي عن الشكل السابق.

- **تعبيرات الوجه:** وفي هذا الشكل نلاحظ صورة أخرى مـن النمـو الانفعالي عند المراهـق فهو لا يعبر عن غضبه بالضرب أو بالتهديد أو بالشتائم، وإنما تتحول استجاباته الغضبية على شكل وجه متجهم عابس، وتغضين في الجبين، واحمرار أو

اصفرار الوجه أو نظرات جامدة Stone Glances أو تحديق بارد في الشخص الذي تسبب في غضبه، أو زمجرة تظهر مـن خـلال التـنفس. ويـرى جيـزل وآيمـس Gesell & Ames (1963) أن السـيطرة عـلى الغضب يكون قد تمت في الفترة الأخيرة من المراهقة بحيـث نجـد أن المراهـق في سـن السادسـة عشـرة قلما ينفجر أو يصيح أو يضرب الباب عندما ينتابه الغضب، بل يكظم غيظه ويصبر على ما أصابه حتى يجد حلاً يخرجه من أزمته.

- **اللوم**، وفي هذا الشكل ينحـو المراهـق باللائمـة عـلى نفسـه، وينقـد نفسـه بشـكل لاذع، ويتجـه بغضبه نحو ذاته، وقد يبكي، ويشعر بالإثم والألم على خطيئة ارتكبها مما يدل على رهافة مشاعره.

ولكن توجيه الغضب نحو الذات ولومها بشكل متكرر قد ينعكس على المراهق على شكل أمراض واضطرابات سيكوسوماتيه (أي اضطرابات جسمية ذات أساس ومنشأ نفسي) مثل الحساسية الشـديدة والصداع النصفي، وسوء الهضم، وغير ذلك من أمراض.

- **النية والفعل:** وفي هذا الشكل من الغضب، يحاور المراهق نفسه حواراً داخلياً صامتاً، وينـوي القيام بفعل معين، ولكنه يتخفف كثيراً من المظاهر الداخلية، حينما يعلن موقفه للناس، حيـث تـدل أبحاث ملتزر Meltzer (1933) أن أعلى نسبة لهذه النوايا الداخلية تبـدو في رغبـة المراهـق في البكـاء والصراخ والوعيد بالإهانة، وأن أوسطها يكون على شـكل سـخرية وعتـاب وهـروب، ولكـن الاستجابات الخارجية الفعلية التي ترتبط ارتباطاً قوياً بهذه النوايا العدوانية لا تكاد تتجاوز 4%، وأن المظهر اللغوي الهادئ للغضب يبلغ 40%. وهكذا لا يفصح المراهـق عـن نوايـاه إلا بقـدر، ويخضـع في أنماط سـلوكه لرقابة ضميره، لهذا فهو لا يفصح عن حقيقة غضبه وشدة ثورته، إلا بما يتفق وطبيعة الموقف المحيط، وبما يتسم مع المعايير الاجتماعية السائدة، وكـذلك بمـا يتناسـب مـع مسـتوى تدريبـه ونضـجه (هرمـز وإبراهيم، 1988) البهي السيد، 1975).

كيف يستجيب المراهق لغضبه؟

الغضب انفعال طبيعي لا مفر منه في كثير من الأحيان في مواقف الحياة المختلفة، والمراهق الذي يدرك هذه الحقيقة سيكون قادراً على إدراك المعاناة والآلام الناجمة عن الغضب، فإذا استطاع المراهق أن ينظر نظرة موضوعية إلى غضبه، ويتحكم بنفسه بحيث لا يغضب إلا في الوقت المناسب حتى لا يعرض نفسه للوم، وتقديم الاعتذار المتكرر للآخرين، فإنه يكشف عن حقيقة نفسه ويتعامل معها بشكل واقعي دون تأنيب أو شعور بالإثم بسبب استسلامه المتسرع لنوبات الغضب، ولكن في حالة الوقوع في الغضب فعليه ألا يكثر من لوم نفسه حتى وإن لم يجد مبرراً لغضبه، وكان غضبه يتسم بالاندفاع الأهوج.

ولهذا لابد من انتباه الكبار إلى غضب المراهقين، والاستماع إليهم فيما يبرر غضبهم، مما يجعل الغضب وسيلة لفهم المراهق لنفسه ووسيلة لفهم الآخرين.

ب- مشكلة الخوف:

مع نمو الفرد في العمر ووصوله إلى سن المراهقة، فإن التغيرات في مختلف جوانب شخصيته تستمر وتتطور، مما ينجم عن هذه التغيرات ظهور بعض المخاوف الجديدة التي تتصل مع هذه المرحلة، أو قد تستمر عنده بعض المخاوف التي كانت من في مرحلة الطفولة، والمراهق في كثير من الأحيان يصارع مخاوفه الناجمة عن مشاكل، موجودة في طفولته وفي الحياة اليومية ويحاول التغلب عليها، حيث لا يتسطيع أي إنسان أن يعيش دون مخاوف عندما يتعايش مع الحياة التي تزخر بالأحداث والمفاجآت، وقد يستجيب الفرد لمخاوفه استجابة بدنية فسيولوجية، تظهر على شكل تغير في اللون، وفي ارتعاد فرائصه، وتصبب جسمه عرقاً، أو قد ينزع إلى الهرب، أو يكتم مخاوفه ولا تظهر آثارها إلا من خلال أحاديثه وأقواله، وقد يتطور به الأمر فيمتد بأفكاره وخياله إلى المستقبل، ويستنتج المواقف المخيفة قبل حدوثها وينأى بنفسه بعيداً عنها حتى لا يواجهها.

المخاوف الشائعة لدى المراهقين:

تتطور مخاوف المراهقين في موضوعها ومظاهرها تطوراً يميزها عن مخاوف الأطفال، وأبرز المخاوف التي تكثر عند المراهقين ما يلي:

1- **الخوف من الحيوانات:** تستمر المخاوف من الحيوانات عند الأطفال لدى المراهقين، حيث وجد ما يقرب من نصف هذه المخاوف باقية حتى سن المراهقة، وقد تمتد حتى سن الرشد.

2- **المخاوف المدرسية:** يرتبط العديد من مخاوف المراهقين بالمدرسة والدراسة، فالمراهق يخاف من الإخفاق أو الفشل في الامتحانات أو من تحقيق ما يطمع إليه من آمال. ويخاف المراهق أيضاً من السخرية التي قد يتعرض إليها من المدرسين أو الزملاء، كما يخاف من المشاركة في نشاطات مدرسية مثل القاء كلمة بمناسبة ما، أو إلقاء قصيدة، أو المشاركة في مسرحية، كما يخاف من عدم القدرة في بذل الجهد الكافي. لمواصلة الدراسة على الوجه المطلوب.

3- **المخاوف الصحية:** يخاف المراهق من المخاطر، أو الحوادث التي تسبب له إعاقة دائمة أو مرض أو موت، بالإضافة إلى ذلك فإنه يخاف من زيادة الوزن الذي يتعارض مع حب الإنسان لتناول الطعام والرغبة في الاحتفاظ بقوام رشيق. .

4- **المخاوف المتعلقة بمستقبل المراهق المهني:** فقد أكدت الدراسات التي أجريت على طلاب المدارس الثانوية وجود مخاوف تتعلق بالحصول على العمل أو الوظيفة التي يمارسها مستقبلاً، والخوف من المشكلات التي ستواجههم في المستقبل، ويخاف من عدم تحقيق الآمال والتطلعات التي يطمح في تحقيقها.

5- **المخاوف الاقتصادية:** فالمراهق يخاف من البطالة التي يمكن أن يتعرض لها وما ينجم عن ذلك من فقر، وانخفاض في المستوى الاقتصادي للأسرة.

6- **المخاوف المتصلة بعلاقات المراهق بالآخرين:** يخاف المراهق من إيذاء مشاعر الآخرين كما يخاف من النبذ من قبل الآخرين، وعدم تمكنه من احتلال مكانة مرموقة بينهم. كما يخاف أيضاً من آثار التعصب الذي قد يلحق به نتيجة لانتمائه لجماعة الأقليات.

7- **المخاوف الناجمة من علاقته بالجنس الآخر:** تظهر لدى المراهق في بداية مراهقته بعض الشكوك من عدم تقبلة من الجنس الآخر، وذلك بسبب التغيرات الجسمية والفسيولوجية التي ترافق هذه المرحلة من العمر، فهو يشعر بالحرج والضيق نتيجة عدم تناسب أعضاء جسمه ومعالم وجهه، بالإضافة إلى خوفه من التعلثم عندما يريد أن يتحدث مع الجنس الآخر، وغير ذلك من مخاوف.

مظاهر الخوف:

يأخذ الخوف في مرحلة المراهقة مظاهر متعددة بعضها يكون ظاهراً وبعضها يكون خفي ومستتر في حين نجد مظاهر أخرى للخوف على شكل لا مبالاة بالموقف المثير. ولهذا يمكن تصنيف مظاهر الخوف في المراهقة كما يلي:

أ- مخاف ظاهره: حيث يظهر الخوف على شكل ارتجاف، وبذل الجهد في تجنب الخوف أو في الهرب من الموقف المخيف.

ب- مخاوف مستترة: قد يخفي المراهق مخاوفه بصورة لبقة وماهرة، حيث يبدو الخوف على شكل غضب ويكون هذا الغضب ستاراً يخفي وراءه الخوف، فالذي يخاف من الذهاب إلى طبيب الأسنان، تراه يغضب بعنف عندما يذكر بموعد زيارة هذا الطبيب للمعالجة.

جـ- مخاوف تكون على شكل لا مبالاة بالموقف المخيف: فالمراهق قد يسرف في عدم اكتراثه بمثير الخوف، حيث يوحي للناس بأنه شخص مستقر وهادئ وغاية في الانسجام والراحة النفسية، فالمراهق الذي يمثل دور الشخص الدمث قد يكون شخصاً فضاً، ولكنه يستعين بدمائته كوسيلة لحماية نفسه من الاستهجان والنبذ.

د- مخاوف تظهر على شكل شعور بالخجل: حيث يكون المراهق في بداية مراهقته خجولاً جداً في مواجهة الآخرين ما عدا أصدقائه الحميمين، فالخجل كانفعال يصاحب الخوف عندما يخشى الفرد الموقف المحيط به، فهو ينشأ من شعوره بالضيق عندما يجتمع بالآخرين، ويحاول بشكل مستمر كف الاستجابات الاجتماعية العادية. فالخجل يتعلق بخوف المراهق من الحاضر الذي يحيا في إطاره، ويعوق بذلك مظاهر النشاط المقبلة. كما يرتبط الخجل بالحرج الذي ينشأ من الشعور بعدم الكفاية، ويحكم الآخرين غير المناسب على الفرد فيشعر المراهق بالحرج عندما يبدو غريباً وهو يحاول التشبه بالكبار قولاً أو فعلاً كما يشعر بالحرج عندما لا يعرف ماذا يجب عليه أن يفعل في موقف اجتماعي ما، أو عندما يكشف عن سوء التصرف لأنه أراد خلق الانطباع لدى الآخرين بأنه عارف أو قادر على فعل من الأفعال. ويرى سالتر **SALTER** (1965) أن المراهق يشعر بالخجل والحرج من ملابسه عندما تكون أقل في مستواها من ملابس الآخرين لأنه يدرك أن الملابس رمز تدل على المكانة الاجتماعية.

هـ- مخاوف تظهر على شكل شعور بالارتباك: يعتبر الارتباك أحد المظاهر الانفعالية التي تصاحب الخوف. فالمراهق يشعر بالارتباك عندما لا يجد مهرباً من الموقف الراهن المحيط به، أو عندما يشعر بسخرية الآخرين منه، أو مغالاتهم في مدحه.

جـ- مشكلة القلق:

يعتبر القلق حالة انفعالية تنشأ من الخوف من مجهول أو الخوف من شيء لا يستدعي الخوف، أو الخوف من أن سيئاً يحدث لنا دون معرفة هذا الشيء، وقد لا

يكون له وجود أصلاً فهو مركب من انفعالات كثيرة تختلف عما نحسبه غضباً عابراً أو نوعاً من الخوف الذي يبعث الأسى والحزن في النفس.

يكثر القلق عند المراهق بالمقارنة مع الأطفال وذلك بسبب تعرضهم لمشكلات جديدة تسبب لهم الصراع فكثيراً ما تكون الدوافع الجنسية التي تظهر في المراهقة سبباً من أسباب القلق، حيث أن هذه الدوافع كثيراً ما تكون مقترنة بمشاعر الذنب والمرض دون أن يجد مبرراً لهذه المشاعر. .

كما أن المراهق يقع تحت وطأة القلق والاضطراب عندما يتعرض لضغط أو إكراه ليقول أو يفعل أموراً لا تتفق وفلسفته في الحياة أو بعيداً عن الذوق السليم. بالإضافة إلى ذلك يتعرض المراهقون للقلق في مواقف خاصة، في حين يتعرض آخرون لقلق مستمر، حيث تصبح حياتهم مخيفة، ويعانون من عدم الاستقرار، وعدم القدرة على تركيز انتباههم في أمر ما لمدة طويلة، كما تقل سعادتهم وكفاءتهم. فالقلق قد يصبح لدى الكثير من المراهقين أكثر إيلاماً من الآلام الجسمية مما يجعلهم أحياناً يلجأون إلى بعض الأساليب السلوكية الشاذة للتخفيف عن آلامهم من القلق مما يؤثر ذلك في توافقهم مع المجتمع الذي يعيشون فيه.

فالقلق عند المراهق حالة تنبع من أفكاره، وأحاسيسه، ونزواته التي لا تنسجم مع ما يتوقعه في نفسه، مما يجعله يعيش في حالة صراع داخلي شديد تظهر على شكل حزن وكآبة دون أن يكون هناك مبرراً منطقياً لذلك.

يظهر القلق عند المراهق أحياناً في صورة مبالغة في إتقانه لعمله إلى الحد الذي قد يتعطل فيه عن العمل ذاته بحجة الاتقان والمبالغة الشديدة في أن يكون خيراً في سلوكه على حساب صحته وإنتاجه، والقيام بترتيب الأشياء وتنظيمها وتنظيفها إلى الحد الذي يتعارض مع قيامه بواجبه الأساسي. كما أن عدم الاتزان وزيادة النشاط يعتبر عرضاً من أعراض القلق عند المراهق. فهو دائم الحركة حتى ولو جلس فإنه يهز ساقيه أو ذراعيه .. الخ. فالنشاط الذي لا هدف له عند المراهق هو وسيلة لتخليصه من قلقه، ومحاولة إيقاف هذا النشاط يزيد من القلق الداخلي لديه، ولهذا يكون من الواجب

توجيه المراهق إلى ممارسة نشاطات رياضية واجتماعية وهوايات متنوعة، كما يظهر القلق عند المراهق أيضاً على شكل استغراق في الخيال وأحلام اليقظة وذلك بسبب شدة إلحاح الدوافع الجديدة التي ظهرت لديه في مرحلة المراهقة وكثرة القيود الشديدة المفروضة على هذه الدوافع. ولمساعدة المراهق في هذه المرحلة وفي هذا الجانب بالذات لابد من تنمية ميوله واهتماماته واستغلال مواهبه عن طريق النشاطات الفنية والأدبية مما يساعده في التوافق السليم والتغلب على الكثير من مشكلاته. والقلق قد يكون سبباً في تأخر المراهق الدراسي، حيث أن المراهق القلق يكون غير متزن انفعالياً، وغير قادر على التركيز في الموضوعات الدراسية لفترة طويلة، ونتيجة لذلك يضطرب عمله المدرسي، وهذا ما يجعل الحاجة ماسة لمساعدته في حل مشاكله الشخصية.

كما يلجأ المراهق القلق إلى الانعزال بسبب تكرار فشله في المواقف الاجتماعية، وقد يتطور هذا الأسلوب لديه ليصبح على شكل مرض نفسي أو عقلي. ولهذا فإن شعور المراهق بالعاطفة الصادقة من قبل الكبار المحيطين والاهتمام به بشكل كبير خير وقاية من مثل هذه المشكلات. ومن أهم المؤشرات على وجود القلق عند المراهقين ما يظهر على شكل:

- إجهاد وتوتر وشكوك مرتبطة بوجود الإنسان.

- كثرة المآزق والمشكلات التي تعترضه أثناء نموه وتطوره.

فالمراهق يشعر بالصراع عندما يتولد لديه رغبة جامحة في الاستقلال بالرغم من شعوره بالحاجة إلى التمسك باتكاليته. وترى جونز JONES (1949) أن عملية النمو عند المراهق تكون من السرعة والسعة ما يجعله غير قادر على الاستقرار، ويعرضه للعديد من المخاطر الصحية. فالمآزق والمشكلات تظهر عند المراهق بسبب التناقض بين دوافعه وبين الموانع والقيود الاجتماعية التي تعترض سبيله.

كما يواجه المراهق اضطرابات ناتجة عن التخطيط للمستقبل المهني واختيار العمل الذي يصلح له. فهو يكون قد خطط لعمل أو مهنة ما ويطمح في تحقيقها. ولكن ما

يملكه من استعدادات وقابليات لا تمكنه من تحقيق ذلك مما يسبب له القلق والمشكلات.

ومن الأمور التي تسبب القلق، وتكون ذات أهمية خاصة في حياة المراهق كثرة المشكلات والصراعات الشخصية العصية على الحل، وذلك بسبب مواقف قديمة واتجاهات لا تزال عالقة في نفسه. ولا يزال موقفه منها ثابتاً وصعب تغييره. فالظلم والإجحاف الذي يكون المراهق قد تعرض له من والده أو أقاربه أو غيرهم من الناس، يكون لا يزال معلقاً عنده من غير حل، وتؤدي إلى شعوره بالنقص، والحط من قيمته أو لوم نفسه أو شعوره بالإثم وما شابه ذلك.

فالدوافع المتصارعة التي يعيشها المراهق، والتي لا يعرف سرها، تبرز لديه عندما يختار موضوعاً دراسياً دون آخر، أو عندما يخطط لاختبار مهنه دون أخرى.

ومن الأعراض التي تدل على وجود القلق عند المراهق، والتي تتمثل جميعاً في اضطراب في وظائف الجسم من مثل وجع الرأس، وسوء الهضم، والإسهال، والشعور بالمرض، والشعور بالخدر، والارتجاف، والضعف، والإرهاق، وغير ذلك. وكثيراً ما تبدو على المراهقين والشباب مظاهر الشعور بالهبوط، وانحطاط القوى التي قد تدوم بضعة أيام أو أسابيع، بل وحتى بضعة شهور، ويرافقها شعور بالفشل وعدم الفائدة، وقد تتطور هذه المشاعر إلى مستوى الانتحار لا سيماً فيما بين السابعة عشرة والخامسة والعشرين. ومن الحكمة أن يلاحظ الأبوان كل هذه الأعراض، وأن لا يتغاضيا عنها بسهولة، وذلك لأنها جميعاً دلائل على أن المراهق أو الشاب بحاجة للعون، وعلى أنه يستشعر ثقل الحياة ووطأتها (أودلم، 1994).

د- مشكلة الغيرة:

تعتبر الغيرة استجابة انفعالية تنشأ من الغضب، تظهر في صورة قوية ومقنعة في بداية المراهقة عندما يبدأ المراهق الاهتمام بالجنس الآخر عموماً. ويمكن استثارة الغيرة عند المراهق في أي موقف يتضمن أشخاصاً يحتفظ لهم المراهق بحب عميق. فالغيرة

عرض من أعراض الضعف الأخلاقي، والفقر الوجداني، حيث يحاول الشخص الغيور سد الفراغ الـداخلي، حيث تكمن ضروب كثيرة من الشعور بالدونية. ويعتقد الغيور أنه يحب، ولكن مـا يفعلـه لـيس سـوى البحث عن أمنه الداخلي الخاص، وقد تتطور الغيرة عند الفرد لتصبح على شكل هذيان الاضطهاد.

ففي بداية مرحلة المراهقة نجد أن المراهق يغار من زملائه الذين ينالون مزايـا أكـثر، وأنهـم أكـثر نجاحاً في المدرسة، أو في البطولات الرياضية .. الخ، كما تزداد شدة الغيرة عنـد المراهـق عندما يركـز في حبه على شكل واحد من الجنس الآخر، حيث تنمو لديه الرغبـة في التملك والاستحواذ علـى محبوبه، وإذا شعر بأن هناك من ينافسه على هذا الحب تنشأ عنـده الغيرة، حيـث يستجيب إزاء هـذه الغيرة بهجوم لفظي، أو مجادلة كلامية، وقد يكون الهجوم بطريقة مستترة خفيـة بشكل يصعب أن نتبينه، ويكون ذلك على شكل تعليقات ساخرة، أو استهزاء على الآخر في حضرة الآخرين للإقلال مـن شـأنه. ومثل هذه الأساليب اللفظية التي تعبر عن الغيرة تدل على نضج انفعالي عند المراهق، أما إذا استخدم الضرب وأساليب الهجوم الصريحة فإن ذلك يدل على عدم نضج انفعالي.

أما الغيرة عند الإناث المراهقات فيلجأن إلى الصراخ والبكاء عندما يجرح شعورهن أو إذا أحسسـن بإهمالهن، أو فقدن حبهن لشخص كانت تربطهن به علاقة وطيدة.

هـ- مشكلة الحب:

تتميز حياة المراهقين الانفعالية بحبهم للآخرين مـن جهـة، وإلى حـاجتهم إلى أن يحبـوا مـن قبـل الآخرين من جهة أخرى. فالحب عنصر أساسي في الطبيعة البشرية شبيه بالبحث عن الطعام وباستعداد الإنسان للغضب، فقد أكد العديد من الباحثين على أهمية الحب في بناء شخصية المراهـق، واستقراره العاطفي.

ولهذا يرى مونتاجو MONTAGU أن أهم شيء يجب أن ندركه حول الطبيعة البشرية، وأهم الأجزاء التي تقع في تركيبها هو الحب. كما يشير كل من سوروكين وهانسون SOROKIN & HANSON إلى أن الحب والحنان بإمكانهما إيقاف العداوة والعدوان بين الناس، وأن الحب يولد الحب، والبغض يولد البغض، وأن الحب عامل مهم في انطلاق حيوية البشر وفي إطالة العمر وفيه قوة للشفاء، وقوة في علاج المريض. كما أن للحب قوة إبداعية تكاملية في حياة الفرد، وله قوة أخلاقية في الحركات الاجتماعية، ويكون الصورة الحيوية الممتازة للعلاقات الإنسانية. ففي دراسة لمجموعات من المراهقين الجانحين وغير الجانحين، تبين للباحثين أن صغار المراهقين الذين يظهرون اهتماماً انفعالياً نحو والديهم، هم أكثر استعداداً لقبول النصائح الأخلاقية التي يوجهها إليهم آباؤهم. ولهذا فإن المراهق الذي نال حب وعطف الوالدين أقدر من نظيره الذي يفتقد إلى مثل هذا الحب والعطف الوالدي في مواجهة مطالب الحياة خارج المنزل. غير أن هذا الحب الذي يلقاه المرهق داخل المنزل ليس ضماناً كافياً لنجاحه في حياته والحيلولة دون فشله خارج المنزل. ولكن هذا لا ينكر أن للحب المتين الذي ينطلق منه المراهق في المنزل أهمية في توفير الفرص التي تساعده على تعزيز محاولاته في كسب الحب والعطف خارج المنزل.

ولكن بالرغم من البناء في الشخصية الذي يكون قد حظي به في إطار أسرته، إلا أن حياته لا تخلوا من صعوبات أثناء اتصاله بالآخرين الذين يختلفون عنه في معاييرهم الأخلاقية، وتقاليدهم وقيمهم. ولهذا لابد للمراهق الذي يسعى إلى كسب حب فئة الأقران من أن يتحلى بقدر كبير من المرونة، وبقدرة على تعديل منظومة قيمه الخاصة في محاولة منه لتقبل منظومة القيم السائدة لدى فئة الأقران (أسعد ومخول، 1982).

فالحب كاستجابة انفعالية يبنى من خلال الارتباطات السارة مع الأشخاص الذين تربطهم بالمراهق علاقة من نوع ما، حيث تتسع دائرة العلاقات عند المراهق في مرحلة المراهقة لتشمل الآباء، والأمهات والأخوة والمعلمين، والأقران والجنس الآخر .. الخ.

والفتاة تسبق الفتى في ميلها للحب، لأنها تصل إلى البلوغ قبله بعام أو عامين. ففي بداية المراهقة نجد أن الحب يكون عذرياً إذ تمتلئ حياة المراهق بالمشاعر والخيالات والأحلام الجميلة. كما يتميز الحب في هذه المرحلة أيضاً برغبة المراهق المحب، البقاء مع من يحب، ويشعر بالوحدة وعدم الأمن عندما يكون بعيداً عن محبوبه، ولهذا يسعى إلى أن يكون في اتصال مستمر معه سواء بشكل مباشر، أو عن طريق الاتصالات التلفونية المتكررة أو عن طريق الرسائل.

وهذا النوع من الحب يختلف عن حب الوالدين أو الأخوة أو الأصدقاء، إنه في كثير من الصفات أجمل أنواع الحب وأكثرها غيرية، حيث يضفي المحب المراهق على محبوبه كل فضيلة، ويكون المحبوب أروع المخلوقات التي وجدت والتي يمكن أن توجد لا شيء لا يمكن فعله من أجل المحبوب، وحتى الحياة نفسها يمن التخلي عنها من أجله، إنه يرغب في إقامة علاقة من نوع خاص معه، إن بسمة أو هزة رأس، أو كلمة تحية منه تكفي لإسعاد المحب.

إن ما يخلق هذه الحالة هي حاجة المراهق لتحقيق ذاته عن طريق الحب، ولهذا فإنه ليس من المبالغ فيه عندما نقول أن نجاح هذه التجربة الأولى في الحب أو فشلها يقرر الموقف المقبل لعلاقات الحب عند المراهق، لا بالنسبة إلى أفراد جنسه فحسب، وإنما بالنسبة للجنس الآخر أيضاً. فإذا ما انتهى هذا الحب بالنجاح والرضى كان مدعاة للمراهق في الاعتقاد بأنه لا خطر من الحب والعطاء. أما إذا انتهت التجربة بالفشل فإن ثمة خطراً من أن لا يحب المراهق أحداً في المستقبل، وهذا ما يؤدي إلى تأخر نموه العاطفي، أو ينحرف نهائياً، ولهذا فإننا نخطئ عندما نضايق المراهق بسخريتنا من حبه أو تحقيره أو الضحك عليه. كما أنه من الأهمية بمكان عظيم أن يربي الفتى والفتاة على الموقف الصحيح من الجنس، ذلك بأن عدم التوافق الزواجي والجنسي من أهم أسباب التعاسة الزوجية، وتأخر النمو العاطفي عند المراهق.

خامساً – المشكلات الجنسية :

مع بداية النضج الجنسي يتفتح أمام المراهق عالماً جديداً فيه من اللذة وإثبات للرجولة. غير أن هذا العالم يكتنفه الغموض والإثم والعار، كما ينشأ لديه الصراع بين دوافع قوية جارفة تؤكد على الدافع الجنسي، وبين العالم الخارجي وتقاليده واتجاهاته مما يؤثر في سلوك المراهق ويجعله ينتقل من حالة انفعالية إلى أخرى، فهو يتأرجح بين الغيرة والأنانية، وبين الغضب والاستسلام، ويميل إلى التفكير في كثير من المشاكل المحيطة به.

ففي دراسة موسى (1973) تبين أن 20% من المشكلات التي أودع بسببها الأحداث في المدرسة الإصلاحية كانت جنسية. كما ظهر أن آباء وأمهات الجانحين لا يفرقون في معاملة أولادهم عندما كانوا في عمر عشر سنوات عن معاملتهم في عمر ست عشرة سنة. بالإضافة إلى أن هؤلاء الآباء يهملون أولادهم، ويستخدمون القسوة في معاملتهم. كما تتضارب معاملتهم لأبنائهم بين القسوة والولاء وخاصة فيما يتعلق بالأمور الجنسية عندما يرتكبون بعض الأخطاء (هرمز وإبراهيم، 1988).

أما حلمي (1966) فقد ذكرت أن النسبة المئوية لاستجابات الطالبات على مجال مشكلات العلاقات الجنسية كانت 8،84% من مجال المشكلات الأخرى. في حين أن شهاب (1953) بين أن نسبة المشكلات الجنسية 51،7%. كما بينت نتائج الدراسة التي قامت بها خان (1970) أن أكثر من خمس مشكلات جنسية تردد بالنسبة للذكور من الطلاب في المرحلة الثانوية هي:-

- لا أستطيع أن أسأل والدي عن أي مسألة جنسية %52
- لا أختلط بسهولة مع الجنس الآخر %49
- أرتبك عند الحديث مع أفراد الجنس الآخر %46
- أود أن أعرف بعض الأمراض النفسية %34

- يحق أن نلوم المدرسة لأنها لا تعطينا معلومات جنسية %33

أما بالنسبة للإناث من طالبات المرحلة الثانوية فكانت أكثر من خمس مشكلات تردداً هي:

- لا أستطيع أن أسأل والدي عن أي مسألة جنسية %65
- لا أختلط بسهولة مع الجنس الآخر %60
- أرتبك عند الحديث مع أفراد الجنس الآخر %57
- لا يسمح لي بصداقات مع الجنس الآخر %55
- يحيرني أمر مقابلة الشباب للفتيات %51

ومن خلال مقارنة مشكلات الطالبات مع مشكلات الطلاب في دراسة خان (1970) نتبين أن نسبة المشكلات الجنسية عند الطالبات أكثر تردداً مما هي لدى الطلاب.

أما فيما يتعلق بمسألة العلاقة بين الجنسين، فقد ذكر عيسوي (1973) في دراسته 49% من الطلبة أكدوا على أن العلاقة بين الجنسين تحتاج إلى شيء من التنظيم والإشراف، كما أشار 29% منهم إلى ضرورة توطيد العلاقة بين الجنسين، وأن 15% منهم يعتبر العلاقة بين الجنسين سيئة.

ولكن فيما يتعلق بالخبرات السيئة في أمور الجنسية، فقد ذكر دوجلاس (1957) أن كثيراً من ضروب الصراع العقلي، وأنواع الشذوذ التي نلقاها عند الكبار والصغار على حد سواء ترجع مباشرة أو تصطبغ بالمواقف السيئة في الأمور الجنسية. ولكن يجب الاعتراف بأن قوة الدافع الجنسي- تكون كبيرة طوال حياة الإنسان، حيث يحاول الظهور بأي شكل من الأشكال، ولكن الأسرة والمجتمع يضيقان حرية التعبير عن هذا الدافع ويحيطانه بالقيود والموانع.

فالخبرات السيئة في الأمور الجنسية عند المراهقين تؤدي بهم إلى الانحرافات الجنسية، والتي تكون على شكل سلوك جنسي يحقق الإشباع بطريقة مختلفة عن الممارسة الجنسية الكاملة والمعتدلة بين رجل ناضج وامرأة ناضجة، وبإرادة الطرفين، ولهدف الإشباع العاطفي والتواصل الإنساني بين الجنسين (كفافي، 1990).

كما يذكر كفافي (1990) أن دليل تشخيص الأمراض يقسم الانحرافات الجنسية إلى انحراف في المثير الجنسي، وانحراف في التعبير الجنسي، وانحراف في الموضوع الغريزي، وانحراف في مدى الرغبة الجنسية.

أما الانحراف في المثير الجنسي فيحدث في حالات الفيتشية (FETISHISM) وهي إثارة المحبوب من خلال حيازته أي شيء يخص حبيبه، أو لبس ملابس الجنس الآخر أو حب الملونين من الجنس الآخر.

في حين أن الانحراف في التعبير الجنسي في السادية (SADISM) والتي تعني التلذذ بالقسوة في التعبير الجنسي أو تعذيب المحبوب. كما يظهر في الماسوكية (MASOCHISM) وهي التلذذ بالألم وتلقي القسوة من المحبوب في مجال التعبير الجنسي. كما يظهر في استراق النظر على من يمارسون الجنس. أو إلى الأجزاء الحميمة من جسم أحد أفراد الجنس الآخر، والاكتفاء بالنظر كوسيلة للإشباع. وهناك من يجد لذته في عرض أعضائه الجنسية على أحد أفراد الجنس الآخر، أو الاحتكاك بأفراد الجنس الآخر طلباً للذة، والإشباع الجنسي.

أما الانحراف في الموضوع الغريزي فيشمل جماع الصغار، والجنسية المثلية (HOMOSEXUALITY) وجماع الأموات (ممارسة الجنس مع جثة ميت حديث الوفاة) وكذلك جماع الحيوانات، والاستمناء أو العادة السرية MASTURBATION (وسنتحدث عنها في فقرة منفصلة نظراً لشيوعتها بين المراهقين). أما الانحراف في مدى الرغبة الجنسية مثل نقصان القدرة الجنسية عند الرجل كالعنة (IMPOTENCE)، ونقصان القدرة الجنسية عند المرأة مثل البرود الجنسي (FRIGIDITY)، أو الانحراف في المبالغة في ممارسة الجنس أو ما يسمى بهوس الجنس أو الرغبة الدائمة فيه.

الاستمناء أو العادة السرية Masturbation

الاستمناء هو عملية استثارة المنطقة الجنسية للحصول على اللذة باستعمال اليد أو أي وسيلة أخرى غير اليد من قبل الذكر أو الأنثى.

تبدأ هذه العادة في سن مبكرة سواء عند الذكر أو الأنثى، وذلك عندما يشعر الطفل باللذة نتيجة اللعب بعضوه التناسلي، وتستمر هذه العادة في سن المراهقة وما بعد ذلك وخاصة في المجتمعات المتشددة فيما يخص العلاقات الجنسية الطبيعية.

لقد كانت الفكرة السائدة قديماً أن عادة الاستمناء من الأمور المخجلة، وهي من قبيل الإثم أو الخطيئة، ولكن هذه الفكرة لم تعد كذلك في الوقت الحاضر، وأصبح مرشدو الأمور الجنسية المعاصرين ينظرون إليها على أنها أمراً طبيعياً ما دامت ضمن الحدود المعقولة. ولكن عند الإسراف في ممارستها أو عندما تلح عليه في ممارستها لتخفيف حدة التوتر تصبح انحرافاً جنسياً، حيث تستمر لدى البعض إلى ما بعد الزواج، ويكون عندها الاستمناء مرضاً لابد من معالجته.

يهدف الفرد من وراء الاستمناء إلى تحقيق الرضا الجنسي- سواء أكان هذه الرضا بسبب إثارة خارجية، أو كان تلقائياً.

تنتشر هذه العادة عند الذكور أكثر من انتشارها عند الإناث. وتعلل بوهلر (BUHLER) انتشار هذه العادة عند المراهقين الذكور أكثر من الإناث، بأن الحاسة الجنسية عند الذكور موضعية ومركزة في الأعضاء التناسلية، أما عند الإناث فهي عامة وموزعة على مساحة كبيرة من سطح الجسم. ولهذا فإن الإرضاء الجنسي للمرأة يعتمد بشكل كبير على العلاقة الجنسية والنفسية أكثر من اعتماده على النتيجة النهائية للعلاقة من خلال الحصول على الذورة الجنسية.

وتشير دراسة شميدت وسيجوش SCHMIDT & SIGUESCH (1970) التي أجريت على مجموعة من الذكور والإناث ممن أكملوا سن العشرين من طلبة وعمال في ألمانيا أن الذكور يمارسون الاستنماء عند بلوغهم سن 13- 16 سنة بمقدار الضعف

عما تمارسه الإناث. كما أن الإناث أقل ممارسة للعادة السرية من الذكور في جميع مراحل العمر. أما دراسات كنزي KINESY (1953) في الولايات المتحدة الأمريكية فقد أظهرت أن 90% من الذكور، وثلث الإناث يمارسون العادة السرية ببلوغ سن العشرين. كما أن الإناث في الولايات المتحدة الأمريكية أقل ممارسة للعادة السرية من الإناث في ألمانيا في سن السادسة عشرة (تبلغ نسبة من يمارس العادة السرية في ألمانيا 30% في سن الخامسة والعشرين).

كما بينت دراسة "دويتش وسيجوش" التي أجريت على مجموعة كبيرة من المراهقين والمراهقات في سن 16- 17 سنة من غير المتزوجين، أن 28% من الإناث في عمر 13 سنة فما دون يمارسن العادة السرية، في مقابل 61% عند الذكور. وترتفع هذه النسبة إلى 39% في سن الخامسة عشرة عند الإناث، مقابل 82% عند الذكور، وتصل هذه النسبة عند الإناث إلى 49% في سن الخامسة والعشرين مقابل 92% عند الذكور (هرمز وإبراهيم، 1988، ص656).

وتتفق نتائج هذه الدراسة مع ما توصل إليه "كنزي" من أن العادة السرية تبدأ في سن يتأخر عند الإناث بالمقارنة مع الذكور، وإن الذكور يمارسون هذه العادة بتكرار أكثر بشكل ملحوظ عما هو عند الإناث.

بالإضافة إلى ذلك وجد كنزي (1953) أن النساء المتزوجات يمارسن العادة السرية بمعدل مرة أو مرتين في الشهر، مما جذب انتباه الباحثين لتفسير هذه الظاهرة بالرغم من وجود العلاقة الجنسية الطبيعية المتاحة لهن. كما يرى (ماسترز وجونسن) أن العادة السرية من الناحية الفيزيولوجية أكثر إرضاءً للأنثى من الجماع الفعلي، وأنه يخدم غرض تعليم الأنثى في موضوع معرفة العلامات المبكرة للاستجابة الجنسية للوصول إلى الذورة. فالأنثى تتجه نحو هذه الإثارة الذاتية إما لعدم توافر مصادر الإثارة الأخرى، أو لفشل هذه المصادر في إثارتها.

ولهذا فإن أكثر المراهقين الذين يميلون إلى ممارسة العادة السرية هم أكثر شقاء ويجدون لديهم وقتاً من الفراغ أكثر، ويعجزون عن استثمار هذه الوقت. إذ تكثر هذه

العادة عند أصحاب الشخصيات ذات الاستعداد الواضح للإصابة بالفصام (الشيزوفرينيا).

فالمراهق يهدف من وراء ممارسة العادة السرية إلى إرضاء الرغبة الجنسية، وتصريف الطاقة البيولوجية القائمة لديه. ويعرض بلوس BIOS (1962) وجهة نظر مدرسة التحليل التي في هذا الصدد، حيث يرى أن العادة السرية تلعب دوراً ضرورياً في النمو النفسي والجنسي للفرد، حيث يربط المراهق خبرته الجنسية السابقة التي مر بها في طفولته بحاضره ومستقبله، مما يعزز نمو الفرد ويشجع عليه.

كما تساعد العادة السرية على التخفيف من حالات التوتر التي تصيب المراهق من حين لآخر وخاصة بالنسبة للأفراد الذين لا تتوافر لهم سبل الجنسية الغيرية (مثل الزواج)، وذلك من خلال حرصهم على مسايرة الواقع الثقافي والاجتماعي في إشباع الدافع الجنسي.

ولكن للعادة السرية من جهة أخرى أضرار وخاصة عندما تكتسب هذه العادة صفة الاستمرار والإلحاح لممارستها، حيث يقترن ممارسة هذه العادة بمشاعر الذنب، ومعاني القذارة، والخوف، وفقدان الثقة بالنفس مما يوقع المراهق فريسة صراع نفسي عنيف بعد القيام به.

ويرى قشقوش (1980) أن مدى تأثير ممارسة العادة السرية على المراهقين يتحدد إلى حد كبير في ضوء ما إذا تم اعتبار هذه العادة أمراً ضاراً أو مخزياً، أو شريراً.

ففي دراسة قام بها "جرينبرغ وأرخمبولت" تبين أن 40% من الذكور و 48% من الإناث كانوا يشعرون بالإثم نتيجة ممارسة العادة السرية (هرمز وإبراهيم، 1988، ص 658). فممارسة العادة السرية يساعد على تنشيط الغدد الجنسية التناسلية مما يزيد في إلحاح الحاجة إلى ممارستها ويؤدي إلى رسوخها. وقد وجد بأن هناك علاقة بين العادة السرية وبين بعض الانحرافات الجنسية مثل الجنسية المثلية، والفيتشية، والاستعراضية.. الخ.

كما أن العادة السرية يكون لها آثاراً سلبية كبيرة على الإناث، من حيث عدم قدرتهن على التوافق مع أنماط طبيعية للإثارة الجنسية، فالأساليب غير اليدوية المستخدمة في العادة السرية تكمن وراء الكثير من مشاكل الحياة الجنسية للأنثى وخاصة ضعف الأداء الجنسي.

كما تؤدي العادة السرية إلى عدم توافر السعادة الجنسية في المستقبل، إذ أن كثرة ممارستها يؤدي إلى الاكتفاء بها لتحقيق اللذة، وهذا ما يجعل المراهق أقل جرأة للاتصال بالجنس الآخر، والميل إلى العزلة، واللجوء إلى أسهل السبل لإشباع الدافع الجنسي.

أسباب المشكلات الجنسية:

هناك تفسيرات عديدة للمشكلات الجنسية، حيث يرجع البعض هذه المشكلات إلى الاضطرابات الفسيولوجية مثل عدم التوازن الهرموني عند الفرد، والاضطرابات الوراثية وأمراض المخ (الأشول، 1982، كفافي، 1990) . كما أن هناك من يعيد هذه المشكلات إلى الصراع بين الدوافع والغرائز وبين المعايير الاجتماعية وبين الرغبة الجنسية، وعوائق الاتصال الجنسي، والإحباط، والكبت، واستحالة إعلاء الدافع الجنسي، والنكوص الانفعالي، وعدم الشعور باللذة والسعادة في الحياة، مما يدفع الفرد إلى الجنس كمصدر للذة (الأشول، 1982).

وهناك تفسيرات أخرى ترى أن الخبرات المبكرة التي يمر بها الفرد ويتحقق له فيها بعض الإشباع تميل إلى أن تثبت، وخاصة في غياب الإشباع بالطريقة الطبيعية. ويرى علماء النفس الذي يتبنون وجهة نظر التحليل النفسي، أن هناك علاقة بين الانحرافات الجنسية وتعطل النمو النفسي للفرد، فالمفروض أن يمر الطفل بمراحل يحصل فيها على الإشباع أو اللذة من خلال الفم، ثم الشرج، ثم القضيب، ثم مرحلة الكمون، وبعد ذلك المرحلة التناسلية الكاملة. أما توقف النمو عند مّرحلة سابقة على المرحلة التناسلية الكاملة فإنه يؤدي بالفرد العمل على الإشباع الجنسي بوسائل غير سوية.

الوقاية والعلاج من المشكلات الجنسية:

تعتبر العادة السرية عملية جنسية في طبيعتها وأهدافها قل من لا يمارسها في فترة أو أخرى من حياته، إذ أنه لم يثبت علمياً على أن هذه العادة تؤدي إلى أمراض مثل العمى أو التدرن، أو النحول، أو الجنون، أو الصرع .. الخ، ويذكر هرمز وإبراهيم (1988) أنه ليس هناك أي نتائج سلبية للاستمناء في أي من الجنسين.

ويؤكد ذلك ما ذكره كمال (1971) من أن معظم حالات الاستمناء لا تستوجب العلاج، وتعتبر مظهراً طبيعياً سليماً من مظاهر الحياة الجنسية، وخاصة عند الأطفال والأحداث، وهذا ينطبق على الكبار إذا كان في ممارسة العادة السرية المخرج الوحيد للطاقة الجنسية.

أما في الحالات التي يصاب فيها ممارس العادة السرية بمرض نفسي نتيجة الخوف من الآثار الضارة للعادة، فقد يكفي في علاج مثل هذه الحالات تطمينها بأن العادة لا ضرر منها، وأنها عامة بين الناس. فالعادة السرية كأي مشكلة أخرى لا تظهر مستقلة بذاتها، وإنما هي جزء من مشكلات شخصية لابد أن تعالج ضمن إطار يشمل الشخص ومحيطه الاجتماعي ككل. ويذكر زهران (1977) وجود عدة أساليب لعلاج المشكلات الجنسية عند المراهقين منها:

- العلاج النفسي الديني والتحليل النفسي والعلاج الجماعي، والمساندة الانفعالية والإقناع، والتوجيه والإرشاد النفسي، والدفع إلى التحكم في النفس وضبطها واشتقاق اللذة من ذلك، وإيضاح الأضرار النفسية للانحراف والشذوذ الجنسي، وعلاج كل الأسباب النفسية الخاصة بعدم السعادة.

- إرشاد الشباب بخصوص الزواج، وإثارة الرغبة في العلاج، وتأكيد أهمية الإرادة في العملية العلاجية، وتكوين اتجاهات جديدة أفضل نحو أنفسهم ونحو مشكلاتهم.

- تحذير الفرد من أخطاء الانحراف الجنسي تحذيراً مبنياً على أسس علمية.

- العلاج السلوكي (الإشراط السلبي للمثيرات الجنسية للسلوك غير المرغوب بخبرة غير سارة كالقيء أو أي خبرة سيئة أخرى).
- العلاج الطبي بالهرمونات والمقويات أو بالعقاقير التي تقلل من الدافع الجنسي.
- شغل أوقات الفراغ بالمفيد من أوجه النشاط.
- عدم اللجوء إلى التهديد أو العقاب أو إلى إثارة الانفعالات كي يتغلب الفرد على مشكلات سلوكه.
- التذكير بأن معظم الأفراد يمرون بمثل هذه الانحرافات بصورة أو بأخرى.

سادساً - المشكلات الدراسية:

تعتبر المدرسة الإعدادية والثانوية ذات تأثير هام في حياة المراهقين وتشكيل مستقبلهم، فهي تستطيع عن طريق المواد الدراسية، وأسلوب التربية الذي تستخدمه والعلاقات الإنسانية السائدة في المجتمع المدرسي، والأنشطة المختلفة التي تبرمجها، أن تساعد المراهقين على تحقيق مطالب النمو، وتجنبهم الكثير من المشكلات التي يمكن أن تعترضهم داخل المدرسة وخارجها. بالإضافة إلى أن المدرسة تستطيع عن طريق التعاون مع الأسرة أن تسهم في حل الكثير من مشكلات المراهقين.

ولكن بالرغم ما لهذه المؤسسة التربوية من أهمية، فقد وجد من خلال أدبيات علم النفس أن المشكلات الدراسية التي تواجه المراهقين في المدرسة الإعدادية والثانوية تأتي في طليعة المشكلات بالمقارنة مع المشكلات في المجالات الأخرى، والسبب في ذلك يعود إلى طبيعة التغيرات البيولوجية والعقلية والانفعالية والاجتماعية التي واكبت مسيرة النمو عند المراهق، بالإضافة إلى التطور العلمي، والتقني وما يتبعه من تغيرات في أساليب التفكير، وطرق المعيشة، وتنوع الاهتمامات عند المراهقين وتوجيهها نحو

موضوعات قد تتجاوز حدود بيئاتهم المباشرة. وفيما يلي سنحاول استعراض أهم المشكلات الدراسية التي يعاني منها المراهق العربي في ضوء ما تم التوصل إليه من خلال الدراسات التي أجريت في بعض البيئات العربية.

ففي الدراسة التي قامت بها حلمي (1965) في القاهرة على المراهقات من أعمار ما بين 13- 12 سنة، كانت أهم المشكلات التي تعاني منها المراهقات ما يلي:

- الخوف من الامتحانات 45%.
- لا أنفق وقتاً كافياً في الاستذكار 40%.
- لا أعرف كيف أستذكر استذكاراً مفيداً 40%.

أما دراسة بهادر (1980) على عينة من طلاب وطالبات الصف الثالث الثانوي الكويتيين، فقد أشارت إلى أن أهم عشر مشكلات سلوكية يعاني منها هؤلاء الطلاب كما يلي (مرتبة تنازلياً):

- فقدان الميل للعمل المدرسي.
- الجنسية الزائدة المعبر عنها بأساليب مختلفة.
- الميل للفوضى أو التهريج والخروج عن النظام.
- التدخين للسجائر.
- الهروب من المدرسة.
- الانغماس في الخيال وأحلام اليقظة.
- عدم تقبل النصح والإرشاد من الكبار.
- الحزن والاكتئاب النفسي الدائم.
- الانفعال الدائم والرغبة في الثورة والهياج العصبي.
- العناد وعدم الطاعة المستمرة للأوامر.

أما دراسة جابر وسلامة (1981) عن مشكلات طلبة المرحلة المتوسطة في دولة قطر فقـد بـين أن أهم المشكلات التي يعاني منها الطلاب ما يلي:

- أخاف من الرسوب 62%
- أفكر في الحصول على درجات عالية 60%
- أخاف من الامتحانات 45%
- أحصل على درجات ضعيفة في المواد الدراسية 45% (هرمز وإبراهيم، 1988).

في حين أن دراسة الحرش (1982) على المراهقين في الجزائر والعـراق عـلى طلبـة الصـف الخـامس الثانوي فقد أظهرت أن أهم مشكلات الثلث الأعلى حسب الترتيب هي:

- يؤلمني أن بعض المدرسين يستخدمون الدرجات للسيطرة على الطلبة.
- أشكو من صعوبة الامتحانات في بعض المواد الدراسية.
- أشكو من ضعف بعض المدرسين في شرح الموضوعات الدراسية.
- يؤلمني سوء تصرف بعض الطلبة.
- أخاف أن لا أقبل في الكلية التي أرغبها.
- يؤلمني عدم فهم المدرسين لمشكلات الطلبة.
- أخاف أن لا أقبل في الكلية التي أرغبها.
- يؤلمني عدم فهم المدرسين لمشكلات الطلبة.
- يؤسفني ضعف الثقة المتبادلة بين الطلبة. (هرمز وإبراهيم، 1988).

أما دراسة داود (1982) فقد أظهرت أن أهم مخاوف المـراهقين في مرحلـة الدراسـة المتوسـطة في مدينة بغداد ما يلي:

- أخاف من الرسوب	92%
- أخاف من النسيان أثناء الامتحان	92%
- أخاف من ارتكاب الخطأ	90%
- أخاف أن أطرد من المدرسة	90%
- أخاف من الفشل في حياتي	88%
- أخاف عدم الحصول على درجات عالية	83%
- أخاف من الامتحان	73%
- أخاف من إدارة المدرسة	68%
- أخاف من المدرسة	55%

في حين أظهرت دراسة نجاتي (1974) على طلبة جامعة الكويت أن أهم المشكلات التي يعاني منها هؤلاء الطلاب ما يلي:

– المشكلات المتعلقة بالمناهج الدراسية، وطرق التـدريس حيـث بلغـت النسبة 61، 17% مـن مجموع عدد المشكلات القائمة.

– المشكلات المرتبطة بالتوافق للدراسـة الجامعيـة، ونسبتها 13،64% مـن مجموع المشكلات القائمة.

– المشكلات المتعلقة بالأخلاق والدين، وبلغت نسبتها 11، 96% من مجموع المشكلات القائمة.

– المشكلات المتعلقة بالعلاقات الشخصية النفسية ونسبتها 9،51% مـن مجموع المشكلات القائمة.

– المشكلات المتعلقـة بالحيـاة العاطفيـة والجـنس والـزواج، ونسبتها، 6،80% مـن مجموع المشكلات القائمة.

– المشكلات المتعلقة بالعلاقات الاجتماعية والنفسية، ونسبتها 6.57% من مجموع المشكلات القائمة.

– المشكلات المتعلقة بالصحة والنمو البدني، ونسبتها 6.16% من مجموع المشكلات القائمة.

– المشكلات المتعلقة بالمستقبل التعليمي والمهني، ونسبتها 6.12% من مجموع المشكلات القائمة.

– المشكلات المتعلقة بالحالة المالية والمعيشية والعمل، ونسبتها 5.25% من مجموع المشكلات القائمة.

ولهذا ومن خلال ما تقدم نتبين أن أهم المشكلات المدرسية عند المراهق تتركز فيما يلي:-

– الخوف من الرسوب.

– صعوبة فهم بعض الموضوعات.

– الخوف من الامتحانات.

– التفكير في الحصول على درجات عالية.

– عدم توافر الوقت الكافي للمذاكرة.

– سوء معاملة بعض المدرسين، وتحيز البعض الآخر وتهديد البعض بالدرجات كسلاح لضبط الصف.

– ضعف كفاءة بعض المدرسين.

– الصعوبة في تنظيم الوقت والتركيز الذهني أثناء المذاكرة.

ونظراً لكثرة المشكلات المدرسية التي يعاني منها المراهقون، وزيادة حدتها، فإنه يكون واجباً على المدرسة والهيئات التربوية الأخرى المسؤولة، القيام بالإجراءات التالية:

– البحث عن الأسباب المؤدية إلى ضعف الدافعية للدراسة والعمل على معالجتها.

– العمل على تطوير وتعديل المناهج الدراسية لتتلائم مع خصائص نمو الطلاب في فترة المراهقة، مع ضرورة التركيز على كافة جوانب النمو وليس على الجانب المعرفي فقط.

– العمل على مساعدة الطلاب في مرحلة المراهقة على تكوين عادات دراسية جيدة، وذلك لتسهيل عملية الحفظ والفهم، وإبعادهم عن المشكلات النفسية والدراسية الناجمة عن عادات الدراسة الخاطئة.

– ضرورة تعديل اتجاهات المدرسين فيما يتعلق بمفهوم النظام المدرسي والتي من الضروري إدخال الكثير من المرونة عليه لإتاحة قدر من الحرية للمراهقين للتعبير عن آرائهم ومشكلاتهم، والابتعاد عن القسوة والضرب والقمع في التعامل مع هؤلاء المراهقين، كما لابد من اعتماد أسلوب المناقشة الهادئة، والتركيز على السلوك الخاطئ، والعمل على تعديله أو تغييره.

– القيام بإجراءات تبعد شبح الخوف من الامتحانات عن المراهقين وخاصة عند طلاب الشهادات (الإعدادية والثانوية).

– التركيز على الأنشطة المدرسية التي تتناسب مع كل طالب من حيث قدراته وميوله واهتماماته، مما يؤدي إلى نجاحه، وزيادة ثقته بنفسه وقدرته على مواجهة الحياة في المستقبل.

- ضرورة قيام المدرسة بخلق جوو مدرسي يساعد على النمو النفسي السليم، والتوافق الصحيح عند مواجهة المواقـف القائمة والمستقبلية، وذلك مـن خـلال إقامـة علاقات تعاونيـة بـين المراهقين وهيئة التدريس والهيئة الإدارية.

- ضرورة العمل عـلى تعـديل الأسـاليب وطرائـق التـدريس، والأدوات المسـتخدمة في عمليـة التقويم في المدرسة، وذلك لتتناسب مع أهداف المرحلة التي توضع لها وخصائص ومستويات نمو الطلبة فيها.

- العمل عن إقامة علاقة إيجابية مع الأسرة، لمـا لهـا مـن أهميـة في تعـديل وتغيـير اتجاهـات المراهقين نحو المدرسة.

- ضرورة الاستفادة من وسائل الإعلام المختلفة لتوعية الأسرة والمهتمـين بـأمر رعايـة المـراهقين بمشكلات فترة المراهقة وبالأساليب المناسبة لعلاجها.

سابعاً – مشكلات تتعلق بالمستقبل التعليمي والمهني:

يبدأ الإنسان اهتمامه بالعمل في وقت تكون فيه المراهقة في ذروتها، إذ تتطور خلال هذه المرحلة الميول المهنية للفرد تبعاً لعمره الزمني، ونسبة ذكائه، وجنسه ومستواه الاجتماعي والاقتصادي. فالفرد يبدأ في المراهقة بالتفكير في الاستقلال مادياً عن أسرته مما يشعره بالحاجة الماسة إلى مهنة يقـوم عليهـا مستقبل حياته، فإذا استطاع اختيار مهنته على أساس مرضٍ فإن ذلك يساعد على التوافق الصحيح مـع المجتمع الذي يعيش فيه. ولكنه في مجتمع اليوم فإن الأمر يزداد تعقيداً مـع تعقـد المجتمـع، وازديـاد تخصصه، وتوجهه أكثر نحو التكنولوجيا، مما ينتج عن ذلك الكثير مـن الأعـمال المتخصصـة، ولكـن مـن المعتاد بالنسبة لأبناء الطبقة العاملة أن يترك المراهقون المدرسة حالما يصلون سن الخامسـة عشرة، وأن يبدأوا عملاً لا يستدعي أن تدريب مسبق،وينالوا عليه أجراً عالياً نسبياً مـما يجعلهـم ينسـاقوا إلى هـذا النوع من العمل دون تفكير في المستقبل، ولكن الغالبية العظمى من الأطفال الذين يحصلون على خـير المهن والذين يصبحون عمالاً مهرة إنما يجيئون من البيوت الأفضل.

وفي أحيان كثيرة يتدخل الآباء بتحديد مهنة أبنائهم، إذ يرغب بعض الآباء من أبنائهم امتهان مهنهم، في حين يرغب البعض الآخر أن يمتهن الأبناء في المستقبل مهناً كانوا يتمنون مزاولتها، ولكن الظروف أعاقتهم من تحقيق ذلك. ولكن قد يتخذ المراهقون موقفاً مختلفاً في اختيار مهنهم، مما يؤدي إلى نشوب صراعات مع الآباء، أو قد يؤدي إلى مشكلات تحصيلية أو مهنية إذا كان اختيار المراهق لمهنته غير مناسب.

ومما يزيد من مشاكل المراهقين، تلك الفكرة المسيطرة على عقول الكثيرين من الناس، بأن الطريق الوحيد للنجاح هو الحصول على الشهادة الجامعية، واحتقارهم للعمل اليدوي، والأعمال الحرة. من جهة أخرى فإن المعلومات عن طبيعة المهن غير متوافرة (وخاصة في البلدان النامية) بالنسبة للمراهقين، أو قد لا تكون لديهم إلا أفكار غامضة عن هذه المهن. كما أن الواقع يرينا وجود مهن متخصصة تتطلب تقديم خدمات إرشادية لإعداد الأفراد لهذه المهن بكفاءة عالية، فمعيار التحصيل لا يكفي وحده لتوزيع الطلاب على أنواع الدراسة التي تحدد مهنهم في المستقبل مما يؤدي أحياناً إلى الزج بالعديد من الطلاب في مهن لا يميلون إليها.

ولهذا لابد من التوجيه المهني السليم، والتخطيط الواعي ليتم اختيار الشخص المناسب للعمل المناسب. ومن أجل ذلك لابد من اتباع ما يلي:

1- دراسة قدرات وميول الفرد، واكتشاف كل الحقائق التي تتعلق بما يستطيع أن يقوم به، وما يرغب به في آن واحد، فقد يستطيع الفرد القيام بأكثر من عمل، ولكن العمل الذي يحقق فيه أكبر قدر من النجاح هو ذلك العمل الذي يتوافق مع قدراته كما أن العمل الذي يرضى عنه ويحقق له السعادة، هو العمل الذي يميل إليه أكثر من غيره، ولهذا الغرض وضعت اختبارات للذكاء والقدرات العقلية، وكذلك اختبارات للميول، وغير ذلك من اختبارات ومقاييس تساعدنا في توفير المعلومات عن الفرد، مما يمكننا من توجيهه بشكل صحيح. ولهذا تعتبر أنواع النشاط المدرسي التي يقوم بها التلميذ مؤشراً هاماً لما يهتم به ويميل إليه. ففي دراسة قام بها دسوقي (1976) عن العلاقة بين الميول المهنية وبعض سمات الشخصية لدى المراهقين، تبين وجود علاقة

ارتباط موجبة بين كل من الميل العلمي والحسابي والميكانيكي وسمة الانطواء، والميل العلمي والميكانيكي وسمة الواقعية، والميل الأدبي والكتابي وسمة الرومانتيكية والانبساط. كما دلت النتيجة النهائية للتحليل العاملي للدراسة على استقلال كل من الميول المهنية والسمات المزاجية في الشخصية استقلالاً كبيراً (قناوي، 1992).

2- دراسة المهن المختلفة، وبيان ما تتطلبه هذه الأعمال من مستويات تعليمية معينة، ومن أنواع معينة من التعليم أو التدريب. وقد قام علماء النفس في هذا الصدد بدراسات متعددة تقوم على أساس من التحليل العاملي للقدرات، ثم تحليل المهن. فالتلميذ الذي يتمتع بذكاء فوق المتوسط في الذكاء مثلاً يمكنه أن يكمل تعليمه الجامعي من أجل الالتحاق بإحدى المهن الفنية أو الإدارية العليا. ولهذا يكون توجيه مثل هؤلاء التلاميذ إلى التعليم الثانوي النظري الذي يؤدي إلى الجامعة والمعاهد العليا. فالأفراد الذين يرغبون في مهنة الهندسة مثلاً، لابد أن يكونوا من ذوي الكفاية الممتازة في القدرة المكانية بالإضافة إلى الذكاء العام. كما أن الأطباء والمحامين ينبغي أن تتوافر فيهم القدرة على الاستدلال المنطقي إلى جانب الطلاقة اللغوية بالنسبة للمحامين.

أما التلاميذ الذين يملكون ذكاءً دون المتوسط، فيمكن توجيههم إلى الأعمال الحرفية سواء منها ما يحتاج إلى تدريب في مراكز التدريب لمدة تتراوح بين ستة أسابيع وعام دراسي كامل، أو إلى أعمال يمكن اكتسابها بعد زمن قصير نسبياً (بضعة أسابيع أو أشهر) من خلال العمل الميداني نفسه. .

3- لابد من حدوث التوافق بين القدرات والميول لدى الفرد، وبين المهن وما تحتاجها من قدرات للنجاح فيها، وذلك لتوجيه الفرد إلى مجال العمل المناسب والذي يتمكن من تحقيق النجاح والسعادة فيه.

فالعمل الذي يتم اختياره استناداًَ إلى القدرات والميول التي يمتلكها المراهق يمكنه من حل حالات الصراع والقلق التي يعانيها، ويصرف الانفعالات الزائدة، ويشعره بقيمته ومكانته الاجتماعية. فقد بينت الدراسات وجود علاقة بين العمل الذي يمارسه الفرد وبين شخصيته. فالعمل يوفر للفرد فرصة الاندماج الاجتماعي ضمن الوسط

الذي يعمل فيه، كما يكسبه معرفة واسعة بالناس ومشاكلهم وأحوالهم الاجتماعية. فالعمل ضروري لكل فرد ليستفيد منه في تجاربه وخبراته.

العوامل المؤثرة في اختيار المراهق لمهنته:

هناك عوامل عديدة تؤثر في اختيار المراهق لمهنته المستقبلية نذكر منها ما يلي:

أ- العوامل الشخصية:

يختلف الناس فيما بينهم في استعداداتهم وقدراتهم وميولهم، كما يختلفون في السمات والصفات المطلوبة لأداء العمل بنجاح ورضى. فقد بين بـوردن Bordin (1963) أن المهـن تتبـاين وفقاً لسـمات الشخصية المطلوبة. وأشار سيجل (1960) إلى أن سمات الكتاب المبدعين تختلف عن سمات المحاسبين، إذ يتميز المحاسبون بشخصية متكيفة، ونمط دفـاعي مثل العزلـة والعقلانيـة، في حـين يتصف الكتـاب المبدعون بالتمرد والعزلة، كما وجد أيضاً علاقة ارتباط عالية بين اهتمامات المكتشفين والمبدعين وبين الذكاء. أما سمول Small فقد كشف عن وجود علاقة بين الشخصية المتكيفة والاختيار المهني، إذ تبين أن المراهقين المتكيفين كانوا أكثر واقعية في اختيارهم لمهنهم من المراهقين غير المتكيفين، وقد ذكر هرمز وإبراهيم (1988) في هذا الصدد وجود علاقة بـين القـدرات الخاصـة وبـين الاختيار المهـني. فالأعمال المختلفة تتطلب مهـارات خاصة لفظيـة أو حركيـة، في حـين أن أعمـالاً أخـرى تتطلـب إبداعاً وأصـالة واستقلالاً ذاتياً. ولهذا فإن امتلاك أو فقدن بعض هذه الاستعدادات والقدرات يمكـن أن يكـون حاسـماً في النجاح أو الفشل في مهنة معينة.

ب- العوامل النفسية:

تؤثر العوامل النفسية في اختيار المراهق لمهنته، فقد يتيح اختبار المراهق لمهنة معينة إشباع بعض الدوافع بصورة مباشرة أو غير مباشرة بوسائل مقبولة اجتماعياً. فهنـاك بعض الـدوافع مثل دافع السيطرة، ودافع الحنو الوالدي، والدافع الجنسي، قد تلعب

دوراً أساسياً في ميل المراهق إلى هذه المهنة أو تلك، وذلك بأن تجعله يعمل ضابطاً في الشرطة، أو مختصاً بالخدمة الاجتماعية، أو إدارة بعض الأعمال، أو العمل في طب النساء أو التمريض (مسن وآخرون، 1986).

جـ- الميول والقيم:

لا يعد تحديد القدرات لوحدها أساساً كافياً لاختيار المهنة المناسبة للمراهق، فالمراهق قد يستطيع القيام بأعمال كثيرة. فالعمل الذي يميل إليه هو ذلك العمل الذي يحقق فيه أعلى قدر من الرضا والسعادة والنجاح. فقد أظهرت دراسة (تيرمان) الطولية على مجموعة من الأطفال الموهوبين أن 58% من الذين أظهروا ميلاً نحو الهندسة أصبحوا مهندسين فعلاً فيما بعد، وأن 83% ممن أظهروا نفس الميل أصبحوا فيما بعد فيزيائيين إضافة إلى الهندسة. فالميول ذات أهمية خاصة في اختبار المراهق لمهنته لأنها من العوامل الهامة للتنبؤ بنجاح الطلبة واختيارهم المناسب للدراسة والمهنة وهذا ما يؤكد نتائج الدراسات التي بينت أن الأفراد الذين يعملون في مهن تتفق مع ميولهم يبدون أكثر رضا وأكثر ارتياحاً في عملهم، وأن أكثر الطلاب تحمساً للدراسة هم أكثرهم ميلاً نحوها. فالميول تعتبر دافعاً لبذل الجهد ومتابعة النشاطات، وقد بينت الدراسات أن الميل المهني عند الفرد يتبلور في سن 18 سنة ويثبت في عمر 21 سنة.

من جهة أخرى فإن توجيه المراهقين توجيهاً تربوياً ومهنياً لا يعتمد على الميول والقدرات عندهم، بل على القيم التي يحملونها ومالها من أثر فعال في توجيههم لاختيار مهنهم. وهذا ما أكدته دراسة (فلورنس) ودراسة (مكارث) في وجود علاقة ارتباطية بين القيم الاقتصادية والمهن التجارية، وبين القيم الاجتماعية والميول نحو الخدمة الاجتماعية، والقيم الجمالية والميول نحو المهن الفنية، والقيم السياسية.

د- الجنس:

يتأثر اختيار المهن بالجنس (ذكراً أم أنثى). إذ أن بعض المهن التي تناسب الرجل قد لا تناسب المرأة. كما أن دخول المرأة ميدان العمل أدى إلى تغير في طموحها المهني.

فقد ذكر باردويك Bardwick (1971) أن غالبيـة النسـوة أدركـن أن دور المـرأة يتوقـف علـى حسـن قيـامهن بمهمة الزوجـة والأم، وبدرجـة ثانويـة علـى إعالـة الأسرة. ولكـن مـع التغير الاجتماعـي فـإن الاتجاهات نحو عمل المرأة أخذ في التغير، حيـث ازدادت مطالـب الحيـاة وتعقـدت وأصبحت الحاجـة ماسة إلى عمل كل من الرجل والمرأة. مما أدى إلى زيادة عدد النساء العاملات في القـوى العاملـة، كـما ازداد عدد الرجال الذين يشاركون المرأة في الأعمال المنزلية ورعاية الأطفال.

من جهة أخرى فإن دخول المرأة ميدان العمل أدى إلى تغير طموحها المهني، فقـد أظهـرت دراسـة بارنت Nstmry (1975) أن الذكور أكثر تفضيلاً للمهن ذات المقام الرفيع بالمقارنة مع الإناث. وهذا مـا يتوافق مع ما ذكره هورنر Horner (1970) من أن إحدى الدراسات التي أجريت عام 1966 بينت أن بعض الإناث لديهن خوف مـن النجـاح، حيـث يتلخص ذلـك في أن السـعي وراء النجـاح لا يتفق مـع الأنوثة، وأن المرأة التي تسلك كذلك قد تواجه باستهجان المجتمع ولا تتمكن مـن الاحتفـاظ بالعلاقـات الطيبة الوثيقة مع الناس وخصوصاً مع الرجال (مسن وآخرون، 1986).

أما الدراسة التي قـام بها عيسـوي (1974) فقـد أظهـرت أن أعلـى ثلاث مهـن تفضـلها طالبـات الجامعة (قسم الدراسات الفلسفية) هي: أخصائية اجتماعية، مذيعة، أخصائية نفسية. وأن أعلـى ثلاث مهن يكرهنها هي: مستخدمة، مدرسة، مهن في المصانع والشركات.

هـ- تأثير الوالدين:

يؤثر الآباء تأثيراً كبيراً في اختيار أبنائهم لمهنهم سواء بصورة مباشرة أو غـير مباشرة، فالأب الـذي يهوى الموسيقى يسعى إلى توفير جو موسيقي لأبنائه، وكذلك الأب الـذي يهـوى الرسـم.. الخ. فالآبـاء يعتبرون قدوة لأبنائهم، إذ يميل الأبناء الذين يتوحدون مع آبائهم إلى اختيار مهنة آبائهم، واكتسـاب مـا لديهم من ميول، وقيم،

وأهداف. أما الأبناء الذين يكرهون آبائهم، فينبذون مهنهم حتى ولو كانت ملائمة لهم.

كما يُلزم الآباء أحياناً أبناءهم باختيار مهن معينة دون الأخذ بعين الاعتبار رغبات أبنائهم، مما ينجم عن ذلك الكثير من الأخطار (مشكلات تحصيلية أو مهنية). وقد أكدت الدراسات أن الأسرة بصفة عامة والأب بصورة خاصة من أقوى المؤثرات الاجتماعية في توجيه الأبناء نحو الدراسة، كما أكدت أيضاً أهمية قيم واتجاهات الوالدين في الاختبارات المهنية لأبنائهم. فقد وجد موسين Mussen (1974) أن 43،6% من أولاد الأطباء يختارون القانون. أما ديفيد David (1977) فقد وجد أن أبناء الآباء المسيطرين بدرجة كبيرة يقبلون من غير معارضة اختيارات آبائهم لمهنهم في المستقبل حتى وإن تعارضت مع رغباتهم.

أما التشجيع الوالدي فله أهمية كبيرة في اختيارات المراهقين لمهنهم في المستقبل حتى وإن تعارضت مع رغباتهم.

أما التشجيع الوالدي فله أهمية كبيرة في اختيارات المراهقين لمهنهم.

فقد أكد جاكسون Jacobsen (1971) أن آباء مراهقي المرحلة الوسطى (15 سنة) يبذلون محاولات جدية لتوجيه أبنائهم لاختيار مهنة معينة من خلال تعريفهم على إمكانات العمل، وعن طريق المناقشة، والتشجيع بالكلام، وإتاحة الفرصة أمام المراهقين بأخذ دروس خاصة عن المهن، أو مزاولة المهنة بعض الوقت، كما أوضح جاكسون أيضاً أن تشجيع كلا الأبوين وليس الأب لوحده يعطي نتائج أكثر إيجابية في هذه العملية. (هرمز وإبراهيم، 1988).

ويذكر سمبسون Simpson (1962) أن الأبوان اللذان يشجعان على الإنجاز والتفوق الدراسي والمهني أقرب إلى أن يخرج أبناؤهم وقد وضعوا لأنفسهم أهدافاً مهنية عالية. كما أن المراهقين من أسر الطبقة العاملة أقرب إلى أن يبحثوا لأنفسهم عن

حظ أوفر من التعليم وأهداف مهنية أرفع مما هو سائد في طبقتهم إذا كان الأبوان يشجعان ذلك.

و- المستوى الاجتماعي والاقتصادي للمراهقين:

يسعى المراهـق في اخيـاره لمهنتـه إلى تأكيـد المكانـة الاجتماعيـة للمهنـة والمستوى الاجتماعي والاقتصادي الـذي يترتب علـى اختيارها. فدافـع التقديـر الاجتماعـي مـن الـدوافع القويـة في اختيار المراهقين لمهنهم ذكوراً أو إناثاً، فقد وجد إمبي Empey (1956) في الولايـات المتحـدة الأمريكيـة أن الذكور من المستوى الاجتماعي العالي يطمحون إلى مهن ذات مستوى عـال بالمقارنـة مـع الـذكور مـن مستوى اجتماعي أقل، كما وجد سمث Smith (1975) مـن خـلال دراسـاته في المجتمـع الأمريكي أن تأثير الخلفية الاقتصادية والاجتماعية للمراهق يرتبط بنوع اختياراته المهنية، حيـث وجـد أن المراهقين السود لديهم طموحات مهنية غير واقعية أما توماس Thomas (1976) فقد وجد عدم وجود اختلاف بين الطموحات المهنية للطـلاب السـود والطـلاب البيـض مـن أبنـاء الطبقـة الـدنيا. في حين أنه وجد اختلافات جوهرية في مجال التعليم الجامعي بين اختيـارات الطلبـة السـود واختيـارات الطلبـة البيـض، فقد كانت اهتمامات الطلبة السود متجهة نحو العلوم الاجتماعية، والتربية، والمجالات الصحية، في حـين أن اهتمامات الطلبة البيض كانت في مجالات الهندسة، والفيزياء والبيولوجيا. وهذا ما يؤكد أن المستوى الاجتماعي والاقتصادي الذي ينتمي إليه المراهق يلعب دوراً أساسياً في تحديد درجة ما تحظى به المهن المختلفة من قبول وجاذبية. بمعنى أن المهنة الواحدة قد تكون مقبولة في طبقة اجتماعية، وغير مقبولة في طبقة اجتماعية أخرى. وأحد التفسيرات الممكنة للتفاوت بين المستويات الاجتماعيـة والاقتصادية في الأهداف المهنية هو الفروق في القيم التـي يتبناها أبنـاء هـذه المسـتويات مـا يجعلهـم يختلفـون في اختياراتهم المهنية.

ز- التأثيرات المدرسية وجماعة الأقران:

تؤثر علاقة المدرس بطلابه المراهقين تأثيراً كبيراً في درجة حبهم أو نفورهم من بعض المهن، كما أن علاقة المراهقين بأقرانهم تؤثر أيضاً في اختياراتهم المهنية. فقد أظهرت الدراسات أن تأثر المراهقات بمدرساتهن يفوق تأثر المراهقين بمدرسيهم وخاصة في بداية المراهقة حيث يبلغ هذا التأثير أقصاه عند كلا الجنسين. فقد أشارت دراسة مين **Maine** أن 39 0/0 من اختيارات الطلبة للفروع المختلفة قد تمت وفقاً لإرشاد وتوجيه المعلمين في المدرسة. اما فيما يتعلق بتأثر الأقران فقد تبين من خلال الدراسات العديدة أن هذا التأثير نسبي ويتعلق بنمط المجتمع الذي يعيش فيه المراهق وجنسه، وعوامل أخرى تؤثر في الاختيار المهني.

ثامناً – أزمة الهوية:

يعود الفضل في إدخال أزمة الهوية في المراهقة إلى نظرية أريكسون (**Ericicson**)للنمو الوجداني والانفعالي منذ عام 1950، والذي حدد فيها ثمان أزمات يمر بها الفرد خلال حياته المختلفة. وهذا الأزمات تأتي متتابعة، ويعتمد على كل منها على مدى نجاح الفرد في حل الأزمات السابقة، ومن بين هذه الأزمات "أزمة الهوية" التي تكون في مرحلة المراهقة، حيث يتجه فيها المراهق إلى أحد قطبي الأزمة، فهو إما أن يتجه إلى الجانب الإيجابي فتتضح هويته ويعرف نفسه. وإما أن يتجه إلى الجانب السلبي ويظل يعاني من عدم وضوح هويته أو ما يسميه أريكسون بخلط الأدوار، أو شيوع الهوية (**Erickson.1968:Muuss,R. 74 -1982:160**) وقد استمر أريكسون يطور هذا المفهوم حتى سنة 1974. حيث يعكس هذا المفهوم الأدوار والتوقعات المصاحبة لها والتي يتوقع أن يقوم بها الفرد في المستقبل. فتحديد الهوية عند المراهق كما يرى أريكسون (1959) أشبه بالمرساة التي تساعده على استكمال المسيرة نحو تحقيق أهدافه بطريقة مثمرة.

ويرى أريكسون أيضاً (1968) أن المراهقين لابد لهم قبل أن يتخلوا بنجاح عن أمن الطفولة، والاعتماد على الآخرين من فكرة ما تحدد لهم منهم. وإلى أين يتجهون، ومدى احتمال نجاحهم في تحقيق ذلك. ولابد للمراهقين في خضم بحثهم عن إجابات لهذه الأسئلة من أن يتخيروا لأنفسهم القيم التي يرضونها. والقواعد الخلقية التي سيأخذون بها، ومعنى الرجولة أو الأنوثة في عالم اليوم. وما الذي يريدون أن يصنعوه في حياتهم.

ولهذا يعيش معظم المراهقين وخاصة في المراهقة المتأخرة في حالة و "أزمة الهوية" التي تتسم بعدم معرفة الفرد ذاته بوضوح مما ينعكس ذلك على عدم معرفته لنفسه في الوقت الحاضر وماذا سيكون في المستقبل.

ومع تقدم المراهق في العمر نحو نهاية هذه المرحلة، يجد أن الأسر، والجيرة، والمدرسين، والأصدقاء، والجماعة المرجعية، والمجتمع، يكون لديهم توقعات منه. إذا أنه من المتوقع أن المراهق سيعمل بعد سن معينة، وأنه سيتزوج ويكون أسرة.. الخ. وترى صادق وأبو حطب (1990: 549) أن الشخص الذي اتضحت لديه الهوية يكون قد كون أنماطاً نحو مهنة معينة ونحو معتقدات فكرية وأخلاقية محددة.

كما أوضح مارشيا (1980) من خلال دراسته، أن عدد الأفراد الذين لم تتضح لديهم الهوية تتناقص تدريجياً من المراهقة حتى نهاية الشباب (المفدى، 1992).

ولهذا لابد للمراهق حتى يكتسب شعوراً بهويته من أن يرى نفسه فرداً متميزاً حتى وإن كان يشترك مع الآخرين في كثير من القيم والميول والاهتمامات، ولهذا لابد من أجل أن يتكون عند المراهق شعور واضح بهويته، من أن يدرك ذاته بوصفها شيئاً ثابتاً عبر الزمن.

ومن الأمثلة على مشكلة تحديد الهوية عند المراهق تلك الفتاة المراهقة التي كانت تكتب بثلاثة خطوط متباينة من خط اليد، ولما سئلت عن السبب في عدم تمسكها بنوع واحد من هذه الخطوط أجابت، وكيف يكون لي نوع واحد وأنا لم أتوصل بعد إلى من

أنا". ولهذا نجد أن كثيراً من المراهقين يلعبون أدواراً تختف من موقف إلى آخر، ومن وقت إلى وقت آخر، ويسألون أنفسهم "أي هؤلاء أقرب إلى نفسي؟" "وهل هناك واحد هو أقرب على نفسي- فعلاً، أم أنهم جميعاً بعيدين عن نفسي؟" ويستمررن في البحث عن الأدوار المختلفة حتى يتبين لهم أي الأدوار تكون أكثر مناسبة لهم.

فالمراهق بحكم خصائص نموه العقلي والاجتماعي والانفعالي، يفكر بشكل كلي كيف يكامل بين هذه الأدوار جميعاً ليتمكن من تأدية ما يمكنه ذلك، من أجل تكوين مفهوم عن ذاته بشكل عام، مفهوم يرضى عنه كما ترضى الجماعة المرجعية التي ينتمي إليها عنه أيضاً. ولهذا فإن المراهق يفكر فيما يمكن أن يرضي أو لا يرضي الآخرين، كما يفكر أيضاً فيما يرضيه أو لا يرضيه.

ولكن موقف المراهق من تحديد هويته قد يتعدى مستوى الاهتمام. لينتقل إلى مستوى القلق. فهو في هذه المرحلة بالذات يكون أشد حساسية نحو ذاته من أي مرحلة أخرى فهو يتعرض لتحولات سريعة، ومتلاحقة، وغالباً ما تكون فجائية مما يؤدي إلى إثارة مشاعر وانفعالات وأفكار غريبة لديه، وهذا ما ينعكس على ذاته، ويجعله أكثر وعياً بها، وأشد قلقاً عليها، فهو يتساءل: هل أتمتع بصفات الرجولة (أو الأنوثة) هل أنا جذاب بالنسبة للجنس الآخر؟ ماذا سيكون عليه مستقبلي؟ إن هذه الأسئلة تتضمن حاجة المراهق إلى معرفة ما هو عليه بالفعل، ثم معرفة الصورة التي عليه أن يسعى للحصول عليها بالنسبة للحصول عليها بالنسبة لذاته حتى يشبع حاجاته، ويرضي التوقعات والآمال المعقودة عليه.

وهناك فروق فردية في اكتساب المراهقين لهويتهم، إذ أن البعض منهم يتمكنون من اكتساب شعور قوي بالهوية في وقت مبكر، في حين أن البعض الآخر تستغرق عندهم هذه العملية وقتاً أطول، وقد تكون عند آخرين طويلة جداً حتى أنها لا تكاد تتم أبداً.

فتحديد الهوية كما يرى إسماعيل (1982) ليس مجرد عملية تصنيف في أنماط جاهزة، أو سابقة التحديد يختار الفرد منها ما يعجبه، كما أنها ليست عملية نمو نمطية

تتم بشكل آلي في مراحل معينة ثابتة، وإنما هي عملية ديناميكية تتوقف نتيجتها على شكل ومراحل التفاعل التي تتدخل فيه العوامل المعقدة، كما تتوقف أيضاً على نوع هذه العوامل.

العوامل المؤثرة في تحديد هوية المراهق:

يؤثر في تحديد هوية المراهق أو ذاتيته عوامل عديدة منها:

1- العوامل الحضارية:

إن عملية اكتساب وتكوين الهوية عند المراهق في المجتمع البدائي تكون أسهل وأسرع منها في المجتمعات الحضارية الحديثة المعقدة والسريعة التغير (مثل المجتمع الأمريكي) ففي هذه المجتمعات يكون الاختيار صعباً. فالمراهق الأمريكي مثلاً لابد له من الاعتماد على نفسه بدرجة أكبر مما هو موجود في الحضارات الأخرى. أما المراهق في الصين واليابان فيكون التركيز أكبر في اكتسابه لهويته، وإحساسه بقيمته عن طريق العلاقات الوثيقة بالآخرين، والمشاركة في هوية الجماعة ضمن نظام اجتماعي مستقر، وحتى في الحضارات التي تركز أكثر على هوية الجماعة، في مقابل هوية الفرد، فإن الحاجة إلى اكتساب المراهق لشعوره بذاته بوصفه شخصاً متميزاً وإلى أن يكتسب هوية فردية وهوية جماعية على السواء تبقى قائمة، فقد وجد مندلبرج (Mendelberg, 1686) أن المهاجرين المكسيك من المراهقين والذين يعيشون في الولايات المتحدة الأمريكية يعانون أكثر من الأمريكيين الأصليين من عدم وضوح الهوية.

كما أوضحت دراسة المفدي (1992: 331) أن المراهق في المملكة العربية السعودية تتسم بعد وضوح الهوية، وأنها مرحلة البحث عن الهوية، إلا أن هذه الظاهرة تكون في آخر المراهقة وليست في أولها.

2- علاقة المراهق بوالديه:

كلما كانت العلاقة بين المراهق ووالديه طيبة، وممتعة، وقائمة على التفاهم، والحنان، كلـما كانـت عملية اكتساب الشعور بالهوية عند المراهق أسهل.

ويرى موسين Mussen (1963)، ووالترز وآخرون Walters,Et,Al (1971) أنه من المفيد أن يقدم الوالد من نفس الجنس نموذجاً طيباً لابنه من الناحية الشخصية والاجتماعية، بحيث يجد الابن متعـة وسروراً. كما أوضح هاربر (Harber) أن المراهقين المتبنين يعانون مـن عـدم وضوح الهويـة أكـثر مـن المراهقين الذين يعيشون مع والديهم (المفدى، 1992).

3- التأثير المعرفي:

يتأثر اكتساب المراهق لهويته بقدرته المعرفية، ولهذا لابد لـه مـن أن يكـون قـادراً عـلى أن يـرى نفسه رؤية موضوعية. ويسمى بياجيه قـدرة الفـرد عـلى أن يتـدبر أفكـاره الخاصـة بصـورة موضوعية مرحلة العمليات الصورية.

إن هذه القدرات المعرفية المتنامية عند المراهق تجعل من عمليـة البحـث عـن الهويـة أمـراً أكـثر صعوبة، حيث يتخيل المراهق كل أنواع الإمكانيـات أو الاحـتمالات بالنسـبة لهويتـه ولكنـه يضطر إلى تحديد هذه الاختبارات من أجل اكتسابه شعوراً متسقاً ثابتاً بالهوية.

ولهذا يرى موراش (Morash,M, 1980) أن الخبرة المعرفيـة التي يمر بها المراهق خارج نطاق أسرته لها أهمية في وضوح الهوية لديه، وهذا يعكس أثـر الثقافة والمعرفة التي يعيش فيها الفرد عـلى تكـوين الهوية لديه. وهذا ما أكده دروموند(Drummond, W. 1982)حيـث وجـد أن الاهتمامـات الشخصـية التي تتأثر بالثقافة المحيطة كان لها علاقة وثيقة بوضوح الهوية عند المراهق.

4- التنميط الجنسي والهوية الجنسية Sex Typing And Sexual Identity :

السلوك المنمط جنسياً هو السلوك الملائم الـذي يصـدر عـن الرجـل أو المـرأة ولـو أن مثـل هـذه السلوك لا يلـزم أن يتضـمن المسـايرة الجامـدة للأفكـار النمطيـة الشـائعة عـن الـدور الجنسي ـ (مسـن وآخرون، 1986، ص 485).

أمـا مصـطلح الهويـة الجنسـية Sexual Identity إلى إدراك الفـرد وتقبلـه لطبيعتـه البيولوجيـة الجنسية من حيث هو رجل أو امرأة. والهوية الجنسية تبدأ في وقت مبكر من الحياة، وهي عنصر هام من أجل الإحساس العام لدى الفرد بهويته الشخصية، ولهذا فإن الصراعات في الهوية الجنسية تؤدي إلى خلق مشكلات هامة تعترض وتعطل نشاة الشعور بالهوية شعوراً يقوم على الثقة بالنفس والرضا عنها. ويـرى جـاكر بسـاك ووالـترز Jakubczaak & Walters (1959)، وغـوردون Gorden (1969) أن الهويـة الجنسية السليمة الخالية من الصراعات شأنها شأن الهوية العامـة مـن جهـة أنـه يعـين عليهـا التوحـد السليم مع الوالد من نفس الجنس توحداً يدعمه ويؤيده الوالد من الجنس المقابل.

5- العوامل الصحية:

تلعب العوامل الصحية دوراً أساسياً في تحديد الهوية عند المراهق فقد ذكر زابوسكي Zabusky. (1983 أن المراهقين الذين يعالجون نفسياً بالمستشفى ويمرون بجماعة علاجية قبل خروجهم تستهدف وضوح الهوية لدى هؤلاء، يكونون أقدر في التوافق لعملية الانتقال من المستشفى إلى الحياة الخارجيـة، بل إن وجود مثل هذه الجماعة والتي قام بها أفراد الخدمة الاجتماعية المـدربون، والتـي كانـت تلتقـي بالمرضى أسبوعياً، أدت إلى تقصير فترة العلاج.

كما أوضح روبين وآخرون (Robin, D. & Others) أن المراهقين الصم يعانون من مشكلات عـدم وضوح الهوية أكثر من العاديين، وأن هذه المعانـاة تختلـف بـاختلاف مشـكلات السـمع (صـمم كامـل، صعوبة السمع.. الخ). كما بين بورك

(Burke 1978) وجود علاقة بين عدم وضوح الهوية وجنوح الأحداث، خصوصاً عدد أولئك الذين يتعاطون المخدرات (المفدى، 1992).

تاسعاً – مشكلات أوقات الفراغ:

تعتبر هذه المشكلة من المشكلات الهامة في مرحلة المراهقة، حيث أن الفراغ مفسدة، وأن أوقات الفراغ إذ لم تشغل بما هو خير ونافع فإنها ستشغل حتماً بما هو ضار وشرير. وقد صدق قول الشاعر في ذلك حين قال: إن الشباب والفراغ مفسدة للمرء أي مفسدة. فكما هو معروف فإن لكل إنسان دوافع وحاجات أساسية تلح عليه من أجل التعبير عنها وإشباعها، ولكن القيود الاجتماعية في كثير من الأحيان، تجعل من الصعب التعبير عن هذه الدوافع والحاجات، وتكون مشكلة التعبير عنها أقصى عند المراهق. ولهذا فإن تنظيم وقت الفراغ عند المراهق ذا أهمية كبيرة من أجل إشباع رغباته وانفعالاته وقدراته الإبداعية من خلال الهوايات والأنشطة اليدوية والاجتماعية التي يمارسها.

فتنظيم وقت الفراغ مهم لصحة الفرد وكيانه بشكل عام، حتى أن المعالجين والأطباء النفسيين استعانوا بالنشاط الترويحي في معالجة المصابين بالأمراض العقلية. كما تبين أيضاً أن الهوايات والفنون وغيرها من أساليب شغل وقت الفراغ تساعد في معالجة المصابين بالأمراض العقلية. كما أن استغلال وقت الفراغ وتنظيمه بشكل مناسب يساعد في التغلب على الأمراض النفسية ويحتفظ بالصحة النفسية السليمة.

كما يفيد تنظيم وقت الفراغ أيضاً كبار السن، فالرجل الطاعن في السن عندما لا يعرف تنظيم وقت فراغه قد يتعرض للمرض ومن ثم الموت، أما أولئك الذين يحسنون شغل أوقات فراغهم، ويحتفظون بنشاطهم البدني والذهني فإنهم عادة ما يعمرون أطول ويتمتعون بصحة أحسن. فحسن استخدام أوقات الفراغ يمكن من التغلب على الشعور بالنقص، أما عدم استغلال هذه الأوقات بشكل مناسب فإنه يؤدي إلى الشعور بالملل والضجر، وقد ينحرف هذا بالفرد إلى اتباع أساليب غير مناسبة للتغلب على ما يعانيه من سأم وملل وضجر. فالنشاط الذي يسلكه الإنسان بصورة عامة والمراهق بصورة خاصة في محاولة استغلال وقت الفراغ، يحقق أغراضاً

كثيرة، إذا يشبع عند الفرد الحاجات الجسمية، فيخلصه من التوترات العضلية، وينشط لديه الدورة الدموية من خلال ممارسة النشاطات والأعمال الحركية بدلاً من بقاء الفرد جالساً لفترة طويلة. بالإضافة إلى ذلك فإن النشاط الذي يقوم به الفرد في وقت الفراغ يشبع عنده الحاجات الاجتماعية. فالفرد يشعر بالمتعة والراحة يتواجده مع الآخرين في عمل أو نشاط ترويحي. ولكي يتحقق ذلك بشكل جيد لابد أن يتعلم عن طريق الخبرة كيف يتعامل مع الآخرين بشكل ناجح، وهذا ما يساعد المراهق السير نحو النضج الاجتماعي بشكل سليم. فالمراهق من خلال ممارسته لهواياته تتاح له فرصة الاتصال بزملائه في الأندية، كما أن حبه للهواية وميله لها تجعله يظهر بأحسن صورة أثناء تبادل الأفكار والآراء مع الغير. كما أن الهواية تجعل الفرد أكبر قيمة وأعظم أهمية عند الآخرين من خلال توفيرها له مجال العمل المناسب، والنجاح فيه مما يكسبه مزيداً من الثقة بالنفس.

كما يمكن للهواية أن تحقق للمراهق إشباعاً لحاجاته المعرفية، إذ أن ممارسته للهواية يكسبه معارف ومعلومات جديدة عنها، بالإضافة إلى مساعدته في تحقيق أهداف عملية في الحياة.

كما تمكن الهوايات المراهقين بالإضافة إلى إشباع الحاجات السابقة، إشباع حاجاتهم الانفعالية، كالحاجة إلى الإبداع والحاجة إلى الإنجاز والتفوق.

فتحقيق النجاح في مزاولة النشاطات التي يختارها كهواية أثناء وقت الفراغ من شأنه إدخال السرور والارتياح إلى نفسه، كما يعتبر ذلك متنفساً له يساعده في إعادة التوازن الضروري إلى نفسه.

المراجع

المراجع

أولاً – المراجع العربية:

أسعد، ميخائيل إبراهيم: مخول، مالك سليمان. مشكلات الطفولة والمراهقة. بيروت : الآفاق الجديدة، 1982.

الأشول، عادل عز الدين، علم نفس النمو، القاهرة: الإنجلو المصرية، 1982.

اسماعيل، محمد عماد الدين. النمو في مرحلة المراهقة. الكويت: دار القلم، 1982.

أودلم، دوريس، ترجمة فاخر عاقل. رحلة عبر المراهقة، ط2، دمشق، دار طلاس، 1994.

بهادر، سعدية محمد علي. في سيكولوجية المراهقة، الكويت، دار البحوث العلمية، 1980.

جعفر، علي محمد. الأحداث المنحرفون. بيروت: المؤسسة الجامعية، 1990.

جلال، سعد. الطفولة والمراهقة. القاهرة: دار الفكر العربي. 1985.

الحافظ، نوري. المراهق (دراسة سيكولوجية). بيروت: المؤسسة العربية للدراسات والنشر، 1981.

حجازي، مصطفى. الأحداث الجانحون. بيروت: دار الطليعة، 1981.

الحفني، عبد المنعم. موسوعة علم النفس والتحليل النفسي. القاهرة: مكتبة مدبولي، 1987.

حلمي، منيرة. مشكلات الفتاة المراهقة وحاجاتها الإرشادية، القاهرة: دار النهضة العربية، 1965.

خان، أميمة علي. علم النفس. بغداد: مطبعة العاني، 1970.

الخطيب، رجاء عبد الرحمن. اغتراب الشباب وحاجاتهم النفسية. بحوث المؤتمر السابع لعلم النفس في مصر. القاهرة: الإنجلو المصرية، 1991، ص: 74- 99.

دسوقي، كمال. النمو التربوي للطفل والمراهق. بيروت: دار النهضة العربية، 1979.

دوجلاس، توم، ترجمة جابر عبد الحميد جابر، توجيه المراهق. بيروت، دار النهضة العربية، 1957.

رفاعي، نعيم. المراهقة طموح وإمكانيات.. أين دور المدرسة. دمشق: صحيفة المسيرة. العدد 735. 1989. ص3.

رفعت، محمد. المراهقة وسن البلوغ، ط7. بيروت: دار المعارف. 1987.

الزعبي، أحمد محمد. الإرشاد النفسي: نظرياته – اتجاهاته – مجلالاته. عمان: دار زهران، 2008.

الزعبي، أحمد محمد، الأمراض النفسية والمشكلات السلوكية والدراسية عند الأطفال. بيروت: دار الحرف العربي، 1994.

الزعبي، أحمد محمد. سيكولوجية الفروق الفردية وتطبيقاتها التربوية. عمان، دار زهران، 2008.

زهران، حامد عبد السلام. علم نفس النمو (الطفولة والمراهقة). ط4. القاهرة: عالم الكتب، 1977.

السهل، راشد: العسعوس، ناصر. اتجاهات المراهقين نحو تحمل المسؤولية الشخصية والأسرية في دولة الكويت. مجلة الإرشاد النفسي، العدد 3، السنة 2، 1994، ص: 275- 297.

الشرقاوي، مصطفى، مدخل إلى علم النفس الاجتماعي. القاهرة: دار مصر للطباعة والنشر، 1988.

صادق، آمال: أبو حطب، فؤاد. نمو الإنسان من مرحلة الجنين إلى مرحلة المسنين. القاهرة: الإنجلو المصرية، 1990.

عبد الغفار، عبد السلام. في طبيعة الإنسان. ط1، القاهرة: دار النهضة العربية، 1973.

علي. ع. التوافق النفسي والاجتماعي للشباب الكويتي ومشكلاته. الكويت: رابطة الاجتماعين، 1975.

فروم، إيريك، ترجمة مجاهد عبد المنعم مجاهد. الخوف من الحرية، بيروت: المؤسسة العربية للدراسات والنشر، 1972.

الفقي، حامد عبد العزيز، دراسات في سيكولوجية النمو. الكويت: دار القلم، 1983.

فهمي. مصطفى. سيكولوجية الطفولة والمراهقة. القاهرة: دار مصر للطباعة والنشر، 1974.

قشقوش. إبراهيم. سيكولوجية المراهقة. القاهرة: الإنجلو المصرية، 1980.

قناوي، هدى محمد. سيكولوجية المراهقة. القاهرة: الإنجلو المصرية، 1992.

كركندال، ترجمة إبراهيم حافظ. الطفل والأمور الجنسية. القاهرة: النهضة المصرية، 1961.

كفافي، علاء الدين. الصحة النفسية. هجر للطباعة والنشر والتوزيع والإعلان، 1990.

كمال، علي. النفس- انفعالاتها وأمراضها وعلاجها. بيروت: الدار الشرقية للطباع والنشر 1967.

كونجر، جون، وآخرون، ترجمة أحمد عبد العزيز سلامة، وجابر عبد الحميد جابر. علم النفس التكويني – سيكولوجية الطفولة والشخصية. القاهرة: دار النهضة العربية، 1977.

محمد، عادل عبد الله، نمو التفكير الخلقي عند الجانحين. رسالة دكتوراه غير منشورة، جامعة الزقازيق: كلية التربية، 1988.

محمد، عادل عبد الله. النمو العقلي للطفل، القاهرة: الدار الشرقية، 1990.

مرسي، كمال إبراهيم. القلق وعلاقته بالشخصية في مرحلة المراهقة، دراسة تجريبية. القاهرة: دار النهضة العربية، 1978.

مسن، بول، وآخرون، ترجمة أحمد عبد العزيز سلامة. أسس سيكولوجية الطفولة والمراهقة. الكويت: مكتبة الفلاح، 2004.

المفدى، عمر بن عبد الرحمن. أزمة الهوية في المراهقة، حقيقة نمائية أم ظاهرة ثقافية: دراسة مقارنة للطفولة، المراهقة، الشباب. مجلة جامعة الملك سعود،

المجلد 4، العلوم التربوية والدراسات الإسلامية (1)، 1992، ص: 319- 334.

المليجي، عبد المنعم: المليجي، حلمي. النمو النفسي. ط4. بيروت: دار النهضة العربية، 1971.

موسى، سعيد لفتة، معاملة الوالدين وعلاقتها بجنوح أبنائهم. بغداد: أطروحـة ماجسـتير غـير منشورة، كلية التربية، 1973.

نجاتي، محمد عثمان. مشكلات طلبة جامعة الكويت. القـاهرة: مجلـة كليـة الآداب والتربيـة، العدد السادس، 1974.

هرمز، صباح حنا: إبراهيم، يوسف حنا. علم النفس التكويني (الطفولـة والمراهقـة). جامعـة الموصل: دار الكتب للطباعة والنشر، 1988.

ثانيا - المراجع الأجنبية:

- Achenbach, T. & Edelbro , C. : The child Behavior Profieles, Boys aged 12-16 and girl aged 6-11 and 12-16 . Journal of Counsult. & so cial Psych. ,1979,47, PP.223-233.

- Aristotle: Ethica Nicomachea (W.D. Ross. , trans.) In R. Mckeeon (Ed.),The basic Works of Aristotle. New york: Random House,1941.

- Arthur. T.J & others: The Psychology of adolescence. (3d.Ed.) mac millan Publishing. Co. Inc. N.Y. 1978.

- Ausble . D.A: Theory and Problems of adolescence develop ment.Grun   and   statton , N.Y. 1955.

- Ausebel ,O.M.,R. & Svajiarn. P. : Theory and problems-of adolescent development .New York: Grune & Stratton. 1977.

- Austin, F.M.M. :Analysis of the Motives of Adolescents for the choice of the teaching Profession. Brit.J.Educ. Psuch.,1931, 1,pp:87-103.

- Bandura. A. : The stormy decade: Fact or fiction. Psychology in School, 1968, 1.:224-231.

- Bayley, N:Development of mental Abilities. In P.R. mussen. Ed. Cormichael's Manual of child Psychology. VoU New york: Wi ley. 1970, P.1176, Fig.3 reprinted by Permission of John wiley & Sons. Inc.

- Blos,P. :on adolescence. Glencoe. I 11. Press,1960.

- Canell,R.; Tasuoka,M. & Eber.H. :Handbook for the Sixteen Person ality factors Qusetionnaire (2nd.Ed.), illinois: Institute for PAT ,1974.

- Congeal.j : Aworld they never Knew: The family and Social Change. :Daedalus Fall,1971,1105-1138.

- Conger,j. Adolescence and youth: Psychological development in achanging World (2 nd. Ed.),New york, Harper & Rew, 1977.

- Davidson, H.H. & Gottlieb, L.S. :The Emotional Maturity of Preand post-Menarche at Girls.J. of Genetic Psychology, 1955,86, Pp,261-266.

- Donavan. B.B &Others : Psychology of Puberty. London. Edward Arnold,1965.

- Eissler, K.R. :Notes on Problems of techoniques in the psychoanalytic treatment of adolescent. psychoanalytic Study of the child. 1958.13,223-254.

- Elder, G.Jr.: Structural variations in the child. rearing relationship. Sociometry, 1962,25,241-262.

- Elder, GJr. :Perental power legitimation and its effects on the adolescen t Sociometry, 1963 ,26,50-65.

- Ellis.H. :Psychology of Sex. London, william Heinemann,medical Books, Ltd., 1947.

- Erickson,E.H. : Childhood and Society. New york: Norton,1950.

- Erickson,E.H. : Identity and the life Cycle: Psyhological Issues, 1959 I, Newyork International University Press Inc.

- Erickson,E.H : Identity: youth and Crisis. New york Norton,1968.

- Erickson,E.H. : Dimensions of anew identity. New york, Nonon,1974.

- Ford & Beach: Encyclopedia of the Social Science, Velum 1., PP.171-172.

- Friedenberg, D. : The antiamerican generation, Chicago, Aldine, 1971, P.123.

- Frisk,M; Tenhunen,T.; Widholm,o.;& Horthing ,H.: Psychological Problems in adolecsents shwing advanced or delayed Physical maturation. Adolescence,1966,1 (2),126-140.

- Gallagher, J. & Harris, H. : Emotional Problems of adolescence. Journal of Abnormal Psychology,1976,85:505-510.

- Hall, Stanley. W.; From; Horrocks,J.E. : The Psychology of adolescence. Boston, Houghton Mifflin, 1962.

- Hall, G.S.: Adolescence, its Psychology and its relations to Physiology .. etc.(I904), New york Appleton,1916.

- Hathaway,S.R. & Monachesic, E.D. .Adolescent Personality and Behavior. Minneapolis: University of Minessota Press.l963.

- Hebb,D.O.: The organization of Behavior, New york, Wiley,1949.

- Horrocks, J.: The Psychology of Adolescence behavior and development. Boston honghton, Miffline,1962.

- Jervik. L.F :Discussion : Patterns of intellectual functioning in the later years. In L.F. Jervik, C-Eisdorfer & New york: Springer Verlag,1973.

- Jones. H.E : Adolescence in ~)Ur Society, Columbia university Press. 1949.

- Jones, M.C.& Mussen, P.H. : Self Conceptions. Motivations, and interpersonal attitudes of early and late maturing girls. In Gordon.1965, PP.333-339.

- Joutrus. W.A :Adolescent Alienation and Locus on control. Dissertation Abstract International ,1981,Vol.,42,N.(4-A), P.l404.

- Josselyn,l.M. :Adolescence. New york Harper & Row,1971.

- Kinsey, A.C. : Pomeroy, W.B. Martin, c.E. & Gebhard, P.H.: Sexual Behavior in the human feale , Philadelphia, Saunders,1953.

- Knopka, G. : Requirement for healthy development. J. Adolescence. 1973 ,31 :291- 316.

- Kohlberg, L. : Moral development and identification. In H.W. Stevensonflid.), Child Psychology. The Sixty-Second Yearbook of the National Society for the Study of Education. Chicago: university of Chicago press.1963,P.277-332.

- Kohlberg. L .,& Kramer. R. :Continuities and discontinuites in childhood and adult moral development. Human devel.1969. 12.93-120.

- Kohlberg. L. : Moral eduction in the schools, Adevelopmental view. In R.E. Grinder (Ed.), Studies in adolescence: Abook of readings in adolescent development. New york, Macmillan.1969.PP.237-258 .

- Kohlberg, L. & Gilligan, C. : The adolescent as aphilosopher. The discovery of the self in a Post Conventional World, Daedalus, Fall,1971,1051-1086.

- Krangas, J., & Bradway: Intelligency at middle - Aged. Atherty Eight Year Following Study. Develop; Psychol.,1971,PP.333-337.

- Lahey, M.F.L: Retroactive Inhibition as a function of Age, Intelligence , and the Duration of the Interpolated Activity, Cath . univ. Amer. Educ. Res. Monogr., 1937, 1O,NO.2.

- Loeber, R. & Dishion, T. : Boys who tight at horne and School. Family Conditions influencing Cross-Sitting Consistency. 1. of Counsult. & Psych.,1984,52,P.739-768.

- Lorage, I.: Schooling makes adifference, teachers college records, 1945,46, P.483-492.

- Lowrie, AH. .Early and late dating, Some conditions asociared with them. Marr. Fam. Living, 1961,23, P.284-290 .

- Mandler & Others: The development of free and Constrained Conceptualization and Subsequent Verbal Memory, J.of Exp. Child Psych.,5,1967 .

- Meltzer, H. : Student Adjustment anger, 1. Soc. Psych.,1933. PP.285-308 .

- Mead. M. : <<male and Famale ». Astudy of the Sexes in Chamging World, Amemorbook, New york, 1955 .

- Meissner. W.: Parental interaction of the adolescent boy. Jour. of Genetic Psych.107, 1965.

- Michell, S.; & Ross, P. : Boyhood behavior Problems as prOCurators of Criminality. Child Psych. & Psychiany,22,1981.

- Miller.E, : Intellectuality of the adolescent in advances in understanding the adolescent, 1949;PP.61-64.

- Mills, C. W. .Social Psychology and Great historical Convergence on the Problem of Alienation. London: National university,1977, P.1S.

- Mussen, P.R. : Young, H.B; Gaddini R.; Morante, L: The influence of father _ Son relationshipS on adolescent Personality and attitudes. Jouranal of Child Psych. and psychiatry, 1963,4. P.3-16.

- Muuss ,R. :Theories of a dolescence. New york. Random,1968 .

- Norton, J.L. : General Motives and influences in Vocational developmentJ. Genet. Psych.,1953,82, PP.263-278.

- Offer, D. : The Psychological World of the teenager. astudy of normal a Dolescent boys. New york. Basic Bools,1969.

- Owie.I. :Social Alienation Among Foreigen Students. College Student. 1. Sum.,1982, Vol. 16,(2), PP.163-165.

- Pearce.J.D.W.:physical and mental Features of the Juvenile delinguent. In 4 Radzinorwies and J.W.c. Turner. :Mental Abnormality and Crime,The macmilan Company,1944,PP.20- 216.

- Phillips, E.L.; Phillips, E.A.; Fix sen, D.L. ; & Wolf, M.M.: Achievement Place. Behavior shaping works for delinquents. Psychology today, 1973,7. P.75-79.

- Plato, Laws: In the dialogues of Plato (4 th Ed.) (BJewen, rrans.), Vol 4. Oxfrd : Clarendon Press,1953.

- Schachter,M Toussing, P. & Stemlof, R.: Normal development in adolescence. PP. 22-56, in B.B. wolmen (Ed.) Manual of Child Psychopathology. New york. Hill,1972.

- Smart,M.S. & Smart, R.C. : Children development and Relationships. (3rd Ed.), New york, Macmillan Publishing, Inc.,1977.

- Stohols. D. : Toward a Psychological theory of alienation. American Sociological Review, 1975, VoL82.

- Tanner, 1. M. : Growth at Adolescence, 1955, P.141.

- Tanner, 1. M. : Physical growth. In P.B. Mussen (Ed.), Carmichael's manual of Child. Psych.(3rd, Ed.), Vol.2, New york: Wiley,1970. - Watters, J. Stinnett, N: Parent- Child relationship. Journa of Marriage and the Family,1971,33,70-110.

- Wax, D.F. : Social Class. race and Juvenile delequency. Areview of literarurs. Class, race, and juvenile delequency. Areview of literature. Child Psychiatry and Human development, 1972,3, PP.36-49.

- Wechsler. D. The rneasurmenr and Appraisal of Adult Intelligence (4th Ed.). Baltimore, wiliarns & Wilkins,1958.

- Wright, D. The Pyscholcgy of moral Beh·avior,1971,PP.ll-l2.

- Wynne, E. :Sociology looks at modern adolescents. PP.76-78.

Printed in the United States
By Bookmasters

Printed in the United States
By Bookmasters